Grammatica, esercizii e vocabolario della lingua Slovena

Bruno Guyon

MANUALI HOEPLI

GRAMMATICA
ESERCIZII E VOCABOLARIO
DELLA
LINGUA SLOVENA

DEL

Dott. BRUNO GUYON
Professore nel R. Ginnasio Parini in Milano.

ULRICO HOEPLI
EDITORE-LIBRAIO DELLA REAL CASA
MILANO

581639
9.4.54

TIP. A. LOMBARDIO M. BELLINZAGHI
MILANO - 7 FIORI OSCURI 7 - MILANO

INDICE

PARTE III.

α) *Serie lessicali.*

PARTE IV.

VOCABOLARIO

PREFAZIONE

Lo sloveno parlato da circa due milioni d'abitanti nel territorio che dagli altipiani meridionali della Carinzia e della Stiria, fra il bacino della Mur inferiore e della Drava, e l'alpe giulia e l'Istria, declina per gli ardui ridossi della Carniola digradando fino ai molli pendii della Croazia, appartiene al gruppo delle lingue jugoslave o slave del sud, di cui forma con il croato la variazione occidentale, mentre il serbo ne costituisce la orientale.

Rimasto per più secoli il popolo sloveno senza importanza politica. la sua lingua naturalmente ha tardato a rivelarsi. Più giovane e meno nota non ha l'attrattiva, di cui oggidì sono ricche altre consorelle slave: in essa non suona la significazione filosofica propria della lingua russa, che dalle steppe dell'est vibra nel mondo le sue maschie voci con un fremito come di anime ribelli; nè il fascino sentimentale della

cavalleresca Polonia, a cui la mesta passione
dei ricordi serba ancora il vigore di indomiti
ideali. La prerogativa invece della lingua slovena e della serbo-croata consiste nel fatto
che esse rappresentano foneticamente lo svolgimento più armonico, più dolce prodottosi da un
intiero ceppo, e sono la manifestazione più in-
tegra dello spirito etnico primitivo, superstite
nei fantasiosi miti naturalistici, e la civile ge-
nuina espressione dell'energie del genio slavo
nel crearsi l'epopea surta fra i terribili cimenti
delle sedi contese, tutto un sogno per noi di
canti e di poemi esotici dalle ingenue e fresche
immagini delle Villi alle tradizioni eroiche di
Marco Kraljević.

Ed appunto questi Iugoslovani fino dai primi
secoli dell'era volgare sono stati più in relazione di altre genti slave colla società latina.
Antiche traccie di se hanno lasciato anche nel
territorio italico. Al di qua del versante giulio
nel Friuli si parla ancora lo sloveno da circa
quarantamila abitanti, probabilmente discendenti da quelli sloveni che fin dall'VIII° secolo
stanziatisi nella parte superiore della *Marca
Pannonica o Avaria o Karantanum o Sclavinia*
degli storici del tempo, ebbero per duce nelle
loro gesta contro gli Avari, il leggendario Samo,
e che in appresso furono sudditi dei patriarchi
aquilejesi e della Repubblica di Venezia. Ed agli
effetti di antiche propaggini linguistiche si devono attribuire i nomi di luoghi slavi sparsi
nel Friuli e in parte del Veneto, che la topono-

mastica ci vien rivelando (1); laddove le frasi e
le voci slave introdottesi nel friulano e nel veneziano ne attestano piuttosto una lunga consuetudine contratta colla lingua degli stranieri
o per ragioni dovute alla vicinanza od alle
spedizioni marinaresche sulla costa orientale
dell'Adriatico.

È facile immaginare quindi l'importanza che
ha nella zona di confine la lingua slovena, dove
divien quasi necessaria per lo scambio ed il
commercio, mentre offre il vantaggio di age-
volare lo studio di ogni altra favella slava.
E tanto più oggidì in cui gli sloveni sono
riusciti ad affermare la dignità della loro lingua
di fronte al tedesco, che tenace rappresentante
dei dominatori fin qui per tradizione secolare
ne impediva lo sviluppo. In ogni modo poiché
oltre ogni barriera, oltre ogni confine la scienza
accomuna le genti qualsiasi fenomeno o manifestazione vitale, non foss'altro che per legge e
necessità comparativa, dovunque proceda ben
viene, come gli stami colti alla flora nei recessi
di lontane foreste.

Ma le nuove generazioni slave tosto dall'in-
staurazione del principio nazionalista ascen-
dono ancor esse verso la cima a cui tende lo

---

(1) La parola sapiente e l'autorità dell'Ascoli ha pro-
mosso anche in Italia gli studi toponomastici. Per consiglio dell'illustre Senatore io ho intrapreso e sto per
condurre a termine un lavoro toponomastico riferentesi
a quella zona friulana che si estende fra il Torre e le
pendici della sua Gorizia.

spirito etico internazionale che anima il mondo.
E dai borghi feudali della Carinzia giù alla
Carniola ricca di necropoli. ove forse tradizioni romane trassero Dante ad ispirarsi. ed
egli n'attinse l'idea ciclopica del *Tabernik,* non
più imagini di lande solitarie che abbelliscano la
grande, l'indefinita concezione di paesaggi remoti, ma fervore di vita industre ed operosa;
e come nei prodromi del rinascimento italico
di su il detrito dell'età media si umanizzava il
pensiero, e dopo il periodo delle ingenue visioni
e delle grandi creazioni poetiche si iniziava il
periodo pratico e positivo della storia, così nella
modesta sua cerchia, questo popolo, quasi in-
crescioso d'aver indugiato, con l'entusiasmo che
gli è proprio, indirizza le sue giovani energie
per uniformarsi alle esigenze della vita moderna.

———

Proprio alle reliquie storiche degli slavi Ka-
rantani appartiene forse il più antico documento
delle lingue slave. i celebri manoscritti del chio-
stro di Frisinga « *Freisinger Denkmäler* », che
i critici. pur divergendo nel precisarne l'età, con-
cordemente li attribuiscono a quel periodo di
tempo che corre fra il IX° e l'XI° secolo. La
scoperta del prezioso cimelio diede un gran da
fare agli slavisti e destò vive discussioni intorno
alla antica lingua slava. Gli sloveni naturalmente con a capo il Kopitar ed il Miklosich
nella questione sentivano l'orgoglio regionale e

affermavano che il loro paese doveva essere la vera sede del paleo-slavo, mentre i čechi ed i russi d'altra parte contradicevano pure con validi argomenti. La quistione deve ancora definitivamente risolversi.

Certo è che lo sloveno ha serbato molto dell'integrità di forma del paleoslavo e la semplicità e una originaria freschezza. Non bisogna credere per altro che la Carinzia fosse la sede di una primitiva fioritura letteraria slava. Il documento in questione rivela solo il tentativo della chiesa aquilejese di catechizzare i vicini nelle sue dottrine, traducendone i cristiani precetti nella lingua che gli abitanti parlavano. Più tardi, ben più tardi, doveva la lingua costituirsi, e gli sloveni crearsi la loro letteratura liberi da ogni influenza latina o tedesca. Perocchè circostanze etnografiche e politiche contribuirono a far che la slovena in confronto delle altre slave fosse meno fortunata nell'affermarsi. Si pensi che da una parte c'era la chiesa aquilejese, e dall'altra dopo la spartizione dell'impero carolingio i margravi e gli arciduchi tedeschi di cui era duopo osservare la lingua come il comando dei dominatori.

Solo al tempo della riforma ebbero in un impeto di ribellione un periodo eroico di storia, e si ricordarono di contar pur essi qualchecosa, di aver pur essi una lingua. Così solo allora, nel fervore della scissione e nel bisogno di diffondere le nuove dottrine, in una lotta religiosa si ritemprava la lingua, ancor la bella lingua come l'antica che di generazione in generazione s'era trasmessa armoniosa giù per le vallate del Triglav, del Nanos e del Javornik.

E il movimento ebbe un eco anche in Italia e vi fu notata la vigoria del non curiale linguaggio E quasi di conseguenza vediamo poco dopo uscire in Udine il *Vocabolario Italiano e Schiavo* di un fra Gregorio Alasia da Sommaripa il quale dava ammaestramenti per « apprendere facilmente detta lingua Schiava (1) ».

Ma non tarda a succedere la reazione gesuitica, e distrugge ogni germe di libertà. Così per ben due secoli sulla Slovenia grava il più prepotente giogo e vi dura il più avvilente servaggio finchè il primo Napoleone coll'annessione delle contrade slovene ai paesi illirici ridona la libertà e favorisce lo sviluppo della

---

(1) Il libro e così intitolato : « *Vocabolario* Italiano e Schiavo Che contiene vna breve instruttione per appendere facilmente detta lingua Schiava. le lor ordinarie salutationi, con vn ragionamento famigliare per li viandanti. Aggiuntovi anco in fine il Pater noster, l'Ave Maria, il Credo, i Precetti di Dio e della S. Chiesa, con alcune lodi spirituali solite a cantarsi da questi popoli nelle maggiori solennità dell'anno.

Raccolto da Fra Gregorio Alasia da Sommaripa dell'Ordine dei Servi della B. V. Maria JN VDINE MDCVII ».

L'operetta che sino a pochi anni addietro si riteneva il più vecchio documento del parlare slavo del territorio goriziano e veneto si conserva nella Biblioteca del Liceo di Lubiana. Il documento più vecchio finora conosciuto e invece del 1497, dovuto ai capitolati della chiesa di Černeu (Tarcento)

letteratura che si può dire da allora appena incominci.

Non è possibile qui accennare le vicende della letteratura slovena, ma basti ricordare che essa oggidì ha assunto uno sviluppo notevole, e che la lingua viene sempre più colorendosi mercè l'uso intelligente di voci tolte dal più puro parlare e sancite dall'autorità di egregi scrittori.

———

Il presente volume destinato alla collezione dei Manuali Hoepli, è la prima grammatica slovena fatta per gli italiani. Ho dovuto perciò consultare necessariamente i lavori del genere fatti per i tedeschi; si intende anzitutto la grammatica comparata delle lingue slave del Miklosich, Vienna 1876, miniera inesauribile di voci; poi la grammatica del Murko, Graz 1843, che quantunque vecchia è sempre buona per chiarezza di argomentazione, e quella dello Sket, Klagenfurt 1882; le grammatiche slovene del Janežič, Klagenfurt 1869, e la più recente e autorevole dello Šuman, Klagenfurt 1884. Mi furono inoltre di lume le ricerche linguistiche che nelle sue « *Cvetje* » vien pubblicando in Gorizia il padre Škrabec, l'illustre e venerando slavista del convento di Costagnovizza; e mi servì infine di norma e di guida il vocabolario sloveno, fatto con criterii veramente glottologici, del Pleteršnik, Lubiana 1894.

Il lavoro è svolto con intendimento pratico, ed ho avuto sempre di mira il principio che

la parola, le frasi apprese per esercizio conti-
nuato sono grande coefficiente allo studio di
una lingua. Perciò anche nella trattazione teo-
rica ho insistito negli esempi e ad ogni voce
slava ho accompagnato la corrispondente italiana perchè gradatamente e quasi inavverti-
mente gli studiosi si formassero il corredo delle
parole e del loro valore.

Il lavoro si divide in cinque parti: I^a Nozioni
fonetiche. II^a Flessione nominale. e verbale:
nome (*imé*), aggettivo (*pridévnik*), pronome
(*zaimek*), numerali (*šteritnik*), del Verbo (*glâgol*);
dell'avverbio (*prislôv*). della preposizione (*pre-
dlog*); della congiunzione (*vęznik*), dell'interiezione (*medmet*). III^a α) Serie lessicali di nomi,
aggettivi, verbi più comuni ; β) Dialoghi comuni.
IV^a Antologia di prosa e poesia : da ultimo il
Vocabolario sloveno-italiano e italiano-sloveno.

Nella I^a parte dopo le nozioni sulla natura e
sul valore delle vocali e consonanti si accenna
ad alcuni fenomeni principali di mutamenti
vocalici e consonantici tanto per preparare lo
studioso a darsi ragione di certa varietà di esiti
nella flessione. Forse questa parte avrei potuto
omettere tanto più che molte questioni relative
al vocalismo sono ancora insolute, e acconten-
tarmi di rilevare semplicemente senza bisogno
di ulteriori spiegazioni i singoli fenomeni nella
morfologia. Tuttavia non mi pare di aver tra-
scurato il principio pratico che informa l'opera.
Nella II^a parte gli esercizi servono di complemento pratico immediato alla teoria delle

regole esposte. La IIIª parte esclusivamente pratica costituisce come un corpo da sè e le voci raccoltevi si riferiscono all'uso più comune indipendentemente dall'essere o no adoperate nelle altre parti. Nell'Antologia ho dovuto limitarmi ad alcuni brani più caratteristici per non uscire dalle proporzioni del manuale.

Il vocabolario sloveno-italiano, riferentesi alle parole che ricorrono negli esercizi sloveni, dichiarandone il significato, gioverà a farne rilevare anche il costrutto e l'uso sintattico; laddove quello italiano-sloveno raccoglie in se anche le regole di reggenza dei verbi, lasciando per le altre parti del discorso la consultazione delle relative nozioni grammaticali.

La grafia seguita è la scientifica adottata dal Pleteršnik nel suo Vocabolario. Non sempre all'infuori del vocabolario, fu possibile mantenere l'uso dei segni distintivi e degli accenti, che normalmente sono stati adoperati dove erano più necessari, per maggiore chiarezza, e nella parte IIIª sono esclusi affatto.

Tale il principio che mi ha guidato nella condotta del lavoro che affido all'intelligenza e alla buona volontà degli studiosi. Non esce dall'ambito di un manuale, ma confido che potrà giovare a chi volesse di proposito imparare questa lingua.

Milano, Maggio 1901

Dott. BRUNO GUYON.

ERRATA-CORRIGE

Pag	linea	ERRORI	CORREZIONI
20	14	*riba*	*ryba*
26	6	*pás*	*pés*
27	14	*vos*	*voz*
37	13	*krogli*	*kroglji*
38	19	*ji na*	*jih ne*
42	22	*razpaldo*	*razpadlo*
51	16	*katerim so*	*tistim ki so jim*
62	17	*na birat*	*nabirat*
65	5	*zivele*	*živele*
68	28	del padrone	(padronale) economico
83	3	*vsako donosi*	*vsakdo nosi*
98	22	eccellentemente	passabilmente
101	17	*žartovala*	*žartvovalo*
104	11	*scrit*	*skrit*
119	15	*bos*	*boš*
122	22	*strah monje*	*nima strahu*
124	4	*usahvjena*	*usahnjena*
127	7	*igralcen*	*igravcen*
127	8	*Cerkev*	*Cerkev*
132	12	*govori ti*	*govoriti*
137	1	*oče*	*hoče*
137	9	*del*	*delu*
137	12	*spostovan*	*spoštovan*
139	1	*pokladem*	*pokladam*
140	17	*hojem*	*hodim*
142	19	*genjam*	*jenjam*
145	3	*pičati*	*pikati*
156	4	*precej*, eccellente	*précej*, subito
159	15	senza di	presso di
160	12	attraverso boschi	fra boschi

NB. Qualche errore sfuggito alla correzione tipografica puo
facilmente riconoscersi consultando il Vocabolario.

PARTE PRIMA
Nozioni Fonetiche.

1) L'alfabeto sloveno si compone di 25 lettere corrispondenti ad altrettanti suoni:

Maiusc.	Minusc.	Denominazione	Corrispondenti italiani	Esempi
A	a	a	a	
B	b	be	b	
C	c	ze	z	
Č	č	tsce	c (ce, ci)	cento, cinquanta
D	d	de	de	
E	e	e	e	
F	f	ef	f	
G	g	ge	g	
H	h	cha	h	hasa (toscano)
I	i	i	i	
J	j	je	J	
K	k	ka	c - k	cane, culmine
L	l	el	l	
M	m	em	m	
N	n	en	n	
O	o	o	o	
P	p	pe	p	
R	q	er	r	
S	s	sse	ss	
Ṡ	š	sce	sc	scemo
T	t	te	t	
U	u	u	u	
V	v	ve	v	
Z	z	se	s (fra vocali)	riso. Cosi *miza*, tavola, si pronuncia come *misa*.
Ž	ž	sce	come il franc. *j*	jour, - *žila*, vena - *živ.* vivo.

§ 2. — Natura delle vocali e consonanti.

α) Si chiamano forti le vocali *a, o, u*; fievoli le vocali *e, i*.

β) Le consonanti sono:

> liquide *r, l*
> dentali *t, d, n*
> labiali *p, b, v, m, f*
> gutturali *k, g, h. (n)*
> palatine *č, ž, š, j*
> sibilanti *c, z, s.*

Quanto a tono si distinguono ancora le consonanti in sorde e sonore.

Sono sorde le esplosive *t, p, k, č*, e le fricative o continue *f, h, š, c, s*; tutte le altre sono sonore (1).

Pronunzia.

§ 3. — Vocali (*samoglasniki*).

Le vocali *a, i, u* hanno sempre il medesimo suono, e si pronunziano come le corrispondenti italiane.

---

(1) Le *esplosive* sono le consonanti che provengono da una clausura perfetta, che arresti in qualche punto dell'apparato buccale l'aria emessa dai polmoni, prosciogliendosi poi a un'esplosione istantanea di suono.

Le *fricative* provengono dallo strofinìo prolungato della corrente aerea per una stretta formata in varî punti della bocca.

Le vocali *e, o* al contrario hanno suoni speciali.

α) La vocale *e* ha i seguenti suoni:

I⁰ *è* = *e* breve, come *kmèt*, il colono; *mèč*, la spada; *vèč*, più.

II⁰ *ē* = *e* lungo, come in *žéna*, la femmina; *zémlja*, la terra, *bérem*, io leggo; *pérem*, io lavo; *dérem*, io scortico, etc.

III⁰ *v* = *e* semimuto : *vès*, tutto; *dèž*, la pioggia ; *pès*, il cane.

IV⁰ *ẹ* (*ė̇, ė̂*) Ha il valore di due *e* stretti e si avvicina al suono dell'*i*, pronunciandosi in modo che si sente quasi seguire ad un *e* stretto un *i* fievole : *svėt*, il mondo; *lėp*, bello; *nevėsta*, la nuora; *rėz*, il taglio; *dėte*, il fanciullo. Si pronunzia nel territorio veneto e nel goriziano per *ie* : *sviet, liep, neviesta*, etc.

   ę (*ė́, ę̂*) Si pronunzia come se ad *e* stretto precedesse un *i* fievole : *pęst*, il pugno; *nebéski*, celestiale; *jęla*, l'aja ; *mętež*, il tumulto; *nehvaléžnost*. l'ingratitudine.

Ricorre soltanto nelle sillabe accentate.

β) La vocale *o* ha i seguenti suoni:

I⁰ *o* breve: *bòb*, la fava; *splòh*, in genere; *gròzd*, l'uva; *dvòr*, la corte.

II⁰ *o* largo: *vóda*, l'acqua; *nóga*, la gamba ; *mója*, mia; *lepóta*, la bellezza.

III° due o lunghi stretti:

ǫ (ó̦, ǫ́) Suono con tendenza di o in u: *Bóg*, Dio, *móst*, il ponte; *nǒč*, la notte; si pronunziano quasi fossero *boug, moust, nouč,* etc.

ǫ) ǫ́ ǫ̇) Si pronunzia in modo da sentire dinanzi ad o stretto un *u* fievole: *góba*, il fungo, *klóp*, la panca; *móker*, bagnato; *dóber*, buono, *golób*, il colombo; si pronunziano quasi fossero, *guoba, kluop, muokar,* etc.

Ricorre soltanto nelle sillabe accentate.

§ 4. — Consonanti (*soglasniki*).

Le consonanti *b, d* sono le schiette sonore italiane.

Così in *báti*, paventare; *dáti*, dare, si pronunciano come nelle voci italiane, *ballare, barba, dare,* ecc.

f, ricorre soltanto nelle parole straniere: *fant*, il giovane (*fans*); *fantazija*, la fantasia (*Phanthasie*); *figa*, il fico (*Feige*); *firkelj*, il boccale, misura, dal ted. *Viertel*; *fálč*, falcetto, cfr. lat. *falx*. ital falce; *fráta*, cfr. ital. fratta, e radice ted. *frate*; *fústa*, cfr. ital. fusta, nave da corseggiare; *binkóšti* e *finkóšti*, Pentecoste; *práča*, fromba, accanto a *fráča*.

g, si pronunzia dolce ed ha sempre suono gutturale e non il suono palatale del *g* italiano dinanzi *e, i*: *gibati*, muovere; *géslo*, il motto.

h, si pronunzia come il tedesco *ch* o il toscano

h in *hasa. hosa* per casa, cosa; *hìsa*, la casa; *húd*, cattivo, perfido; *hleb*, il panetto.

k, ha suono gutturale e corrisponde al nostro *ch* di *chioma*, al *c* gutturale di *canto, clemente, critico, cuoco*: *kavárna*, caffetteria, il caffè; *kélih*, il calice; *kídati*, buttar fuori; *kopito*, la forma per le scarpe; *kúga*, la peste.

m, n, p, t, rappresentano i suoni comuni delle altre lingue.

j, v, sono le schiette sonore palatine e labiodentali: *jáma*, il buco, *jésti*, mangiare; *pobòj*, la strage; *vȓt*, l'orto; *véra*, la fede.

In principio di sillaba dinanzi a consonante, o in fine di sillaba dopo vocale o consonante, il *v* di solito si pronunzia come un *u* breve: *vláčiti*, tirare a sè; *vȓv*, corda; *rokáv*, manica; *brátov*, dei fratelli.

Mediante il *j* in luogo dell'*i*, e il *v* in luogo dell'*u* si ottengono i dittonghi *aj, ej, oj, uj, av, ev, iv, ov*.

Il *j* dopo le consonanti, di solito *l, n, r*, dà al gruppo consonantico valore palatale. Perciò *lj* corrisponde all'italiano *gl* di *figlio, scoglio*; *nj*, all'italiano *gn* di *agnello, agnolo*. Così abbiamo: *kónj*, il cavallo; *králj*, il re, *ángelj*, l'angelo, *bérnja*, la raccolta (campestre), *brádlja*, la scure; *krǫ̀klja*, della scrofa; *stopinja*, l'orma, il passo; *mórje*, il mare (e *morjé*).

l, ha il suono dentale italiano se seguito da vocale: *lás*, il capello; *hláp*, il vapore; *klén*, l'acero; *tópol*, il pioppo.

Se seguito da *j* é palatino, come sopra si é visto

Questa consonante si fa velare e si pronunzia nel nominativo e vocativo per *v* nelle seguenti combinazioni, nelle quali si rappresenta con *ł*.

I.⁰ In fine di parola:

1) Nelle desinenze del participio perfetto attivo, e propriamente,

α) *al*, si pronunzia per *au* come fosse *av*, *dál, délal, kópal*, ho dato, lavorato, vangato, come fossero *dáv, délav, kópav*.

β) *el* e *il* atoni, si pronunziano per *u* come fossero *uv*: *mislil, létel, videl*, pensato, corso, veduto, si leggono *mislu, létu, vidu*.

γ) *el, il* lunghi, come fossero *ev, iv*, si pronunziano per *eu, iu*: *kosil, podil, pel*, pranzato, cacciato, cantato, si leggono *kosiu, podiu, péu*.

2) Nelle parole, *pepęl*, la cenere; *il (jil)* l'argilla; *vesęl*, allegro; *gnil*, fracido; *vól*, il bue; *vǫl*, la birra.

II.⁰ Nel corpo della parola: *bólha*, la pulce; *dólbsti*, scavare; *dôlg*, lungo; *dôlg*, il debito; *čóln*, la barca; *pòlh*, mezzo; *pôln*, pieno; *pôlž*, la lumaca; *žólč*, il fiele, *žôlt*, giallo; *sólnce*, il sole; *sólza*, la lagrima; *tólst*, il grasso, il pieno, *vôlk*, il lupo; *tólpa*, la schiera; *žólhek*, amaro, ed altri, si pronunziano quasi. *bouha, doubsti, doug, čoun, pouh, poun, použ, žouč, žout, sounce, souza, toust, vouk*, etc.

c corrisponde allo *z* italiano di *zucchero, zecchino, zazzera, zitto, zoccolo*:

Così si legge. *cimbor*, il prugno; *cigàn*, zingaro; *cérkva*, chiesa; *cvêt*, il fiorire.

č corrisponde al nostro *c* di *cento, ciliegio*, etc.
čédnost, la pulitezza ; *čúdo,* la meraviglia ; *či-stost,* la nettezza ; *čákati,* aspettare.

s è uguale al nostro *s* iniziale in *sento, sonno, sicuro, santo,* od al gruppo *ss* fra vocali come in *dissimile,* etc : *sir,* il cacio ; *mesó,* la carne ; *rósa,* la rugiada.

š come il tedesco *sch* in *Scham, Schau, schón, Schild,* e l'italiano *sc* dinanzi ad *e, i*: *šiba,* la bacchetta ; *štéti,* contare ; *máša,* la messa.

z come il nostro *s* fra vocali in *rosa, róso*: *zémlja,* la terra ; *miza,* la tavola ; *zób,* il dente.

ž come il francese *j* in *jour, jamais*: *že'na.* la donna ; *móž,* l'uomo ; *žila,* la vena.

r nelle sillabe radicali dinanzi a consonante si pronunzia come fosse appoggiato a un precedente *e* muto, brevissimo: cosi si scrive *krt,* la talpa e si pronunzia come fosse *kèrt*; *smrt,* la morte, come fosse *smèrt*; *tr'g,* il mercato, per *tèrg*; *Tr'st,* Trieste, per *Tèrst*.

Cfr. piemontese, *krdu. k'rdü,* credo ; *st'rmü,* nascondo ; *f'rmü. io* fermo, etc.

§ 5. — Mutamenti vocalici.

Le vocali sono suscettibili di mutamento.

1º La *variazione* o *apofonia (Ablaut)* delle vocali appare nella formazione delle parole, nei composti e derivati.

Fra le modificazioni possibili nella vocale radicale le principali e più comuni si riducono alle seguenti:

e, o, a — *nésem,* io porto ; *nósim,* sto portando : *pri-nášam,* porto qua e là.

e, o — *péti,* attaccare ; *póta,* catena, legame.

i, e — *videti,* vedere ; *védeti,* sapere.

i, oj — *viti,* avvolgere ; *povój,* fascia ; *liti,* versare ; *lój,* sego.

a, (e), u — *dúhnem, dehniti.* aspirare ; *dúh,* lo spirito.

ij, u (ov, av, va) — *kíj,* pezzo di legno ; *kújem, (kóvati),* battere col martello, inferrare ; *podkováti,* star battendo ; *kis,* acido ; *kvás,* lievito.

     slišati percepire ; *slúh,* il senso della percezione ; *slúti, slóvem, slújem ;* essere celebre, glorioso.

     II.⁰ *Allungamento.* — Ricorre specialmente nella formazione dei verbi iterativi.

     Per esempio troviamo questi casi di allungamento:

o in *a, stojim (státi),* sto su ; *vstájam,* sto alzandomi.

     plóvem, io nuoto ; *plávam,* sto nuotando.

e in *e, réčem,* io dico ; *rékam,* sto dicendo, riferisco.

e in *i, dérem (dréti),* io squarto. sbrano *(reissen) ; odiram (odirati),* sto squartando, spaccando *(schinden).*

     III.⁰ *Jato.* — Due vocali non possono stare a contatto fra di loro.

     Si evita lo *jato* mediante l'interposizione del *j* o del *v,* avvertendo che se una delle vocali e *ι* o *u* queste passano nell'*ι* e *v* rispettivamente: *pòι-dem* in *pòjdem*, io andrò; — Da *medu-ed* abbiamo *médved.* orso; da *da-ati, dájati,* andar distribuendo, dando, (da *da-ati* abbiamo anche *davati*); — (da *pla-ati* (cfr. πλέω) abbiamo *plávati.* nuotare); — da διάκονς (*diaconos*) abbiamo *diják*, da *Maria, Marjia.*

Da ciò anche la tendenza a pronunziare nello slòveno le voci latine *Paulus, Laurentius, alauda, Pavel, Lovrenc, lavdika.* Lo stesso si dica di *màvra,* vacca nera, e *màvrica,* iride, arcobaleno; *krêda,* gesso (cfr. il tedesco *kreide*).

IV.º *Assimilazione e contrazione.* — Talora il *j* fra due vocali si perde e in questo caso le due vocali a contatto fra di loro si assimilano e si contraggono.

Ricorrono frequenti questi fenomeni:

aje : *aa* : *ā* — *délajem* : *délaem* : *délam,* io lavoro.
eje : *ee* : *ē* (: *ī*) — *uméjem* : *umêm,* io comprendo
oja : *aa* : *ā* — *gospója* : *gospáa* : *gospá,* signora.
oje : *oe* : *ē* — *gospóje* : *gospóe* : *gospê,* signora.

§ 6. — Consonanti.

LEGGI FONETICHE DELLE CONSONANTI.

Alcune consonanti a contatto fra di loro subiscono delle modificazioni, di cui le principali consistono nella *jotizzazione.* nell'*affievolimento* nella *riduzione,* nella *dissimilazione,* nell'*assimilazione,* nell'*elisione,* nell'*inserzione* o *epentesi.*

I. — *Jotizzazione.*

Jotizzazione si chiamano i mutamenti che determina la palatale *j* a contatto delle consonanti. Questi mutamenti si verificano in vario modo nelle gutturali, nelle sibilanti, nelle dentali, nelle labiali, nelle liquide.

Le gutturali a contatto col *j* si fondono nelle palatali. Si risolvono:

α) *kj* in *č* — da *skákati*, saltare si ha, *skáčete* per *skákjete*, saltate

gj in *ž* — *lagáti*, mentire: *lážete*, (*lagjete*), mentite

hj in *š* — *dihati*, odorare: *dišete*, (*disjete*), odorate

skj in *šč* — *iskati*, lampeggiare: *iščete*, (*iskjete*), lampeggiate

β) *cj* in *č* — *klicati*, chiamare: *kličete*,(*klicjete*), chiamate

zj in *ž* — *lizati*, leccare: *ližete*, (*lizjete*), leccate

sj in *š* — *pisati*, scrivere: *pišete*, (*pisjete*) scrivete

γ) *tj* in *č* — *soldátja, soldáča*, soldatesca — da *ótja* si ha *óča*, padre — da *mlátjen* (*mlátiti*), *mláčen*, battuto

dj in *j* — *roditi*, generare: *rójen* (*ródjen*), generato: *meja* (*medja*). il confine, il limite

stj in *šč* — *pustiti*, *púščen*, lasciato, per *pústjen* ϑ) Fra le labiali e il *j* si inserisce un *l* epentetico.

Da *pj* si ha *plj* — *topiti, tópljen,* da *tópjen,* da *tópien,* annegato

    bj   »   *blj* — *ljúbiti, ljúbljen,* da *liúbjen,* da *liúbien,* amato

    vj   »   *vlj* — *staviti. starljen,* da *stavjen,* da *stavien,* fermato

    mj   »   *mlj* — *lomiti, lómljen,* da *lómjen,* da *lómien,* spezzato

ε) Le liquide, *r, l* e la nasale *n.* a contatto col *j* si fondono nei gruppi palatali, *rj, lj, nj.* Si noti che oggidì per altro *r* non costituisce una vera fusione con *j* e si pronunzia separato. Così abbiamo:

r-j — *storiti, stórjen,* da *stórien,* fatto

l-j — *moliti, móljen,* da *móli-en,* pregato

n-j — *razgrniti, razgr'njen,* da *razgr'ni-en,* steso; *vzdignitı, vzdignjen,* da *vzdigni-en,* alzato

II. — *Affievolimento.*

1) Le gutturali dinanzi alle vocali sottili, e propriamente dinanzi ad *e* naturale, ad *e* nasale, dinanzi ad *i* fievole si alterano nelle esplosiva *č* e nelle fricative palatolinguali *ž, š*; dinanzi ad *e* e ad *i* naturale, si alterano nelle sibilanti.

I. — *In palatali.*

α) dinanzi ad *e* naturale — *rečete,* dite,

cfr. *rekó*, dicono; *lágatı*, mentıre, *lážem*, men-
tisco; *dihatı*, odorare, *dıšem*, odoro. respiro.

β) dinanzi ad *e* nasale — da *otrók*, *otróče*,
i fanciulli; da *drûg*, altro, *drûže*, altre; *siromáh*,
siromáše, i poverelli.

γ) dinanzi ad *i* fievole — *réčı*, dire, *rekó*.
dicono; *okó*, *oči*, gli occhi; *drug*. *druži*, altri;
sûh, *sušıtı*, asciugare.

II. — *In sibilanti.*

α) dinanzi ad *e* — *obléka*, veste, *oblécıte*,
vestite; *vélik*, *na velicem*. sul grande.

β) dinanzi ad *i* (derivato da *e*) — *pótok*,
il ruscello, *v potóci*, nel ruscello; *otrók*, *otróci*,
i fanciulli; *ubóg*, *ubózi*, i poveri. nomınativo
plurale; *pôlh*, *pôlzi*, i ghiri.

Osservazioni. — 1) Per altro, l'affievolimento
delle gutturali nelle sibilanti può anche non
verificarsi e si possono mantenere ıntatte le
gutturali.

2) Le sibilanti pure si alterano. Fra le sibilanti si palatinizzano dinanzi alle vocali sottili
e e *z*. Cosi da *devica*, vergine, abbiamo *devičji*,
verginale, agg.; e da *knêz*. principe, *knéž-ji*,
prıncıpesco.

3) Le dentali di solito non si palatinizzano
dinanzi alle vocali fievoli.

Per altro sı trovano esempi di *t* affievolıto in
č: *kóst*, l'osso ha il diminutıvo *koščıca*; *pêst*,
il palmo, *peščıca*; da *mât*. la madre. *máčuka*,
la matrigna.

III. — *Riduzione del nesso kt-gt.*

1) *kt* e *gt* si cambiano in *č (tš)*, e propriamente nell'infinito, nel supino dei verbi, e nella
formazione delle parole:

Inf. *réči*, dire, per *rék-ti*, supino, *réč*, a dire.

Inf. *stre'či*, ministrare, da *stré g-ti*; supino,
stre'č, a ministrare.

IV. — *Dissimilazione.*

2) *tt* e *dt* si dissimilano in *st*:

Abbiamo, *plésti*, tessere, da *plétti*; *je'sti*,
mangiare, da *jéd-ti*; *vlast*, la proprietà da *vládt*.

V. — *Assimilazione.*

1) *nb, np* si risolvono in *mb, mp*.

Da, *braniti*, proteggere, abbiamo *brámba* la
difesa, la protezione.

da *premęn-iti*, mutare, *premęmba*, il cam-
biamento;

da, *a-na-opák, ámpak,* ma.

Osserv. — *md* dà *nd*; *mk* da *nk*; *mn* da *ml*,
gúmno e *gúmlo*, l'aja (*die Tenne*).

2) α) *s* e *z* dinanzi *lj, nj* diventano fricative
palatali *š, ž*: *pos-láti*, mandare, *póšljem*, io
mando; *griz-em*, io rodo, *griž-ljaj*, un boccone.

β) *s* dinanzi a consonante sonora si muta
in *z*, dinanzi a consonante sorda resta *s*: *s-kónca,*
s-provega, dalla fine, dal principio; *z-dáleč*, da
lontano; *z gláve*, dalla testa; *z bolézmi*, colle
malattie

Dinanzi alle vocali si altera in *z*: *z ápnom*,
colla calce; *z očétom*, col padre.

VI. — *Elisione.*

α) *t d*, scadono dinanzi a *s. š*: da *gospód,* signore, abbiamo *gospóski* e *gospodski,* signorile; da *bogat*, ricco, abbiamo *bogâstvo* e *bogâtstvo*, ricchezza.

Ma *hûd*, cattivo, fa *hûjši* (*hudši*), più cattivo; *mlâd*, giovane, fa *mlâjši* (*mladši*), più giovane.

β) *t, d, p. b, v, k*, talora scadono nel neosloveno dinanzi le desinenze *niti, nem* dei verbi della IIª classe: *vę'niti* (*vedniti*), appassire, cfr. *vę'del*, appassito; *vr'niti* (*vr'tniti*), restituire, cfr. *vrtę'ti*, volgere; *vkléniti* (*vklepniti*) attaccare, cfr. *vklępnik*, la catena; *giniti* (*gibniti*), muovere, toccare, cfr. *gib*, movimento; *pljúniti* (*pljuvniti*), sputare, cfr. *pljuváti*; *stisniti* (*stiskniti*), stringere, cfr. *stiskati*; ma *bliskniti* e *blisniti*, lampeggiare; *hlástniti*, cercare; *cábniti*, picchiare.

γ) *v, m, n* scadono dinanzi a *t*: *plę'ti* (*plévti*), *plę'vem*, sarchiare, *ję'ti, jámem*, cogliere (*jemti*), *pę'ti, pném*, attaccare (*penti*).

VII. — *Epentesi.*

Nel gruppo *pt* e *bt* si inserisce un *s* nell'infinito dei verbi: *tépsti*, battere, da *tépti* — *grébsti,* scavare, da *grebti.*

§ 7. — **Accento** (*naglas*).

Toniche si chiamano le sillabe accentate, atone quelle prive d'accento.

Le sillabe toniche si designano o con l'ac-

cento acuto (´), o con l'accento circonflesso (ˆ),
o con l'accento grave (ˋ).

Le sillabe lunghe si segnano o con l'acuto o
col circonflesso.

Si segnano coll'accento acuto (´) le sillabe
che hanno un tono ascendente: *hvála,* lode;
bóra, legno da ardere; *gr'ba,* rialzo; *branica,*
fortezza.

Si segnano coll'accento circonflesso (ˆ) quelle
che hanno un tono discendente: *kûp,* la compera; *branitelj,* il difensore, etc.

Hanno infine l'accento grave (ˋ) le sillabe rapidamente emesse, *bràt,* il fratello; *gràh,* il fa-
giuolo; *bòj,* la lotta; *kùp,* il mucchio, etc.

L'accento può stare sull'ultima sillaba della
parola, sulla penultima, sulla terzultima, e tal-
volta anche sulla quartultima, verso il principio
della parola.

L'accento può mutar di posizione nella declinazione e coniugazione: *glás,* la voce, *glasû,*
della voce; *mír,* la pace, *mirû,* della pace, *minem,*
io termino, *miniti,* terminare.

Osservazione. — Le parole composte hanno
un solo accento: *ljudoljûbje,* umanità; *sado-
nósen,* fruttifero (*sádje,* frutto).

I prefissi, i pronomi, alcune particelle ed
il verbo ausiliare, hanno l'accento nella parola
più vicina, e se la precedono si chiamano *proclitiche (predslonice)* e se la seguono *enclitiche
(naslonice).*

Proclitiche di solito sono tutti i prefissi e
molte congiunzioni.

Enclitiche sono : 1) le forme accorciate del pronome personale e riflessivo; 2) il verbo ausiliare, *biti*, essere.

§ 8. — Divisione delle sillabe.

In genere la divisione delle sillabe si fonda sulla sonorità di esse, o sulla ripresa espiratoria.

Si avverta in proposito altresi che:

1) Una consonante in mezzo a due vocali appartiene alla sillaba susseguente: *dé-lo*, lavoro.

2) Le consonanti che non stanno unite fra loro in principio di parola, si dividono fra loro pure nel corpo della parola. Cosi *hr-bèt*, la schiena; *gr'-lo*, la gola; *čréš-nja*, la ciliegia; *sóln-ce*, il sole.

3) Le consonanti le quali unite fra loro si trovano in principio di parola, anche nel corpo delle parole stanno unite: *br'-zda*, freno; *brá-zda*, il solco; *Gú-mno*, l'aja; *má-slo*, lo strutto.

4) Le parole composte, nella grafia, si scompongono secondo i vari elementi costitutivi: *od-ložiti*, rimettere; *na-práviti*, apparecchiare, etc.

PARTE II.

Flessione nominale.

§ 9. — Avvertimenti generali.

Nello sloveno si distinguono tre generi: maschile, femminile e neutro; tre numeri: singolare, duale e plurale; sei casi: nominativo, genitivo, dativo, accusativo, locativo, istrumentale. Il vocativo non ha importanza e può sempre essere rappresentato dal nominativo.

I.° Il genere si riconosce dal significato e dalle desinenze.

α) Quanto al significato sono maschili i nomi degli esseri maschili; femminili quelli di esseri femminili; neutri sono le parole che assumono entità di nomi.

β) Quanto alla desinenza sono:

Maschili, quei sostantivi che escono in una consonante.

Femminili, quelli che escono al singolare nominativo in *a*; quelli che originariamente uscivano in *i*; ed i polisillabi che escono in *ast, ost, ust, azen, ezen, ev, ov: čédnost, mladóst, oblást, čeljúst, ljubézen, cérker,* etc.

Neutri, sono i sostantivi uscenti al nominativo in *o* od *e.*

II.º Per ciò che riguarda i numeri bisogna avvertire che il duale si adopera quando si parla di due persone o cose. Tuttavia quando si parla di parti del corpo come mani, piedi, orecchie, occhi si usa di solito il plurale, se pur non si voglia strettamente far risaltare l'idea del numero duale.

Pel genitivo e locativo duale, valgono le desinenze dei corrispondenti casi del plurale.

III.º Fra i casi, il nominativo è il caso del soggetto; il genitivo del complimento di specificazione, rispondente alla domanda *di chi, di che cosa?*; il dativo, del complemento di termine, rispondente, *a chi, a che cosa?*; l'accusativo, dell'oggetto, *chi, che cosa?*; il locativo, risponde alla domanda del complemento di luogo, *dove?*; l'istrumentale, alla domanda del mezzo, *con chi? con che cosa? per mezzo di chi? di che cosa?*

Gli altri complementi, il complemento di tempo, di modo, di qualità, di origine, di compagnia, di misura, di limitazione, ecc., si risolvono con o senza preposizione nei vari casi, come più innanzi si vedrà.

§ 10. — Declinazione (*sklanjatev*).

Si può dire che nello sloveno la varietà della declinazione risiede più che sulla differenza dei temi, su quella del genere.

Una prima distinzione delle declinazioni si fonderebbe sull'uscita dei temi, e si avrebbero così due declinazioni principali, di temi in vocale, cioè, e di temi in consonante.

L'una e l'altra, benché la prima più ricca serbavano nel paleoslavo una fisonomia propria e distintiva. Nello sloveno pel contrario è venuta scadendo quella colorazione di desinenze che costituisce la ricchezza morfologica del paleoslavo; e tale perdita appare specialmente nei temi in consonante, i quali impoveriti del patrimonio degli antichi suffissi, foggiano la declinazione sul modello dei temi in vocale.

Così che avviene di vedere che nel neosloveno i temi in vocale costituiscono il fondamentale paradigma declinativo, adottato dai temi in consonante.

Il genere all'incontro è quello che serba colle sue forme peculiari distinta la varietà nella declinazione.

Per il che noi potremo distinguere tre declinazioni principali; quella dei maschili, quella dei femminili e quella dei neutri; nelle quali rientrano rispettivamente i vari temi maschili, femminili e neutri.

I temi in vocale possono essere in $a \begin{cases} o \\ a \\ o, e \end{cases}$; in u; in i. Ma eccetto pochi temi in u ed in i troviamo che la declinazione in vocale è composta esclusivamente di temi in a (o) maschili, femminili e neutri.

Poiché una parte dei temi in *a* si ridusse nel neosloveno, per dileguo della primitiva vocale finale ad uscita in consonante, non bisognerà confonder codesti temi coi veri e propri temi in consonante. A questo proposito gioverà avvertire quanto segue.

Nel paleoslavo l'*a* originaria, indoeuropea o preslava, dei temi si mutava nel nominativo singolare dei maschili in *ŭ*, che si ridusse a *o*; dei neutri in *o*, pei femminili restava l'*a*.

Cosicché laddove nel paleoslavo si avevano per esempio al nominativo:

maschile	neutro	femminile
rabŭ	*selo*	*riba*

nel neosloveno abbiamo:

rob	*selo*	*riba*

Dove il neutro ed il femminile conservano l'antica vocale tematica, *o*, *a*, ed il maschile ha perduto il suffisso *ŭ*, in quel disfacimento fonetico che dal paleoslavo produsse il neosloveno.

Declinazione dei temi in *a, o.*

§ 11. — Temi in *o* (*ŭ*): Maschili.

I temi in *o* maschili finiscono in consonante forte o fievole.

Secondo la natura della consonante finale del tema, avremo due declinazioni, una forte e l'altra fievole. Sostanzialmente per altro esse non differiscono fra di loro, ma avviene solo nelle desinenze una modificazione delle vocali forti in fievoli dovuta all'azione assimilatrice delle consonanti fievoli. Per questa legge *o* si muta in *e* l'*u* in *i*. Tuttavia l'*u* e *i* si usano indifferentemente nella desinenza del locativo singolare.

Conosciuto adunque il paradigma della declinazione forte si conosce facilmente anche quello della declinazione fievole.

Una differenza da notarsi esiste nella formazione dell'accusativo singolare fra i nomi indicanti esseri animati e quelli indicanti esseri inanimati. I primi aggiungono nell'accusativo al tema la desinenza *a*, gli altri hanno l'accusativo senza desinenza, uguale al nominativo singolare.

Premesso ciò veniamo ai paradigmi.

Declinazione forte.

	Singolare		Plurale		Duale	
	inanimati	animati	inanimati	animati	inanimati	animati
N.	klobúk (1)	jélen (2)	klobúk-i	jelén-i	klobúk-a	jelén-a
G.	klobúk-a	jelén-a	klobúk-ov	jelén-ov	klobúk-ov	jelén-ov
D.	klobúk-u	jelén-u	klobúk-om	jelén-om	klobúk-oma	jelén-oma
Ac.	klobúk	jelén-a	klobúk-e	jelén-e	klobúk-a	jelén-a
Voc.	klobúk	jélen	klobúk-i	jelén-i	klobúk-a	jelén-a
Loc.	klobúk-u	jelén-u	klobúk-ih	jelén-ih	klobúk-ih	jelén-ih
Istr.	klobúk-om	jelén-om	klobúk-i	jelén-i	klobúk-oma	jelén-oma

(1) klobúk, il cappello   (2) jélen, il cervo.

Declinazione fievole.

	Singolare		Plurale		Duale	
	inanimati	animati	inanimati	animati	inanimati	animati
N.	kljuè (1)	kralj (2)	kljuè-i	kralj-i	kljuè-a	kralj-a
G.	kljuè-a	kralj-a	kljuè-ev	kralj-ev	kljuè-ev	kralj-ev
D.	kljuè-u	kralj-u	kljuè-em	kralj-em	kljuè-ema	kralj-ema
Ac.	kljuè	kralj-a	kljuè-e	kralj-e	kljuè-a	kralj-a
Voc.	kljuè	kralj	kljuè-i	kralj-i	kljuè-a	kralj-a
Loc.	kljuè-i (in)	kralj-i (u)	kljuè-ih	kralj-ih	kljuè-ih	kralj-ih
Istr.	kljuè-em	kralj-em	kljuè-i	kralj-i	kljuè-ema	kralj-ema

(1) kljuè, la chiave   (2) kralj, il re

Osserv. I. — I temi uscenti in *e* al nominativo oggidì seguono di solito la declinazione forte.

Osserv. II. — Alcuni sostantivi in *elj* seguono la declinazione forte e ricevono un *n* epentetico fra il tema e la desinenza.

Essi sono: *bréncelj*, il tafano; *dúrgelj*, il succhiello; *žájbelj*, la salvia; *kávelj*, l'uncino: *kápelj*, il canale dell'acqua; *kémbelj*, il battacchio; *krémpelj*, l'artiglio; *méželj*, il randello; *nágelj*, il garofano; *porúngelj*, il piccolo ceppo; *prámelj*, il cavallo bajo; *rábelj*, il giustiziere; *témpelj*, il tempio; (*fúželj*, il lucignolo, lo stoppino); *apostelj*, l'apostolo, che fanno al genitivo *brénceljna*, *dúrgeljna*.

Si usa pure la forma fievole, *bréncelja*, *dúrglja*, *žájblja*, *kávlja*, etc.

§ 11. — Particolarità.

Rimangono nel neosloveno della antica declinazione in *a* alcuni pochi nomi indicanti persone maschili i quali escono al nominativo singolare in *a*. Essi sono: *óèa*, padre, nome irregolare che segue anche la declinazione dei femminili in *a*; *slúga*, il servo; *vójvoda*, il capo, duce; *opróda*, lo scudiere; *staréjšina*, il vegliardo, senior; *glasonóša*, il messaggiero.

2) Le gutturali finali dei temi solo per eccezione a contatto colla desinenza *i* dei casi si mutano in sibilanti; di solito la gutturale resta intatta. Vediamo i seguenti nomi mutare la gutturale in sibilante nel nominativo e locativo plurale.

	Nom. plur	Loc. plur.
otrók, il fanciullo	*otróci*	*otrócih*
trávnik, il sentiero	*trávnici*	*trávnicih*
oblák, i nuvoli	*oblúci*	*oblácih*
junák, il giovinotto	*junáci*	*junácih*

Accanto alle forme colla gutturale intatta hanno anche le forme con sibilante nel locativo singolare questi tre

	Loc. sing.
jezik, la lingua	*jeziki* e *jezici*
dòlg. il debito	*dòlgi* e *dólzi*
lóg, il bosco (*lucus*)	*lózi* e *lógi.*

3) I nomi che escono al nominativo singolare in *ec, ek, el, em, en. er. et, ev,* perdono nei casi obliqui l'*e* se la parola cresce di sillaba.

Così: *studénec,* la sorgente, fa al genitivo *studénca,* etc.

Solo nel caso di un forte aggruppamento consonantico rimane l'*e*; come in *jázbec,* gen. *jázbeca,* del tasso, etc.

4) Per analogia anche i nomi *pés,* il cane, *sel,* il messaggiero, perdono l'*e*; quindi nel genitivo avremo *psà* e *slà.*

5) I sostantivi polisillabi in *ar, ir,* seguono la declinazione fievole inserendo un *j* dinanzi alla desinenza del caso: *césar,* l'imperatore, fa al gen. *cesárja,* dat. *cesárjem*; *pastir,* il pastore, *pastírja, em*; *vodir,* arnese dove si pone la pietra da arrotare. *vodírja, em*; *goldinar,* il fiorino

rino, *goldinarja*; *gospodár*, il padrone *gospo-dárja*, etc.

6) I nomi seguenti formano il gen. plurale senza la desinenza *ov*: *otrók*, il fanciullo; *vóz*, il carro, *dán*, il giorno; *zôb*, il dente; *kónj*, il cavallo; *lás*, il capello; *lónec*, la pignatta; *môž*, l'uomo; *pás*, il cane.

I quali nomi partecipano pure della declinazione dei temi in *u*.

Di essi *lás*, *zôb* e *môž* formano il genitivo plurale secondo l'analogia dei temi in *i*, *lasí*, *zobí*, *možî*, laddove gli altri formano il genitivo senza aggiungere al tema alcuna desinenza.

7) Alcuni sostantivi monosillabi colla vocale lunga nel genitivo singolare oltre alla desinenza *a* possono avere anche la desinenza *u*. e presentano così un caso di eteroclisia (V. paragrafo 14).

Essi sono: *grád, a, u*, il castello; *vrát, a, u*, il prato; *ôl, a, u*, la birra; *glás, a, u*, il suono, la voce, *dár, a, u*, il dono; *gôst, a, u*, l'ospite; *gôd, a, u*, il festino; *dôlg, á, (u)*, il debito; *zíd, a, u*, il muro; *zob, a, á, (u)*, il dente; *klas, a, u*, la spiga, *kvas, a, (u)*, lievito; *kôs, a, (u)*, il pezzo; *lás, a, u*, il capello; *lan, a, u*, il lino; *list, a, u*, foglia; *méd, a, u*, il miele; *mir, a, u*, la pace; *môst, a, (u) u*, il ponte; *mêh, a, u*, la vescica, otre; *pôt, a, u*, sudore; *práh, a, u*; polvere; *sléd, a, u*, l'orina; *smrád, a, u*, puzza; *stán, a, u*, il fabbricato; *stráh, a, u*, la paura; *tát, a, u*, il ladro; *spôl, a, u*, (*spôl, a*), il genere; *tr, a, u*, l'orma; *sád, a, u*, il frutto; *trák, a, u*, il nastro.

Anche il bisillabo *nôhet*, il ditale, fa *nôhta* e *nohtü*. Cfr. temi in *u*, paragr. 15.

Esercizio 1.

Avvertimenti. — Il soggetto si pone nel caso nominativo; l'oggetto nel caso accusativo.

Il predicato concorda col soggetto a cui si riferisce; se e un aggettivo in genere, numero e caso; se è un sostantivo nel caso, quando non sia possibile anche nel genere e nel numero.

Si noti che gli aggettivi hanno tre generi e si declinano come i sostantivi. (Vedi paragrafo 24 e 25).

Maschili.

[1] Brat ljubi brata. [2] Po glasu spoznaš ptiča. [3] Na vrtu vidimo vnuke in strica. [4] Vsak človek ima svoj križ. [5] Na svetu ni nihče zadovoljen. [6] Spraznite vos. [7] Zidar podira zid. [8] Z nožen režemo kruh. [9] Ob bregu čujemo žuborenje vira. [10] Snopi se sušé na dvorišču. [11] Na travniku smo videli konje. [12] H kovaču smo peljali voz. [13] Darovanemu konju se na gleda na zobé. [14] Konjiki so šli v skok skozi trg. [15] Danes imamo gosta. [16] Sprehajali smo se z gospodi prijatelji.

NOTE.

Ljubi, ama — *po*, a seconda, da — *spoznaš*, riconosci — *vidimo*, vediamo — *na*, nel — *ni*, non è — *vsak*, ciascuno — *ima*, ha — *svoj*, suo — *nihče*, nessuno — *spraznite*, scaricate —

podira, abbatte — *z*, con, mediante — *režemo*, tagliamo — *ob*, da — *čujemo*, sentiamo — *se suše*, si asciugano — *smo videli*, abbiamo veduto — *h*, dal, presso il — *smo peljali*, abbiamo condotto — *se ne gleda*, non si guarda — *so šli*, sono andati — *v skok*, a galoppo — *imamo*, abbiamo — *sprehajali smo se*, abbiamo passeggiato.

Esercizio 2.

[1] Il sorriso dei fanciulli rallegra i vecchi. [2] I giovanotti usano portare garofani sul cappello. [3] Gli uccelli non si infilzano sullo spiedo senza della salvia e del lardo. [4] Il vento alimenta il fuoco. [5] Tardi gli uomini si pentono dei loro peccati. [6] Il sacerdote è l'apostolo di Dio. [7] Dagli amici mi guardi Iddio, che dai nemici mi guardo io. [8] I contadini portono in occasione del Natale i capponi al padrone. [9] I pastori sui monti non dormano perché hanno paura dei ladri e dei lupi. [10] I cavalli arabi corrono come lepri. [11] Il travaglio e il patimento tengono in potere mezzo mondo. [12] Le nuvole nascondono le cime dei monti I fanciulli contano sulle dita. [23] Il violino è pel suonatore ciò che il cavallo e pel caviere.

NOTE.

Rallegra, *razveseli* — usano, *so vajeni* — portare, *nositi* — non si infilzano, *se ne natikajo* — senza, *brez* — alimenta, *podpihuje* — si pentono, *se kesajo* — dagli, *od* (col genit.) — mi guardi,

me obvari — mi guardo, *se varujem* — portano,
nosijo — in occasione del, *za* (pel) — non dor-
mono, *ne spijo* — hanno paura, *se bojijo* — corrono, *letijo* — come, *kakor* — tengono in potere,
vladajo — mezzo, *pol* (col genit.) — nascondono,
pokrivajo — contano, *štejejo.*

Esercizio 3.

[1] Zajca pečemo na ražnji. [2] Lovci so vjeli debe-
lega jazbeca. [3] Ako slepec slepca vodi, oba v
jamo padeta. [4] Slavca prištevamo najboljšim pev-
cem. [5] Mlinski kameni so navadno peščenci. [6] Moj
tast je kupil tri lovske pse. [7] Vladni list je tednik.
[8] Priigran denar nima vžitka. [9] V nesreči se skuša
prijatelja. [10] Petemu mesecu pravimo veliki traven.
[11] Odvetnik plačuje pisarju dva goldinarja na dan.
[12] Dobri hlapci so hvaležni svojim gospodarjem.
[13] O lepoti tega kraja ni govora. [14] Od ranega jutra
do poznega večera se mora delavec mučiti.

Avvertimenti. — Per la desinenza *ega* dell'acc.
degli aggettivi (V. paragrafo 25).

NOTE.

Pečemo, arrostiamo — *so vjeli,* hanno preso —
vodi, conduce — *oba,* ambidue — *v,* nel — *pa-
data,* cadono — *prištevamo,* annoveriamo —
najboljši, il migliore — *je kupil,* ha comperato
je, è — *priigran,* giuocato — *se skuša,* si conosce — *pravimo,* diciamo — *plačuje,* paga —
dva, due — *na dan,* al giorno, ogni giorno —

so, sono — od, do, da, a — se mora, si deve — mučiti, affaticarsi.

Esercizio 4.

[1] I Serbi dicono che la spada di Marco Kraljević era invincibile. [2] La stirpe dei principi del Montenegro è gloriosa. [3] In ogni cosa si ricerca il parere dell'intenditore. [4] Le cinture dei soldati sono forti. [5] Anche il ragno ha gli artigli. [6] La pronunzia della lingua slovena non è difficile. [7] I denti molari si guastano facilmente [8] Per dire che uno è ricco, gli Sloveni dicono che ha sotto il pollice molto denaro; e per dire che uno è avaro, che a stento gli esce di sotto il pollice il denaro. [9] Alla corte degli imperatori bevevano fuori di tazze d'oro. [10] Le polemiche dei sapienti non sono sterili.

NOTE.

Dicono, *pravijo* — si ricerca, *se gleda na* — si guastano, *se skazijo* — dicono. *rekejo* — sotto, *pod* — di sotto. *izpod* — bevevano, *so pili*.

§ 13. — Temi in *o. e*: Neutri.

I temi in *a* neutri finiscono nel nominativo singolare in *o* che si affievolisce in *e* dopo le consonanti fievoli, o gruppi consonantici fievoli: *lj. nj, rj.*

Anche pei neutri come pei maschili si possono fissare, quindi due declinazioni, una forte e una fievole.

Nel *singolare* i neutri hanno tre casi simili, nominativo, accusativo e vocativo.

Nel locativo singolare della declinazione fievole il suffisso *e* come pei maschili, può essere sostituito da *i*.

Nel *plurale* hanno pure tre casi simili, nominativo, accusativo e vocativo col suffisso *a* che si mantiene naturalmente anche nella declinazione fievole.

Il genitivo plurale non ha desinenza, ma ci presenta il tema puro.

Negli altri casi del plurale i suffissi desinenziali sono uguali a quelli dei maschili. Quindi nel dativo, locativo e istrumentale avranno rispettivamente le desinenze *om, em, ih, i*.

Nel *duale* pure simili il nominativo, accusativo e vocativo colla desinenza *i*.

Il dativo e l'istrumentale sono simili ed hanno la desinenza *oma, ema*. Nel genitivo e dativo valgono le forme corrispondenti del plurale.

	Singolare		Plurale		Duale	
	Forte	Fievole	Forte	Fievole	Forte	Fievole
N.	mést-o (1)	pólj-e (2)	mést-a	pólj-a	mést-i	pólj-i
G.	mést-a	pólj-a	mést	pólj	mést	pólj
D.	mést-u	pólj-u	mést-om	pólj-em	mést-oma	pólj-ema
Acc.	mést-o	pólj-e	mést-a	pólj-a	mést-i	pólj-i
Voc.	mést-o	pólj-e	mést-a	pólj-a	mést-i	pólj-i
Loc.	mést-u	pólj-u	mést-ih	pólj-ih	mést-ih	pólj-ih
Istr.	mést-om	pólj-em	mést-i	pólj-i	mést-oma	pólj-ema

(1) mêsto, la città   (2) pólje, la campagna

Questa è la declinazione regolare.

I nominativi che escono in due consonanti, di cui non sia sibilante seguita da dentale, accolgono fra le due consonanti nel genitivo plurale un *e* eufonico inserito.

Cosi da *pismo* avremo il genitivo plurale *pisem* e non *pism*; da *deblo*, *debel* e non *debl*; da *okno*, *oken*, non *okn*. Ma *mesto* fa al genitivo plurale *mest*.

Esercizio 5.

[1] Iz želesa se kuje različno orodje. [2] O jasnem vidimo morje z grajskih oken. [3] Od leta do leta slabi človeški rod. [4] Pesništvo je vzvišeno. [5] Prinesite nam dobrega vina. [6] Dobil sem pismo iz mesta. [7] Človeško življenje je potovanje. [8] Ščinkovci se s prosom redé. [9] Debla sem prodal drvarju. [10] Moj brat je na vseučilišču v Rimu. [11] Razni so potje človeškega življenja. [12] Z desetim letom je šel v mesto. [13] Na poljih raste rumeno žito. [14] Kavo z mlekom pijejo radi. [15] Rezjanskemu narečju se težko privadimo. [16] Dela čebel so umetna, kakor gnezda nekterih ptičev. [17] Brez dela ni jela.

NOTE.

Se kuje, si fa — *vidimo*, vediamo — *slabi*, deperisce — *prinesite nam*, portateci — *dobil sem*, ho ricevuto — *se redé*, si nutrono — *sem prodal*, ho venduto — *je šel*, è andato — *raste*, cresce — *pijejo*, bevono — *se privadimo*, ci avvezziamo.

Esercizio 6.

Neutri.

[1] Il pallore della faccia è indizio di anemia.
[2] La Russia è uno stato militare. [3] Uno scritto
di lode è una raccomandazione. [4] L'ora del tramonto è patetica. [5] Il vivere in compagnia è un
conforto. [6] La roba a credito si dà alle persone
dabbene. [7] Per l'aumento della popolazione nelle
città il mantenimento è caro. [8] Nei tribunali dei
popoli inciviliti si giudica con criteri equi. [9] Il
ricevere gli scritti di una persona cara ci rallegra. [10] I Serbi hanno una ricca poesia popolare. [11] Attraversiamo la vita come i marinai
nell'Oceano che sospirano il porto per riaversi
dalle fatiche e dagli stenti. [12] Nell'estate è pur
bello vivere fra i campi.

NOTE.

Si dà, *se daje* — si giudica, *se sodi* — il ricevere, *prijeti* — ci rallegra, *nas razreseli* —
attraversiamo, *gremo skoz* — che, *ki* — sospirano, *želijo* — riaversi, *okrepèati se.*

§ 14. — **Temi in *a* femminili.**

I temi in *a* femminili hanno al nominativo
singolare l'uscita *a*.

Al locativo singolare solo il nome *gospá*, signora, fa *gospej* in luogo di *gospi*.

Nel genitivo plurale, come per i neutri, non c'è desinenza.

Anche i femminili che escono in due consonanti, come i neutri, nel genitivo plurale ricevono l'*e* eufonica frapposta alle due consonanti.

Così da *sestra* si ha il genitivo plurale *sester*: da *iskra*, la scintilla, *isker*: da *dekla*, la ragazza, *dékel*.

I sostantivi che nel genitivo singolare hanno l'*e* toneo, come *gospá*, *gospé*, possono nel plurale avere una declinazione speciale fievole accanto alla regolare. L'affievolimento consiste nel rendere toniche tutte le desinenze e nel cambiare la *a* in *e*. Nel genitivo plurale che non riceve desinenza alcuna, naturalmente resta l'*a* toneo come nel nominativo singolare.

Ma codesta declinazione fievole è raramente usata; soltanto il nome *gospá* quasi sempre la segue.

Nel duale vi sono tre casi simili, nominativo, accusativo e vocativo colla desinenza *i* Il genitivo e locativo sono uguali alle forme del plurale.

Il dativo e l'istrum. hanno la desinenza *ama*.

Una particolarità costituisce il nome *gospá* che nel duale riceve solo la forma *ama* nel dativo ed istrum., affievolita naturalmente in *ema*, *gospéma*, mentre negli altri casi accoglie le desinenze dei corrispondenti casi del plurale.

	Singolare		Plurale		Duale	
	Forte	Fievole	Forte	Fievole	Forte	Fievole
N.	rib-a (1)	rŏlj-a (2)	rib-e	rŏlj-e	rib-ɩ	vŏlj-i
G.	rib-e	rŏlj-e	rib	vŏlj	rib	rŏlj
D.	rib-ɩ	rŏlj-ɩ	rib-an	vŏlj-an	rib-ama	vŏlj-ama
Acc.	rib-o	rŏlj-o	rib-e	vŏlj-e	rib-i	rŏlj-i
Voc.	rib-a	rŏlj-a	rib-e	rŏlj-e	rib-i	rŏlj-i
Loc.	rib-i (ɩ)	rŏlj-a	rib-ah	vŏlj-ah	rib-ah	rŏlj-ah
Istr.	rib-o	rŏlj-o	rib-ami	rolj-ami	rib-ama	rŏlj-ama

(1) *Rĭba*, il pesce   (2) *Vŏlja*, il desiderio.

Come si vede non c'è differenza pei femminili tra declinazione forte e fievole. Infatti l'*a* neo-sloveno dei femminili corrisponde all'*a* lungo del paleoslavo, che nel neosloveno si affievolisce in *a* e non subisce ulteriori affievolimenti.

Quanto alla desinenza *o* dell'accusativo e dell'istrumentale singolare non c'è da meravigliarsi che non si muti in *e* dopo consonante fievole, perchè ivi l'o corrisponde al paleo-slavo *ǫ* suono nasale che equivale ad *o* seguito da *n o m.*

Esercizio 7.

[1] Soba je del hiše. [2] Ptiči pokončujejo gosenice. [3] Mokrota je rastlinam potrebna. [4] Zemlja je kroglj podobna. [5] Vojvoda je došel v mesto. [6] Starašine se zbirajo v posvete. [7] Jaz pravim ljudem resnico. [8] Dekla dela na njivi. [9] Pastir žene ovce na pašo. [10] Ponižni se brani pohvale. [11] Ribiči so nalovili mnogo rib. [12] Danes ni mojih sester v šoli. [13] Stopinje po snegu se dobro poznajo. [14] Vlada je preklicala zakon. [15] Kjer ni mačke doma, miši plešejo. [16] Kravam pokladamo krmo. [17] Pastir mora po zimi v nižave. [18] Po gorah in dolinah leži debel sneg.

Note.

Pokončujejo, distruggono — *je došel*, è venuto — *se zbirajo*, si uniscono — *pravim*, racconto — *dela*, lavora — *žene*, conduce, spinge — *se brani,* evita — *so nalovili.* hanno preso — *se poznajo,* si conoscono — *je preklicala,* ha abolito — *pleśejo,* ballano — *pokladamo,* formiamo — *mora,* è costretto — *leži,* giace, sta.

Esercizio 8.

[1] I signori nelle case tengono stanze da bagno. [2] Oggidì le nostre fanciulle hanno la macchina da cucire e l'ago non le affatica più tanto. [3] I cavalli croati sono buoni per sella ; quelli ungheresi sono più agili e più focosi, ed è bello vedere nelle nostre pianure come sanno porci il freno alla bocca. [4] A traverso i nostri campi corre una strada tortuosa alla città e fino alla ferrovia. [5] Vergogna! coteste sono parole che si dicono all'osteria. [6] A merenda, al mattino mangiamo latte e caffè col burro; a merenda, nel pomeriggio, ciocolatta o crema di latte col pane. [7] Non è meraviglia questa, i bambini mangerebbero sempre. [8] Il rossore è indizio di verecondia.

NOTE.

Tengono, *imajo* — non le affatica, *ji na utrudi* per sella, *za sédlo* — più agili, *bolj gibèni* — più focosi, *bolj iskri* — sanno, *znajo* — ci, *jim* — corre, *pelje* — vergogna, *sramota* — mangiamo, *jemo* — mangerebbero, *bi jedli.*

§ 15. — Temi in *u* maschili.

Nel neosloveno alcuni pochi sostantivi ma-

schili monosillabi hanno nel genitivo singolare
oltre la desinenza *a* anche la desinenza *u*, e si
dicono perciò partecipare della declinazione in *u*.

Questi sostantivi negli altri casi del singolare
si declinano come i temi in *a* maschili. Ma nel
plurale e duale per lo più inseriscono fra il
tema e la desinenza la sillaba *ov* e si declinano
come i maschili in *a*.

Questo *ov* si muta naturalmente in *ev* dopo i
suoni palatini.

Così *déž, deževje*. collettivo ; *móž. možér*. etc.

Nel genitivo plurale resta intatta la sillaba
ov, ev, senza ricevere desinenza. Solo per eccezione i nomi *móž, kónj. zób. lás. vós* possono formare il genitivo plurale senza il suffisso *ov, ev*. Ma hanno altresì le forme normali.
móž-ev, kónj-ev. zób-ov, lás-ov, vós-ov.

Nel plurale e duale questi nomi accanto alla
forma ampliata con *ov, ev*, hanno la forma
piana secondo l'analogia dei temi in *i* come
vedremo.

Quindi *grád,* il castello, si declinerà :

	Singolare	Plurale		Duale	
	for. piana	for. ampia	for. piana	for. ampia	for. piana
N.	grad	grad-òv-i	grad-je (i)	grad-òr-a	grad-a
G.	grad-a (a)	grad-òv	grad-i	grad-òv	(grad-i)
D.	grad-u	grad-òv-om	grad-im	grad-òp-oma	grad-ima
Acc.	grad	grad-òv-e	grad-i (i)	grad-òc-a	grad-a
Voc.	grad	grad-òr-i	grad-je (i)	grad-òv-a	grad-a
Loc.	grad-u	grad-òv-ih	grad-ih	grad-òc-ih	grad-ih
Istr.	grad-om	grad-òv-i	grad-mi	grad-òv-oma	grad-ima

Particolarità.

1) Il nome *sin, sina, u,* il figlio, oltre le forme comuni della declinazione in *u* ha anche una declinazione speciale.

	Singolare	Plurale	Duale
N.	*sin*	*sinóvi*	*sini*
G.	*sinú*	*sinóv*	—
D.	*sinóvi*	*sinôm*	*sinoma*
Acc.	*sinú*	*sinóve (sine)*	*sini*
Voc.	*sin*	*sinóvi*	*sini*
Loc.	*sinóvi*	*sinovih*	*sinovih*
Istr.	*sinom*	*sinóvi*	*sinóma*

Nel genitivo singolare si trovano anche le forme ampliate. *sinova,* del figlio; *glasova,* della voce ; *zvonóva,* della campana.

Nel dativo singolare come *sinóvi,* esistono le forme *tatóvi.* al ladro, per *tátovu*; *svetóvi,* al mondo; *stanóvi,* al fabbricato.

2) Il nome *pés, psa,* il cane, maschile in *a* ha pel dativo singolare nel parlare della regione slovena orientale, la forma *psóvi,* e di quella occidentale. *psú.*

(3) Nel nominativo plurale si trovano le forme *vetróvi,* i venti ; *dólovi* (e *dolóvje*). le valli ; *zlódjevi,* i diavoli ; *sinkovi.* i figli (figlioletti) *labúdovi,* i cigni, tutti maschili in *a,* da *véter, tra* ; *dôl. la* ; *zlôdej. deja* ; *sinko, a* ; *labúd, a.*

Nel plurale talora in luogo della desinenza

oči si trova anche la forma antiquata *ove*: *ukóve*, (*uk*), gl'insegnamenti, *valóve* (*vál, a. u*), le onde, i flutti; *duhóve* (*dúh, a*), gli spiriti, il fiato; *zidove* (*zid, a. u*), i muri; *mêhóve* (*méh, a, u*), le vesciche; *stanóve* (*stán, a, u*), i fabbricati; *trésóve* (*trés, a*), i terremoti (il tremare); *vetróve* (*véter, a*) i venti; *godóve* (*god, a. u*), le feste, tempo opportuno; *glásove* (*glás, a, u*), le voci; *rogóve* (*róg, a, u*), i corni; *repóve* (*rép, a*), le code; *vrhóve* (*vr̂h, vr̂ha, vrha*), le cime; e anche *bratovje, dolóvje, sinóvje, šuróvje* (*šur, a*, scorpione), *vetróvje, duhóvje*.

Esercizio 9.

[1] V našej okolici ni gradú. [2] Mnogo gradov je razpadlo. [3] Oče je zapustil sinu premoženje. [4] Na mostu sloni popotnik. [5] Stariši svetujejo sinovom. [6] Zidovi starih gradov so trdni. [7] Tatov se bojimo. [8] Zvitim tatovom se težko ubranimo. [9] Prazen sod ima velik glas. [10] Bik se brani z rogovoma. [11] Brez cvetú ni sadu. [12] Vetrovi gonijo ladije po morju. [13] Med valovi se ladije zibljejo. [14] Hudobnež nima mirú.

Note.

Je razpaldo, è caduto (sono caduti) — *je zapustil*, ha lasciato — *sloni*, sta appoggiato — *svetujejo*, consigliano — *se bojimo*, abbiamo paura — *se ubranimo*, ci guardiamo — *ima*, ha — *se brani*, si difende — *gonijo*, spingono — *se zibljejo*, si cullano — *nima*, non ha.

Esercizio 10.

¹ Il ponte del castello non era di pietra, ma era fatto di legno. ² Le nostre contadine usano profumare sotto il naso con della polvere quando esso è gonfio. ³ Newton, Copernico e Galileo videro (per) i primi nello spazio rotear nuovi mondi. ⁴ A forza di gomiti, come Renzo, entrammo nella folla. ⁵ Sul ghiaccio, d'inverno, in Russia, sogliono andar a sdrucciolare uomini e donne coi loro figli ⁶ La gente di solito nei paesi di montagna è ospitale. ⁷ Presso la cascata si trova il mulino. ⁸ Il giudice va sulle traccie del fatto come il cane dietro la lepre.

Note.

Di, *iz* — di legno. *lesen* — usano, *imajo narado* — sotto, *pod* — videro, *so rideli* — a forza, *z* — entrammo, *smo šli* — nella, *med* — si trova, *se nahaja* — va sulle traccie, *sledi.*

§ 16. — Temi in *i* maschili col plurale in *je*.

Si può dire che non esiste una vera e propria declinazione di temi maschili in *i,* poichè i nomi che nel paleo-slavo seguivano questa declinazione, nel neosloveno seguono la declinazione dei maschili in *a.*

Solo nel plurale e duale alcuni nomi serbano ancora traccie dell'antica declinazione maschile in *i.*

Il nome che più compiutamente ci offre la

fisonomia di tale declinazione in *i* nel plurale
è il nome *ljud, ljuda.* popolo. Cfr. λαός, λεώς, ted.
Leute. il quale ha costanti le uscite della declinazione in *i,* e sostituisce nel plurale il nome
čovék, persona.

Il duale del nome *ljud* per contrario non esiste,
e vi si supplisce col nome *čòvek.*

Ci serva il nome *ljud* di paradigma per la
declinazione dei maschili in *i.*

	Singolare	*Plurale*	*Duale*
N.	(*ljud*)	*ljud-jé*	*dva čovéka*
G.	*ljud-a*	*ljud-ij*	*čovékov*
D.	*ljud-u*	*ljud-ém*	*čovék-oma*
Acc.	*ljud-a*	*ljud-i*	*čovék-a*
Voc.	*ljud*	*ljud-jé*	*čovék-a*
Loc.	*ljud-u*	*ljud-éh*	*čovék-ih*
Istr.	*ljud-om*	*ljud-mi*	*čovék-oma*

Secondo *ljudjé* possono declinarsi. ma per lo
più solo nel nominativo, dativo, locativo e istrumentale plurale quei nomi che nel genitivo singolare hanno un *a* o *u* tonico. Nel genitivo e
accusativo si usano le forme dei temi in *a.*

I nomi *grad, tat, zób, lás, móz,* ricevono co-
stantemente nel nominativo, dativo, locativo e
istrumentale plurale le forme in *j.*

Plurale.

N. V.	*grad-jé*
G.	*grad-ij*
D.	*grad-ém*
Acc.	*gradi* e *grade*
Loc.	*grad-éh*
Istr.	*grad-mi.*

Nel duale questi sostantivi uscenti in *à* o *i* tonico si declinano secondo i temi in *i*, nel dativo e istrumentale. *gradému*, e nel locativo *gradéh* (= al plurale).

Particolarità.

Nel solo nominativo plurale parecchi nomi che già nel paleoslavo seguivano la declinazione in *i*, mostrano traccie di tale declinazione. Negli altri casi seguono la declinazione dei temi in *a*.

Essi sono: *golóbje*, i colombi; *gospódje*, i signori. la signora: *góstje*, gli ospiti (*góst, a. u*), *medrédje*, gli orsi; *nohtjé* (*nóhet, hta*), le unghie; *pótje*, le strade; *tastjé*, i suoceri; *tàtjé*. i ladri (*tát, a. ù*); *zétje*, i generi; *želódje*, le ghiande.

E per analogia formano il Nominativo plurale secondo la declinazione in *i*, colla desinenza *je* i nomi in *an* specialmente i nomi di popoli. Inoltre ricevono la desinenza *je* quei nomi maschili in *a* che escono in *b, d, t. f, r*.

Sicchè abbiamo nel nominativo plurale:

1) *Kristjánje*, i cristiani — *Lokničánje*. i Lochniciani — *Ločánje*, i Lociani — *Rimljánje*, i Romani.

2) *Očétje*, i padri — *brátje*, i fratelli — *kmétje*. i coloni

3) *Soldátje*, i soldati — *fántje*, i fanti — *ájdje*. i pagani — *júdje*, gli ebrei — *kopúnje*, i capponi — *sršénje*, i calabroni — *zobjé*, i denti — *črvjé*, i bachi — *škófje*. i vescovi — *lasjé*. i capelli — *volcjé*, i lupi.

Esercizio 11.

[1] Medvedje in volcje so zverine. [2] Kristjanje posvečujejo nedeljo. [3] Vsi ljudje so bratje. [4] Tatje ljubijo temo. [5] Nekteri golobje se porabljajo za pismonoše. [6] Naši sosedje so Nemci. [7] Rimljanje so bili zmagovit narod [8] Gospodje so bili pri nas v gostéh. [9] Gostje so bili zadovoljni. [10] Kmetje obdelujejo zemljo. Dolgi lasje kratka pamet.

Note.

posrečujejo, santificano — *ljubijo*, amano — se *porabljajo*, si adoperano — *obdelujejo*, lavorano, dissodano.

Esercizio 12.

[1] I nostri vicini sono buoni amici. [2] Gli ebrei santificano il sabato. [3] I generi amano i suoceri. [4] I contadini ingrassano i maiali colle ghiande. [5] I colombi messaggeri in tempo di guerra sono molto utili ai soldati. [6] Noi c'immaginiamo i profeti antichi coi capelli lunghi e la barba fluente. [7] I fanciulli non stanno mai fermi, ma si muovono di quà e di là come avessero i calabroni nelle gambe.

Note.

Santificano, *posrečujejo* — amano, *ljubijo* — ingrassano, *pitajo* — ci immaginiamo, *si mislimo* — stanno, *stojijo* — si muovono, *se gibljejo* — come, *kakor* — se avessero, *bi imeli*.

§ 17 — Temi in *i* femminili.

Dai grammatici sono chiamati della declinazione femminile in *i* quei nomi che uscendo in consonante nel nominativo. hanno nel genitivo la desinenza atona *i*. come: *nit. niti*. il filo; *miš, miši*. il topo; o tonica come in *klóp. klopí*, la panca, *pèč, pečí*. la stufa.

Nella declinazione dei nomi femminili in *i* vi sono nel singolare tre differenti forme; una pel nominativo. accusativo e vocativo; un'altra pel genitivo, dativo e locativo, e una terza per l'istrumentale.

I sostantivi colla desinenza del genitivo accentata hanno nel singolare accentata anche la desinenza dell'istrumentale.

Nel plurale il nominativo. accusativo e vocativo sono uguali. Il genitivo ha l'uscita *ij* o *i*.

Nell'Istrumentale la forma *imi* si riduce per lo più alla forma regolare *mi*.

I sostantivi colla desinenza tonica nel genitivo singolare hanno accentate le desinenze del plurale; del qual numero nel dativo e locativo le uscite *im, ih* si mutano in *em. eh* sotto l'influenza dell'accento.

Nel duale la declinazione è uguale a quella del plurale, ad eccezione del dativo e dell'istrumentale che hanno la desinenza *imu, ema.*

	Singolare		Plurale		Duale	
	atona	tonica	atona	tonica	atona	tonica
N.	nit (1)	gòs (2)	niti	gosi	niti	gosi
G.	niti	gosi	nit-ij	gos-ij	nit-ij	gos-ij
D.	niti	gòsi	nit-ima	gos-ém	nit-ima	gos-éma
Acc.	nit	gos	nit-i	gos-i	nit-i	gos-i
Voc.	nit	gos	nit-i	gos-i	nit-i	gos-i
Loc.	niti	gòsi	nit-ih	gos-éh	nit-ih	(gos-éh)
Istr.	nit-jo (i-jo)	z gos-jió	z nit-imi (-mi)	z gos-mi	nit-ima (ma)	gos-éma

(1) *nit*, il filo.　　(2) *gós*, l'oca.

Appartengono alla declinazione dei femminili in *ı* alcuni nomi che escono in *el, em, en* coll' *e* semivocalico. Di alcuni di essi succede come per i maschili che perdono l' *e* se la parola cresce di sillaba. Così *misel* fa al genitivo *misli*, il pensiero; *pésem*, il canto, fa al genitivo *pésmi*, *bolézen*, la malattia, *bolézni*; *zibel*, la cuna, fa invece al genitivo *zibeli*; *kópel, éli*, il bagno; *jesen, éni*, l'autunno.

Quelli che perdono l' *e* nei casi obliqui, nell'istrumentale singolare hanno la desinenza *ıjo*.

Nel plurale e nel duale come i monosillabi tonici formano l'istrumentale colla desinenza *ımi, ıma* intatta. Così *mısl-ımi, mıslima*, etc.

Alla declinazione femminile in *i* appartengono molti sostantivi bisillabi e polisillabi di significato collettivo i quali escono al nominativo in *al, ast, est, ist, ost, ust, azen, ezen*.

Sono numerosi specialmente i sostantivi in *ost*, formati da aggettivi, ed indicano condizioni, qualità. Così da *mlád*, giovane, si ha *mlad-óst*, gioventù; da *pravičen*, saggio, *pravičnost*, saggezza.

Questi nomi, massime quelli in *ast, est, ıst, ost, ust* nell'istrumentale plurale ricevono la desinenza *mi*. Così *oblástmi*, coi poteri; *žıválmi*, colle bestie (*žíval*).

E nell'istrumentale duale ricevono la desinenza *ma* per *ıma*.

Particolarità.

Il nome *pót,* strada, segue in parte la declinazione dei femminili in *i.* Può essere quanto al genere, maschile, femminile e neutro. Nel singolare, se è maschile segue la declinazione in *a*; se è femminile, la declinazione in *i.* Nell'istrumentale singolare mantiene la forma del paleoslavo, *pótem.* Nel plurale segue i temi in *i* e fa, *pótje,* ed è maschile.

Ha inoltre la forma neutra *póta,* le strade. Nel genitivo plurale fa sempre *pótov.*

Esercizio 13.

[1] V slogi je moč. [2] Mačka zalezuje miši. [3] Učenci sedijo v klopéh. [4] Gosi se pasejo po poljih. [5] V poletnih nočeh je prijetno sprehajati se. [6] Z nitjo šivamo. [7] Pogorelo je mnogo vasij (vasi). [8] Pes gloda kostí. [9] Priatelja trga po kostéh. [10] Oče ima veliko skrb za otroke. [11] V kletéh se vino ohrani. [12] V mestih gorí po noči mnogo luči. [13] Z nitina sem suknji gumbe prišil. [14] Mati je dala goséma zelja. [15] Razjarjen človek je zveri podoben. [16] Smrt reši trpljenja.

Note.

Zalezuje, perseguita — *sedijo,* siedono — *se pasejo,* si cibano — *sprehajati se,* andar a diporto — *šivamo,* cuciamo — *pogorelo je,* è arso, sono arsi — *gloda,* mastica — *trga po kostéh,* ha reumatismi — *se ohrani,* si conserva —

gori, arde, ardono — *sem prišil,* ho cucito, ràt-
toppato — *je dala,* ha dato — *reši,* redime.

Esercizio 14.

[1] Si vedono in montagna nelle case delle co-
lossali stufe. [2] Si dice che a Platone mentre dormiva nella cuna fossero volate delle api sulle
labbra. [3] A quelli che vi sono abituati i bagni
freddi fanno bene anche d'inverno. [4] Il candore
dei cigni supera di gran lunga quello delle oche.
[5] Fa male mangiare e bere con nausea. [6] Le mac-
chie si lavano cogli acidi e col sale. [7] Senza cura
nulla riesce bene. [8] Pochi sono in possesso di
ricchezze e di felicità. [9] Povero si dirà colui che
non ha nessuna cosa in casa.

NOTE.

Si vedono, *se vidijo* — mentre dormiva, *kor
je spal* — fossero volate, *so poletele* — a quelli
che vi sono abituati, *katerim so vajeni* — fanno
bene, *storijo dobro* — supera, *preseže* — fa male,
hudo de — con, *v* — si lavano, *se operejo* —
riesce, *se nič ne posreči* — sono in possesso,
imajo — non ha nessuna cosa, *nobene stvari
nima* — in, *v,* col loc.

Esercizio 15.

Temi femm. in (ust, ost, ust / azen. ezen / al, el, em, en, etc.

[1] Nekteri učenci poslušajo pouk z veliko mar-
ljivostjo. [2] Spoštujte starost! [3] Ljubite čednosti!

⁴ Čistost je polovica zdravja. ⁵ Nehvaležnost sveta je navadna prikazen. ⁶ V bolezni potrebujemo postrežbe. ⁷ V mladosti je človek lahkomišljen. ⁸ Slabe misli dovedejo do slabih dejanj. ⁹ Ne želi si visoke časti. ¹⁰ Vladarji imajo veliko oblast. ¹¹ Zveri imajo močne čeljusti. ¹² Ni sreče brez zavisti. ¹³ Ezopove basni so otrokom zelo priljubljene. ¹⁴ Prešernove pesmi so večinoma lirične. ¹⁵ V čeljustih so nasajeni zobje. ¹⁶ Napoleon je nastopil z veliko oblastjo. ¹⁷ S pesmijo si človek preganja skrbi. ¹⁸ Cvet mladosti vene. ¹⁹ Previdnost je mati modrosti. ²⁰ Ljubezen rodi ljubezen. ²¹ Nalezljivim boleznim se težko branimo. ²² Z ljubeznijo si sladimo življenje.

NOTE.

Poslušajo, ascoltano — *spoštujte,* venerate — *ljubite,* amate — *potrebujemo,* abbiamo bisogno — *dovedejo,* conducono — *ne želi,* non desiderare — *imajo,* hanno — *so nasajeni,* sono conficcati — *je nastopil,* è salito — *preganja,* smuove — *vene,* appassisce — *rodi,* genera — *se branimo,* ci guardiamo — *si sladimo,* rendiamo dolce.

Esercizio 16.

¹ Il poeta Ovidio nei suoi carmi ci canta commoventemente della sua segregazione a Tomi sul mar Nero. ² Molte volte al solo rumor di guerra gli imbelli cittadini si sono arresi. ³ Lo sconforto è una pena orribile, è l'insofferenza della vita. ⁴ Col grasso degli animali si fanno unguenti medicinali. ⁵ L'umidità cagiona raffred-

dori e mali artritici. ⁶ Chi ignora la potenza del-
l'amore? ⁷ L'affilamento delle lame poco vale se
la mano del guerriero non è forte ed agile. ⁸ Nel-
l'indigenza si conoscono gli amici. ⁹ L'idea della
libertà anima gli eroi nelle lotte ineguali. ¹⁰ Lo
spirito del brigantaggio talora si rivela anche
nelle elevate classi sociali. ¹¹ Nessun maggior dolore che ricordarsi del tempo felice nella miseria.

Note.

Ci canta. *poje* — della, *od.* col genit. — al, *na*
— si sono arresi, *so se udali* — si fanno. *se delajo*
— cagiona. *napravi* — chi ignora? *kdo ne
pozna?* — vale, *velja* — si conoscono, *se poznajo* — anima, *osrčuje* — si rivela, *se kaže* —
ricordarsi, *se spomnili.*

§ 18. — Temi in consonante.

I temi in consonante escono come nel paleoslavo in *v, n, s, t, r.*

I temi in *v* sono tutti femminili ed escono al
nominativo singolare in *ev.*

Eccetto il nominativo, accusativo e istrumentale singolare che di rado seguono la declinazione in *a* e concordano colle forme del paleoslavo. gli altri casi si formano secondo la declinazione dei temi in *a* femminili. Naturalmente
in questi casi obliqui la *e* ch'è eufonica si elide.

Pel plurale e duale valgono i suffissi propri
dei temi in *a* femminili.

	Singolare
Nominativo	*cérkev (cérkva)*
Genitivo	*cérkv-e*
Dativo	*cérkv-i*
Accusativo	*cérkev (cérkvo)*
Vocativo	*cérkev (cérkva)*
Locativo	*cérkv-i*
Istrumentale	*cérkvi-jo.*

Il plurale e duale si formano secondo la declinazione femminile in *a,* unendo i segnacasi al tema *cérkev.*

Appartengono a questa declinazione alcuni nomi di piante: *búkev,* il faggio; *bréskev,* il persico; *rétkev,* il rapanello, e alcuni sostantivi uscenti in *tev,* come *obútev,* la visita, *britev,* il rasoio; *žétev,* il taglio delle biade; *klétev,* l'imprecazione; *ločitev,* la separazione; *molitev,* la preghiera; *plétev,* il sarchiamento.

Particolarità.

Il sostantivo *kri,* il sangue, segue la declinazione del nome *nit:* genitivo *krvi,* dativo *krvi,* locativo *krvi,* istrumentale *krvjó.*

Nella zona veneta si trova *kri,* genitivo *karvé,* dativo *karvi.*

Esercizio 17

[1] O žetvi je huda vročina. [2] Breskve radi jemo. [3] Brivec brije z britvijo. [4] Pobožni ljubi molitev. [5] V molitvi je moč. [6] O trgatvi je v vinogradih

prijetno. [7] Ura ločitvc se je približala. [8] Bili smo v cerkvi. [9] V bojih teče mnogo nedolžne krvi. [10] Kakoršna setev taka žetev. [11] Cerkvi stojite na lepem griču.

Note.

Jemo, mangiamo — *brije*, rade — *ljubi*, ama — *se je približala*, si avvicinava — *teče*, sgorga, si spande — *stojite*, stanno.

Esercizio 18.

[1] Cara ai devoti è l'ora della preghiera. [2] Gli sloveni imbandiscono sontuosi banchetti negli sposalizi. [3] Colle imprecazioni non si accomoda nulla. [4] La grandezza della Cattedrale di S. Pietro in Roma è meravigliosa. [5] L'ora della separazione è dolorosa. [6] Certe visite più che una cortesia sono un dovere. [7] Nella scorza dei faggi e degli abeti l'Erminia del Tasso segnò l'amato nome in mille guise. [8] Le prime chiese cristiane sono state santificate col sangue dei martiri.

Note.

Imbandiscono, *pripravljajo* — si accomoda nulla, *se nič ne pridobi* — segnò, *je označila (zaznamovala)* — sono state santificate, *so bile posvečene*.

§ 19. — Temi in *n*: Maschili.

Nel neosloveno non v'è una declinazione speciale neppure per i nomi che nel paleoslavo appartenevano alla declinazione dei temi in *n*. Essi oggidì seguono la declinazione dei temi in *a*.

I nomi maschili escono al nominativo singolare in *en*, che si mantiene in tutti i casi.

Es.: *jèlen, jeléna, jelénu, jeléna*, etc.

Particolarità.

Speciale declinazione ha il nome *dàn*, il giorno.

I segnacasi si uniscono al tema o direttamente, e allora il tema perde la sua vocale, e resta la forma *dn*; ovvero al tema ampliato mediante la sillaba *ov, ev*: *dnóv, dnév*.

Nel singolare si usa il tema non ampliato *dn*, e la forma ampliata con *ev, dnév*. Le forme secondo la declinazione in *a* maschile sono inusitate: genitivo *dnà*, locativo *dnù*, istrumentale *z dnóm*. Occorre frequente di sentirle nella zona slovena d'Italia.

Nel plurale e duale si declina o secondo la declinazione in *i* nella forma non ampliata, eccetto l'istrumentale plurale *z dnémi*, o nella forma ampliata con *ev, ov* secondo la declinazione dei maschili in *a*.

	Singolare		Plurale		Duale	
N.	dan	dn-i	dn-év-i	dn-óv-i	dn-i	dn-év-a
G.	dné	dn-ij	dn-év-oo	dn-óv	dn-ij	dn-év-oo dn-óv
D.	dn-ú	dn-ém	dn-év-om	dn-óv-om	dn-éma	dn-év-oma
A.	dan	dn-i	dn-óv-e	dn-óv-e	dn-i	dn-ér-a
V.	dan	dn-i	dn-óv-i	dn-óo-i	dn-i	dn-éo-a
L.	pri dn-é	dn-éh	dn-év-ih	da-óv-ih	dn-éh	dn-óv-ih
I.	z dn-ém	dn-émi	dn-óv-i	dn-óv-i	dn-éma	dn-óv-ih

Il nome *poldàn*, il mezzogiorno, si declina come il nome *dàn*. genitivo *poldné* o *poldnéva*, etc.

Il nome *tlà*, il terreno, ha soltanto il plurale, e si declina come il nome *dàn* nel dativo. locativo e istrumentale. Quindi avremo:

Nominativo	*tla*
Genitivo	*tàl, tlâ*
Dativo	*tlém, tlòm*
Accusativo	*tlà*
Vocativo	*tlà*
Locativo	*tléh*
Istrumentale	*tlémi*

§ 20. — Temi in *n* neutri.

Anche i neutri non hanno declinazione propria come l'avevano nel paleoslavo. Escono al nominativo singolare in *me*, che corrisponde alla primitiva desinenza *men* (*mę* paleoslavo).

Negli altri casi ricorre l'uscita tematica intiera *men*. Valgono per questi temi le desinenze dei neutri in *a*. Cosi il sostantivo *imé*, il nome, fa al genitivo *imén-a*, al dativo *imén-u*, etc.

Altri esempi ci offrono i nomi *ráme-éna*, la spalla; *vréme-éna*, il tempo (*wetter*), *pléme-éna*. la razza; *léme, -ena*, la cima, etc.

§ 21. — Temi in *s* neutri.

Escono al nominativo singolare in *o* ossitono, e nei casi obliqui. eccetto l'accusativo (e voca-

tivo) singolare, conservano la sillaba *es*, finale
del tema.

Le desinenze sono quelle proprie dei neutri
in *a*. Abbiamo quindi *nebó*. ciclo.

	Singolare	Plurale	Duale
N.	*nebó*	*neb-és-a*	*neb-és-i*
G.	*neb-és-a*	*neb-és*	*neb-és*
D.	*neb-és-u*	*neb-és-om*	*neb-és-oma*
Ac.	*nebó*	*neb-és-a*	*neb-és-ı*
Voc.	*nebó*	*neb-és-a*	*neb-és-ı*
Loc.	*neb-és-u*	*neb-és-ih*	*neb-és-ıh*
Istr.	*neb-és-om*	*neb-és-ı*	*neb-és-oma*

Come *nebó* si declina *peró*, *ésa*, l'ala ; *koló*.
ésa, la ruota ; *uhó*. *śésa*, l'orecchio ; *drevó*, *ésa*,
l'albero, l'aratro ; *slovó*, *ésa*. la partenza, la separazione ; *teló*, *ésa*, il corpo (vivo) ; *črevó*, *ésa*, il
budello ; *okó*, *očésa*, l'occhio ; *čúdo*, *esa* (per
analogia, benché senza *o* ossitono). la meraviglia ; *igo*, *ižésa*, il giogo.

Sono da ridursi a questa categoria pure *úljẹ*
ésa, l'enfiagione, e *ojẹ*, *ésa*, il timone. Cfr. Miklosich, *Wortbildungslehre*. pag. 143.

Del nome *okó*, *očésa*, si deve notare una particolarità.

Questo nome si declina regolarmente in tutti
i numeri, ma nel plurale soltanto segue anche
la declinazione dei femminili in *i* con l'*i* tonico
(*gós-gosi*). Abbiamo quindi nominativo *oči*, genitivo *očij*, dativo *očém*, accusativo *oči*. locativo
očéh, istrumentale *očmi*.

§ 22. — **Temi in** *t* **neutri.**

I nomi dal tema in *t* sono tutti neutri. Dinanzi alle desinenze dei casi inseriscono la sillaba *et*, all'infuori del nominativo e accusativo singolare, nei quali perdono il *t* finale del tema.

Così, *déte*, il fanciullo, fa al genitivo *déteta*; dativo *détetu*; *jánje*, l'agnello. *jánjeta*; *tèle*, il vitello, *teléta*, etc.

I nomi di questa categoria indicano esseri viventi giovani, giovani animali. Entrano pertanto a far parte di essa i nomi, *deklé. ę'ta*. la fanciulla; *junče. éta* il manzo giovane; *kozlé, éta*, il capro giovane; *piščé. éta*, il pollo giovane; *prasé, éta*, il porco giovane; *šćenjé, éta*, (*šćenè, éta*), il cane giovane; *žrebé, éta*. il puledro.

Si declinano quindi nel modo seguente, come *tèle*, il vitello:

	Singolare	Plurale	Duale
Nominativo	*tèle*	*teléta*	*teléti*
Genitivo	*teléta*	*telét-*	*telét-*
Dativo	*telétu*	*telétom*	*telétoma*
Accusativo	*tèle*	*teléta*	*teléti*
Vocativo	*tèle*	*teléta*	*teléti*
Locativo	*telétu*	*telétih*	*telétih*
Istrumentale	*telétom*	*teléti*	*telétoma*

Osservazione. — Al plurale il nome *déte* ha anche la forma femminile collettiva diminutiva *déca*, genitivo *decé*, dativo *deci*. Cfr. Miklosich, *Wortbildungslehre*, pag. 143.

Esercizio 19.

[1] Arabci imajo dolga osebna imena. [2] Vsaka stvar ima svoje ime. [3] Starček ne more nesti težkega bremena. [4] Med semenom je mnogo plev. [5] Pripravlja se k hudemu vremenu. [6] Krave tega plemena so močne. [7] Vrh glave imamo teme. [8] Iabolko ne pade daleč od drevesa. [9] V nebesih so zveličani veselé. [10] Gre skoz les, ne vidi dreves. [11] Kdor resnico ljubi, ušes jej ne maši. [12] Luč očes je lep dar nebes. [13] Pišemo s peresom. [14] Pridna gospodinja mora za pero čez plot skočiti. [15] Osi pri kolesih se mazejo, da ložje tekó. [16] Plini so tudi telesa. [17] Dekleta so na vrtu ter pletejo vence. [18] Koklja je zgubila piščeti. [19] Pri detetu ležé igrače. [20] Dekle daje janjetom jesti. [21] Žrebe skače okoli kobile. [22] Krava stoji poleg teleta.

NOTE.

Ne more, non può — *nesti,* portare — *pripravlja se,* si apparecchia — *ne pade.* non cade — *gre,* va — *ne vidi,* non vede — *ne maši,* non turi — *pišemo,* scriviamo — *skočiti,* saltare — *se mažejo,* si ungono — *da tekó,* perchè scorrano — *pletejo,* intrecciano — *je zgubila,* ha perduto — *ležé,* giaciono — *daje,* dà (stà dando) — *jesti,* (da) mangiare — *skače,* salta — *stoji,* sta.

Esercizio 20.

[1] Dinanzi agli occhi ci stanno sempre le immagini delle persone care. [2] L'albero non si

abbatte con un colpo solo. [3] Sotto l'aratro non si attaccano di solito nè polledri. nè giovenche. [4] La separazione di Ettore da Andromaca e stata cantata mirabilmente da Omero. [5] I fanciulli e le fanciulle dopo mezzogiorno quando la scuola finisce escono sul prato a saltellare ed a cogliere fiori. [6] Pregando volgiamo gli occhi al cielo. [7] I montanari portano in citta sulle spalle capretti e vitelli [8] V'era presso i Romani un reparto di milizia che doveva combattere mediante i sassi. [9] Nei mulini di campagna macinano con una o due macine al più.

NOTE.

Ci stanno, *nam stojijo* — si abbatte, *se poseka* — si attaccano, *se vprezajo* — è stata cantata, *je bila peta* — finisce, *jenja* — escono, *izidejo (grejo ven)* — a saltellare, *skakat* — a coglier. *na birat* — pregando. *ko molimo* — volgiamo, *obraćamo* — al, *na* — su, *na* — che doveva. *ki je moral* — mediante. *z* — macinano, *meljejo* — con una o due, *na eden ali na dva* — al più, *najvèc*.

§ 23. — Temi in *r*.

I temi in *r* nel neosloveno sono rappresentati soltanto da due nomi, *máti*, la madre, e *hči*, la figlia.

Si declinano come i femminili in *a* (*riba*), eccetto nel nominativo, e accusativo del singolare.

	Singolare		Plurale		Duale	
N.	máti	hĕ̀i e hĕ̀ir	mátere	hĕ̀re (-ı-ı́)	máteri	hĕ̀ri
G.	mátere	hĕ̀ire (-ı)	máter-	hĕ̀ir-	máter	hĕ̀r
D.	máteri	hĕ̀ri	máteram	hĕ̀ram	máterama	hĕ̀rama
Acc.	máter	hĕ̀ir	mátere	hĕ̀re (-ı)	máteri	hĕ̀ri
Voc.	máti	hĕ̀i	mátere	hĕ̀re	máteri	hĕ̀ri
Loc.	máteri	hĕ̀ri	máterah	hĕ̀rah	· máterah	hĕ̀rah
Istr.	máterjo	hĕ̀irjo (-ó)	máterami	hĕ̀rami	máterama	hĕ̀rama

Esercizio 21.

[1] Kozje mleko je bolnim ljudem zdrava pijača.
[2] Na semnju je bilo mnogo ljudi. [3] Kratki so
dnevi (dnovi) na svetu za nas. [4] Brat je prišel
domov za dné. [5] Dežuje že dva dni (dneva dnova).
[6] Sestra služi pri grajskej gospej. [7] Hči se mora
ločiti od matere: hčeri se milo stori. [8] Z gospo
se sprehajajo njene hčere. [9] Knjiga je padla na
tla. [10] Nesrečnež leži na tleh. [11] Različna so pota
človeškega življenja.

NOTE.

Je prišel. è venuto — *dežuje.* piove — *služi,*
serve — *ločiti,* prendere congedo — *se milo stori,*
dispiace — *se sprehajajo,* passeggiano. vanno
a diporto — *je padla.* è caduto(a).

Esercizio 22.

[1] L'avaro ha sempre gli occhi rivolti a terra.
[2] La notte ha gli orecchi. il giorno gli occhi.
[3] Quando suona giorno la figlia operosa si alza
per attendere alle faccende di casa. [4] Giorno per
giorno nella vita impariamo qualche cosa. [6] Oggidì madri spartane non se ne trovano così facilmente al mondo. [7] Una madre di casa e labo-
riosa dà un bell'esempio alle figlie. [8] Le nostre
nonne hanno vissuto in età più poetiche. [9] Non
lasciamo la strada vecchia per la nuova. [10] Dicono che per tutte le strade si va a Roma [11] Quelli
che vanno in pellegrinaggio a Roma si dicono
romei.

Note.

Rivolti, *obrnjene* — suona, *zvoni* — si alza, *vstane* — per attendere, *da skrbi* — giorno per giorno, *dan na dan* — impariamo. *se navadimo* — non si trovano, *se na najdejo* — dà, *dá* — hanno vissuto, *so zivele* — più, *bolj* — non lasciamo, *ne pustimo* — dicono, *pravijo* — si va, *se gre* — a, *v* — quelli che, *tisti ki* — vanno, *gredó* — in pellegrinaggio, *na božjopot* — si dicono, *se imenujejo.*

§ 24. — DELL'AGGETTIVO.

L'aggettivo concorda in genere, numero e caso col nome a cui si riferisce. Esso ha tre generi, come il nome: maschile, femminile e neutro.

Per i differenti generi esistono desinenze speciali: il maschile al Nominativo singolare non ha suffisso, od ha il suffisso *i*; il femminile ha la desinenza *a*; il neutro ha la desinenza *o, e*, secondo la natura forte o fievole della consonante finale del tema.

Bisogna fare una importante distinzione a proposito dell'aggettivo; bisogna cioè distinguere gli aggettivi indefiniti dagli aggettivi definiti, giacchè su tale distinzione si fonda il doppio esito del nominativo singolare maschile.

Per gli aggettivi indefiniti occorrono nel Nominativo singolare le desinenze seguenti:

maschile	femminile	neutro
—	*a*	*o, e*
lêp kónj	*lêpa hiša*	*lêpo pôlje*
un	una	una
bel cavallo	bella casa	bella campagna

Per gli aggettivi definiti abbiamo:

maschile	femminile	neutro
i	*a*	*o, e*
lêpi kónj	*lêpa hiša*	*lêpo pôlje*
il bel cavallo	la bella casa	la bella campagna

Nei casi obliqui non differiscono affatto gli aggettivi indefiniti da quelli definiti. Il paradigma dell'aggettivo si può quindi rappresentare così:

Singolare

	maschile	femminile	neutro
N.	*lêp — i*	*lêpa*	*lêpo*
G.	*lêp-ega*	*lêp-e*	*lêp-ega*
D.	*lêp-emu*	*lêp-i*	*lêp-emu*
Acc.	*lêp-i — ega*	*lêp-o*	*lêp-o*
Voc.	*lêp-i*	*lêp-a*	*lêp-o*
Loc.	*lêp-em*	*lêp-i (ej)*	*lêp-em*
Istr.	*lêp-im*	*lêp-o*	*lêp-im*

Plurale

	maschile	femminile	neutro
N.	*lêpi*	*lêp-e*	*lêp-a (e)*
G.	*lêp-ih*	*lêp-ih*	*lêp-ih*
D.	*lêp-im*	*lêp-im*	*lêp-im*
Acc.	*lêp-e*	*lêp-e*	*lêp-a (e)*
Voc.	*lêp-i*	*lêp-e*	*lêp-a (e)*
Loc.	*lêp-ih*	*lêp-ih*	*lêp-ih*
Istr.	*lêp-imi*	*lêp-imi*	*lêp-imi*

Duale

	maschile	femminile	neutro
N.	*lép-a*	*lép-ı (e)*	*lép-i (e)*
G.	*lép-ih*	*lép-ih*	*lép-ih*
D.	*lép-ima*	*lép-ima*	*lép-ıma*
Acc.	*lép-a*	*lép-i (e)*	*lép-i (e)*
Voc.	*lép-a*	*lép-i (e)*	*lép-i (e)*
Loc.	*lép-ih*	*lép-ıh*	*lép-ih*
Istr.	*lép-ima*	*lép-ima*	*lép-ıma*

Osservazioni. — 1) Gli aggettivi che al Nominativo singolare escono in *ek, el, en, er, ev,* quando la parola cresce di sillaba perdono, come i sostantivi, l'*e.* Così, *délaven,* genit. *délavna,* laborioso; *gibek,* genit. *gibka,* pieghevole, etc.

2) La desinenza *ega* dell'accusativo singolare, come avviene pei sostantivi, si usa quando l'aggettivo è riferito a nome indicante essere animato. Per altro, anche se riferito a esseri inanimati si usa tuttavia purchè non sia accompagnato dal sostantivo, e si riferisca a un sostantivo che fa parte d'altra proposizione.

Esempio:

Lepi klobuk denem na glavo stárega pa nečem	Io metto il cappello bello, non voglio il vecchio.

§ 25. — Divisione e uso dell'aggettivo.

Gli aggettivi si distinguono in:

α) Aggettivi di *qualità,* secondo che si riferiscono a proprietà o alla qualità inerente delle persone o cose.

β) Aggettivi *possessivi*, i quali si riferiscono alla appartenenza delle persone o cose.

L'aggettivo nello sloveno ha una grande importanza, e nell'esprimere una relazione attributiva lo si preferisce al semplice genitivo.

In luogo del genitivo singolare del possessore si usa l'aggettivo formato colle desinenze, *ov, ova, ovo — ev, eva, evo*, da temi di sostantivi maschili. Esempi:

Gospódov kónj	Il cavallo del signore
Gospódova hiša	La casa del signore
Gospódovo pólje	La campagna del signore
Kováčev sin	Il figlio del fabbro
Kováčeva žena	La moglie del fabbro
Kováčevo dete	Il fanciullo del fabbro

Ai sostantivi femminili invece si uniscono le desinenze *in. ina, ino,* per formare l'aggettivo. Cosi avremo:

Máterin kónj	Il cavallo della madre
Máterina hiša	La casa della madre
Máterino polje	La campagna della madre

Per indicare il possessore in luogo del genitivo plurale, o del genitivo di un nome collettivo si usa l'aggettivo colle desinenze.

α) *ski. ska, sko* pei maschili e neutri.

1) Dal maschile *gospodár*, il padrone, abbiamo:

Gospodárski vr̀t	L'orto del padrone
Gospodárska njiva	Il campo del padrone
Gospodársko délo	Il lavoro del padrone

2) Dal neutro *nebó*, il cielo, abbiamo:

Nebéški up	La speranza celeste
Nebéška čast	La lode celeste
Nebéško vesélje	La beatitudine celeste

β) *ji, ja, je* pei femminili.
Da *kráva* e *kobíla*, abbiamo:

Krávji glas	Voce di vacca
Kobilja gláva	Testa di cavalla
Kobilje mleko	Latte di cavalla

Osservazione I. — I monosillabi di solito ricevono *ov, ev* dinanzi le desinenze *ski, ska, sko*: *brátov-sko sercé*, cuore fraterno, etc.

I suffissi, *ski, ska, sko* sono propri degli aggettivi che designano popoli o territori: *francóski, némški, slovénski. kránjski.*

L'uscita *ski, sko* di questi aggettivi, si usa anche quando l'aggettivo assume valore di avverbio:

Francósko slovensko govorím	Parlo francese, sloveno
Latinsko pišem	Scrivo in latino

Osservazione II. — Quando per altro si vuol significare una più stretta relazione fra possessore e cosa posseduta allora si può anche usare il genitivo singolare in luogo dell'aggettivo possessivo. Cosi: *Pès mójega sína,* il cane di mio figlio.

Tuttavia si usa dire: *dóber ověji pastir,* buon pastore di pecore; *težko gospodársko délo,* lavoro difficile del padrone, perchè l'aggettivo appartiene alla parola fondamentale o esprimente l'idea principale del concetto.

§ 26.

Gli aggettivi si usano nelle forme definite.

1) Quando l'aggettivo e il sostantivo costituiscono un'idea sola, come *brúsni kamen*, pietra da arrotare; *sodnj dán*, giorno del giudizio.

2) Cogli aggettivi che finiscono in *ski* e *ji*: *divji člóvek*, uomo selvatico. Vedi sopra altri esempi in proposito.

Si usano nelle forme indefinite:

1) Quando l'aggettivo ha forma di predicato.

2) Cogli aggettivi uscenti in *ov*, *in*.

3) Coi pronomi possessivi.

§ 27. — Gradi di comparazione.

Il comparativo si forma aggiungendo al tema dell'aggettivo i seguenti suffissi:

   I. — *ejši, ejša, ejše* ovvero *ši, ša, še*.
   II. — *eji, eja, eje* ovvero *ji, ja, je*.

   I. Le desinenze *ejši, ejša, ejše* sono comuni agli aggettivi monosillabi, bisillabi e polisillabi:

nóv — *nov-éjši, a, e,* più nuovo
čist — *čist-éjši, a, e,* più pulito
bogát — *bogat-éjši, a, e,* più ricco
pripróst — *priprost-éjši, a, e,* più semplice
pámeten — *pámetn-jejši, a, e,* più giudizioso
   (l'*é* scompare)
prijázen — *prijázn-ejši, a, e,* più amichevole.

Negli aggettivi polisillabi spesso la desinenza *ejši* si muta per contrazione nell'altra *iši*; così *imeniten* ha *imenitn-iši* accanto alla forma piena *imenitn-ejši*, più ragguardevole.

Le desinenze *ši, ša, še*, sono proprie soltanto degli aggettivi monosillabi e principalmente di quelli che escono in *b, p, d* come: *ljúb, ljúbši, a, e.* più caro; *tán-ek, tán-ši, a, e,* più leggero.

Quando l'aggettivo esce in *d* dopo vocale, la dentale sonora *d* si elide originando il *j*; al contrario il *d* dopo consonante, dinanzi a *ši* si perde del tutto senza lasciar traccia. (Cfr. par. 6-VI).

húd — húj-ši, a, e, più cattivo
mlád — mlájši, a. e. più giovane.
gr'd — gr'-ši, a, e. più brutto.

II. Tutti gli aggettivi i quali formano il comparativo mediante la desinenza *ejši, a. e* possono altresì ricevere anche la desinenza *eji, eja, eje*; per altro ciò avviene comunemente solo nel nominativo singolare.

Mediante le desinenze *ji, ja, je* soltanto si forma il comparativo dei monosillabi, e proprio

α) Di quelli che escono in gutturale *k. g, h,* la quale (cfr. paragr. 5, 6) gutturale dinanzi *ji. ja. je* si cambia nella palatina corrispondente di grado, *č, ź, š,* come:

ják — jač-ji, a, e. più forte
drág — dráž-ji, a, e, più caro
glúh — glúš-ji, a, e, più sordo.

β) Di alcuni che per la perdita del suffisso *ok, ek,* divengono monosillabi. La conso-

nante finale del tema si assimila colle sillabe.
ji, ja, je, come in :

visòk — vîš-ji, a, e, più alto
nìz-ek — nìž-ji, a, e, più basso
globók — glôblji, a, e, più profondo
mêh-ek — mêč-ji, a, e (meh-kéjši), più tenero.

In alcuni di questi comparativi il *j* spesso si
tralascia. Così, *jâči* accanto a *jâčji,* più forte;
drâži accanto a *drâžji,* più caro, etc.; forma
peraltro poco usata.

Osservazione. — Come gli aggettivi *tàn-ek* e
slàd-ek i quali per la perdita del suffisso *ek* nel
comparativo divengono monosillabi, e ricevono
regolarmente le forme *ji, ja, je,* ed anche le
forme *ši, ša, še,* proprie dei monosillabi, così
pure i monosillabi uscenti in *d,* ad esempio,
hûd, cattivo ; *mlâd,* giovane ; *gr'd,* brutto, etc.
possono avere le forme *ji, ja, je* in luogo delle
forme *ši, ša, še.*

Vediamo che :

$$hûd \begin{cases} hûji \\ hûjši \end{cases} \quad mlâd \begin{cases} mlâji \\ mlâjši \end{cases} \quad gr'd \begin{cases} gr'ji \\ gr'ši \end{cases}$$

hanno due forme di comparazione.

§ 28.

Questa è la formazione regolare del comparativo.

Comparativi irregolari sono formati dai seguenti aggettivi :

velik ha *vêčji, rêč-i, a, e.* più grande
mâl, màjhen ha *mánjši, màn-ji, a, e,* più piccolo

dóber ha *bóljši, bólji, a, e,* migliore

dólg ha *dàljši, dàlji. a, e,* più lungo

Osservazione. — Le particelle comparative sono *ko, kòt, kàkor, nègo* corrispondenti al nostro *che, che non.* Si può risolvere peraltro il secondo termine di paragone anche colla preposizione *od,* del, ed il genitivo.

§ 29. — Superlativo.

Il superlativo si forma premettendo alle forme del comparativo la particella *naj.* Così abbiamo *naj gr'ši,* il peggiore; *naj dràžji,* il più caro.

Il superlativo dei quattro aggettivi che formano il comparativo irregolare, si forma regolarmente: *naj véčji, naj bóljši,* etc.

Il comparativo ed il superlativo possono formarsi anche mediante una circonlocuzione, con l'avverbio *bólj,* più, e *naj bólj,* il più.

Questo modo di comparazione si usa sempre cogli aggettivi che in origine erano participi e finiscono in *óč, éč, én.* Per esempio da *vróč,* caldo (*vréti,* bollire), abbbiamo *bólj vróč,* più caldo; *naj boljvróč,* il più caldo.

Per esprimere poi il superlativo intensivo si usa preporre alla forma del positivo le particelle *zelô,* molto, *kàj, (silno), móčno. jàko,* oltremodo; come, *zelô priden.* molto, perfettamente saggio.

Il prefisso *pre* unito all'aggettivo positivo gli attribuisce significazione di maggioranza o di minoranza, ed anche di eccellenza. Così *prevelik,* significa, molto grande; *prenizek,* molto piccolo.

Esercizio 23.

[1] Dobro jutro, dober večer, lahko noč. [2] Kristus je rekel dajte žejnim piti in jesti lačnim. [3] Prihodnji teden pojdem v Italijo in ne pridem v kratkem domú. [4] Ali bi bilo mogoče najti tolmača dobrega ? [5] Mi ne razumemo dobro italijansko. [6] Vi ne sedite lepo. [7] Glejte, na desni je lepo jezero, na levi pa velik breg. [8] Bodite natančni in določeni dan obiščite me. [9] Voda ni dobra. sadje ni zrelo. [10] Dajte mi zdrave pijače. [11] Imate umazano hišo. očedite jo [12] Psi so lajali v terdej noči, ker so hrup slišali. [13] Vaši otroci imajo zelo strah pred dimnikarji. [14] Mi smo v začasni gostilni pri « Jelenu ». [15] Raznovrstnost je v glasoslovji madjarskega jezika. [16] Bolgari romunski nosijo romunsko nošo in govoré romunski.

Note.

Je rekel, ha detto — *dajte,* date — *pojdem.* andrò — *ne pridem,* non verro — *bi bilo,* sarebbe — *sedite,* sedete — *glejte,* guardate — *bodite,* siate — *obiščite me.* trovatevi da me — *očedite jo,* pulitela — *so lajali.* abbaiavano — *so slišali,* sentivano — *smo,* siamo.

Esercizio 24.

[1] Aquileja nei tempi antichi era una grande città e straordinariamente importante a cagione del commercio fra l'Italia e la Pannonia; oggidì è un piccolo luogo non lontano dall'Isonzo e dal lido del mare. [2] La chiesa di S. Marco in

Venezia é un eloquente e meraviglioso esempio (modello) dell'arte dei mosaici. [3] Gli antichi italiani hanno creato nel verde giardino d'Europa un inesauribile numero di eccellenti opere. [4] Il diritto romano é oggidì il canone dell'idea giuridica. [5] Gli sloveni erano un popolo agricoltore. [6] L'acqua cade sulla ruota del mulino per mezzo di un canale di legno.

NOTE.

A cagione, *zavóljo* — hanno creato, *so ustvarili* — cade, *teče* — per mezzo, *po*.

Esercizio 25.

[1] Pokličite konjskega kovača in pokažite mu mojega bolnega konja. [2] Temu konju je treba dati otrobove vode. [3] Zaprezi konja v dvokolesnik. [4] Kterega mojstra ste te dve podobi: sv. Cecilia in krvoprelitje nedolžnih? [5] Pred malo tedni so igrali v Ljubljani italjansko opero. [6] Hči našega soseda ima zelo lep glas ter je v svoji umetnosti nezmagljiva. [7] V svojej sobi si želim veliko omaro, ponočno mizico ter šest slamnatih stolov. [8] Svojima sinovoma sem prinesel z Dunaja šolske knjige in risarsko pripravo. [9] Dajte cesarju kar je cesarjevega, in Bogu kar je božjega. [10] Človeški glas je velik dar božji. [11] Veselje nebeško je večno. [12] Skopuhova hči je večkrat požeruhova žena. [13] Zimski dnevi so kratki. [14] Ljudske pravljice so raznovrstne. [15] Strašna je pasja bolezen steklina. [15] Sava teče po kranjskej deželi. [16] Goste službe, redke suknje.

¹⁷ Zrelo jabolko samo odpade. ¹⁸ Zvest prijatelj je redek. ¹⁹ Moj brat je spreten mizar. ²⁰ Zadovoljni je srečen. ²¹ Lepa beseda lepo mesto najde. ²² Prazen sod ima velik glas. ²³ Bodi pošten! ²⁴ Lisičji rep je metlast. ²⁵ Blažena so leta nedolžnih otrok. ²⁶ Potrpljenje prebije železna vrata. ²⁷ Hudobnemu človeku nikdo ne zaupa. ²⁸ Dolgi lasje, kratka pamet ²⁹ Lisica je zvita. ³⁰ Čisto naravno je, da se okoli velikih mož radi zbirajo njih častivci in prijatelji. ³¹ Medsebojna ljubezen udov obitelji je lepa lastnost Slovanov.

NOTE.

Pokličite, chiamate — *pokažite mu*. mostrategli — *je treba*. bisogna — *zapreži*. attacca — *ste*, sono — *so igrali*, rappresentavano — *želim*, desidero — *sem prinesel*. ho portato — *dajte*, date — *teče*. scorre — *odpade*, cade — *najde*, trova — *bodi*. sii — *prebije*, supera — *zaupa*, si fida — *se zbirajo*, si raccolgono — *njih*, i loro.

Esercizio 26.

¹ Il (monte) Terglou è quasi appieno staccato dai monti vicini. ² Di iscrizioni cristiane sopra lapidi romane ne abbiamo molte nella Pannonia. ³ Nella parte occidentale della Pannonia sono stati trovati molti monumenti sepolcrali cristiani. ⁴ Il territorio sloveno dopo l'impero romano fu come tutte le terre fra l'Adriatico e il Danubio diviso in più provincie. ⁵ Nella primavera la vegetazione si desta dal suo sonno invernale. e gli alberi danno fuori le foglie. ⁶ Virgilio e in-

namorato del suo eroe troiano Enea, nell'idea
che i Romani siano discendenti dai Troiani.
[7] La lingua latina non s'è spenta senza lasciar
traccie (di sè). [8] Dalle sue morte membra hanno
tratto nuova vita le nuove lingue romanze.
[9] Presso gli slavi nei tempi antichi il potere del
padre durava finchè il figlio non s'era sposato.

NOTE.

È staccato. *je odlóčen* — appieno, *po polnem*
— ne abbiamo. *imamo* — molte, *mnogo, precej,*
(molte assai) — sono stati trovati, *so bili najdeni*
— territorio, *zémlja* — fu diviso. *je bila razdé-
ljena* — si desta, *se vzbudi* — dal, *iz* — danno
fuori, *poganja* — è innamorato, *je zaljubljen*
— del, *v* — nell'idea, *v idejo* — che, *da* — non
s'è spenta, *ni izginil* — senza lasciar traccia,
brez sledu — hanno tratto, *so pognali* — potere,
oblast — durava, *je trajala* — s'era sposato,
se ni oženil.

Esercizio 27.

[1] Zrak je lažji nego voda. [2] Poletna noč je
krajša od zimske. [3] Baker je dražji ko železo
[4] Zeja je hujša od gladú. [5] Med je slajši nego
sladkor. [6] Bolje je shranjeno jajce ko sneden
vol. [7] Nemška izreka je lažja od angleške. [8] Bog
je naj pravičniši. [9] Najhujšemu viharju pravimo orkan. [10] V juliju imamo največo vročino.
[11] Spómlad je najlepši letni čas. [12] Obleke boga-
tejših ljudi so navadno iz dražjega blaga. [13] Naj-
krajši dan je v mesecu decembru. [14] Krez je

menil, da je najsrečnejši človek na svetu. [15] Naj-
močnejša svitloba je solnčna. [16] Čim zdravejša
pamet, tim večja modrost. [17] Čim slajše so jedi, tim
rajše jih imajo otroci. [18] Najvišja gora na zemlji
je Everest. [19] K najkrasnejšim deželam prištevamo Italijo. [20] Voda je najbolj zdrava pijača,
a kruh najtečnejša jed. [21] Zadovoljno pa nedolžno
srce je boljše, ko vsi zakladi svetá. [22] Najboljši
proizvodi so last učenih mož. [23] Rane se perejo
z najčistejšo vodo. [24] Najbogatejši ljudje niso
vedno najsrečnejši. [25] Neizmeren je nebeški svod.
Boljša kratka sprava, ko dolga pravda. [26] Človek težko čaka boljših časov. [27] Najboljša luč
je Bog. [28] Sahara je neizrečeno velika puščava.
[29] Karol veliki je bil velik politik.

NOTE.

Shranjeno, risparmiato — *sneden*, mangiato
— *pravimo*, diciamo — *je menil*, pensava —
prištevamo, annoveriamo — *se perejo*, si lavano
— *niso*, non sono — *čaka*, aspetta — *je bil*. era.

Esercizio 28.

[1] Nella primavera restano la terra e l'aria fra
i boschi lungo tempo più freddi di quello che
sia nei luoghi privi di piante. [2] Il Terglou e la
più alta montagna del Cragno. [3] Nel più largo
significato (della parola) non si deve intendere
la parola libertà. [4] Le alture balcaniche hanno
parecchi passaggi importanti. [5] La scrittura
cirilliana è il più chiaro esempio della forza
della cultura slava d'un tempo. [6] Presso gli

Iugoslovani il più vecchio giudice è il padre nella sua famiglia. [7] Nel più terribile inverno gli imperiali si erano incamminati verso l'Italia.

NOTE.

Restano, *ostaneta* — fra, *v* — di quello che sia, *nego sta* — non si deve, *se ne more* — intendere, *tolmačiti* — importanti, *važnih* — si erano incamminati, *so potovali*.

§ 30. — DEL PRONOME.
Pronomi personali.

I pronomi personali sono *jaz (jez, jest)*. io, *ti*. tu e per la terza persona il riflessivo, che ha una forma sola per tutti i numeri.

Singolare

	Iª persona	IIª persona	IIIª persona
N.	*jaz (jez, jest)*	*ti*	—
G.	*méne, me*	*tébe, te*	*sébe, se*
D.	*méni, mi*	*tébi, ti*	*sébi, si*
Acc.	*méne, me*	*tébe, te*	*sébe, se*
Voc.	*jaz, (jez, jest)*	*ti*	—
Loc.	*pri méni*	*tébi*	*sébi*
Istr.	*menoj (máno, menó)*	*tebój (tábo, tebó)*	*sebój (sábo, sebó)*

Plurale

Nominativo	*mi (me)*	*vi (ve)*
Genitivo	*nas*	*vas*
Dativo	*nam*	*vam*
Accusativo	*nas*	*vas*
Vocativo	*mi (mé)*	*vi (ve)*
Locativo	*nas*	*vas*
Istrumentale	*námi*	*vámi*

Duale

Nomin.	*mıdva (medve)*	*vidvá (vedve)*
Genitivo	*náju, naji*	*váju. vájı*
Dativo	*náma*	*váma*
Accus.	*náju, naji*	*váju. váji*
Vocat.	*midvá (medvé)*	*vidvéi (vedvé)*
Locativo	*nas (náma. náju)*	*vas (váma. vaju)*
Istrum.	*náma*	*váma*

Osservazione. — Il pronome riflessivo di terza persona si può riferire anche alla prima ed alla seconda persona.

Concorda coll'italiano in questo:

Egli loda sè stesso   *Òn hváli sameya sébe.*

Discorda dall'italiano:

Noi l'abbiamo presso di noi.   *Mı ga imámo pri sébi.*

Che cosa comperi per te?   *Kaj si kúpiš?*

Il pronome reciproco, *l'un l'altro,* si risolve con (sè) *méd sebój.*

§ 31.

Il pronome di terza persona dimostrativo è: *on, óna. óno,* egli, ella, cio.

Nei casi obliqui si forma da un tema *i, (= jı), ja. je* che nel neosloveno ha perduto il primitivo valore.

Il maschile ed il neutro, eccetto il nominativo accusativo di tutti e tre i numeri si declinano nello stesso modo. Anche il femminile nel plurale e duale eccetto il nominativo (e vocativo),

Singolare

	maschile	neutro	femminile
Nom. Voc.	*òn*	*onó*	*óna*
Genit.	*nièga — gà*		*nje*
Dativo	*njèmu — mi*		*njèj, nji*
Accus.	*njèga — ga*		*njó*
Locat.	*(pri) njèm*		*njèj, nji*
Istrum.	*(z) njim*		*njó*

Plurale

Nom. Voc.	*oni — onâ, oné*	*oné*
Genitivo	*njih*	
Dativo	*njim*	
Accusativo	*njè, njih*	
Locativo	*njih*	
Istrumentale	*njimi*	

Duale

Nom. Voc.	*ònadva — ònidve*	*onidve*
Genitivo	*njú*	
Dativo	*njíma*	
Accusativo	*njú*	
Locativo	*njih (njima, njú)*	
Istrumentale	*njima*	

§ 32. — Pronomi possessivi.

α) Possessivi personali :

Singolare	*Plurale*
mój-a-e, mio	*nàš, a, e*, nostro
tvój-a-e, tuo	*vàš, a, e*, vostro
njégov-a-o, suo, di lui, *eius.*	*njihov, a, o*, loro.

Duale

nájin, a, o, di noi due
vájin, a, o, di voi due
njún, a, o, di loro due.

β) Possessivo riflessivo: *svój, svója, svóje.*
suo, *suus.*

γ) Possessivo indeterminato: *onegav, a, o,*
di quel certo, *cujusdam*; *nékov, a, o,* di un
qualche, *cujusquam.*

δ) Possessivo interrogativo: *čegáv, a, o,*
di chi? *čij, a, e,* di chi?

Osservazioni. — Il pronome riflessivo possessivo *svój, svója, svóje.* si usa invece dei possessivi personali indistintamente, se il soggetto
e il possessore sono una medesima persona.
Esempi:

Io amo i miei genitori   *Jaz ljubim svoje stáriše*
La madre loda la sua   *Máti hválijo svójo prid-*
    assennata fanciulla   *no héér.*

Quando il pronome possessivo esprime una
possessione comune, come: andremo nel *nostro*
villaggio, il *nostro* si traduce con *naš*, laddove
nella proposizione andremo nella *nostra* casa,
il *nostro* si traduce con *svój, a, e.*

Si avverta per altro che solo il padrone potrà
dire, *pojdem v svojo hišo*, andrò nella nostra
casa; i fanciulli diranno, *pojdemo v našo hišo.*

§ 33. — Pronomi dimostrativi.

Si declinano come gli aggettivi. Solo il pronome *ta, te, to,* questo, ha declinazione speciale.

Singolare

	masch neutro	femminile
Nom. Voc.	*tà, to*	*tà*, questo, a
Genitivo	*tega*	*té*
Dativo	*tèmu*	*téj, ti*
Accusativo	*tèga, tà, tó*	*tô*
Locativo	*tém*	*tej, ti*
Istrumen.	*tém*	*tó*

	Plurale	*Duale*
Nom. Voc.	*ti, tà, té*	*tà, té, té*
Genitivo	*téh*	*téh*
Dativo	*tém*	*téma*
Accusativo	*té, tà, té*	*tà, té. té*
Locativo	*téh*	*téh*
Istrumen.	*témi*	*téma*

§ 34. — Pronomi composti.

α) Composti di *tà, tà. tó*, sono:
Tále, tála, tóle — letà, letà, letó — tóti. tóta, tóto, questo qui.

β) Composti di *óni, óna, óno*, quello:
ónile, ónale, ónole — leóni, leóna, leóno — únile, únale, únole, quello li.

γ) Composti di *isti, ista, isto*:
Tisti, tista, tisto, lo stesso

δ) Composti di *tàkov, va. vo, tàkšen. šna, šno, talis*.

ε) Composti di *tólik, tólika, tóliko*:
Tólikšen, šna, šno, tantus.

ζ) Forme tolte dal Croato:
óv, óva, óvo, questo, quello

ovák, ováka, ováko, tale
onák, onáka. onáko, di tal fatta

§ 35. — Pronomi interrogativi.

I pronome (sostantivo) interrogativo *chi? che cosa?* si traduce con *kdó? káj?* che si declina nel modo seguente:

Nominativo	*kdó*	*káj*
Genitivo	*koga*	*čèsa*
Dativo	*komú*	*čèmu*
Accusativo	*koga*	*káj*
Locativo	*pri kóm*	*čém*
Istrumentale	*s kòm*	*čìm*

I pronomi interrogativi aggettivi sono:

katéri, a, o, e *kòji, a, e,* chi? quale?
čìgáv, a, o, ovvero *čegávšen. a. o.* ovvero *čìj. a, e,* di chi?
kakóv, a, o — kákšen. šna, šno, quale? (quanto?)
(*ki, ká, kó,* quale? usasi nell' Istria e nelle basse regioni del mezzogiorno).

§ 36. — Pronomi relativi.

Si forma il pronome relativo dall'interrogativo con l'aggiunta di *r.* Da *kdó?* abbiamo *kdòr,* colui il quale (*wer*), con significato di sostantivo. Da *káj?* abbiamo *kár,* ciò che (*was*) sostantivo.

Nominativo	*kdòr*	*kàr*
Genitivo	*kògar*	*čèsar*
Dativo	*kòmur*	*čèmur*
Accusativo	*kògar*	*kàr*
Locativo	*kòmur*	*čèmur*
Istrumentale	*komur*	*čìmur*

Pronomi relativi, aggettivi

katéri, katéra, katéro. il quale

kóji, kója, kóje, il quale

čegáveršen, šna, šno, di chi, *wessen?* ovvero *če-gávor.*

kák, a, o — *kákoršen, šna, šno,* quale (qualitativo).

kólik, o, a — *kolikóršen, šna, šno,* quale (quantitativo).

ki, ka, ko (nell'Istria), quale.

§ 37. — **Pronomi indeterminati.**

α) Hanno valore di sostantivi:

I. — Si declinano come *kdó* e *kdór,*

 kdó, qualcuno

 nihče, gent., *nikógar,* alcuno

 málokdo, alcuno difficilmente

 mársikdo, taluno

 vsákdo, ciascuno.

II. — Si declinano come *káj* interrogativo,

 káj, qualcosa

 nékaj, alcuna cosa.

III. — Hanno declinazione speciale,

Nomin. e Voc.	*Nič,* niente
Genitivo	*Ničésar*
Dativo	*Ničémur*
Accusativo	*Nič*
Locativo	*Ničemur*
Istrumentale	*Ničimur*

β) Hanno valore di aggettivi, e come questi si declinano i seguenti:

katéri, qualcuno
kák, qualcuno
néki, un certo
nektéri, alcuno
marsiktéri, taluno
maȓsikak, taluno
marsikákšen, vario
vsâk, ciascuno
vsákteri, ognuno singolarmente
raznóteri, di diverso modo
vės, vsà, vsé, tutto.

Ma *ves, vsa, vse,* tutto, nel singolare e plurale si scosta dalla declinazione degli aggettivi.

Singolare

	maschile	femminile	neutro
Nom. Voc.	*vės*	*vsà*	*vsé*
Genitivo	*vsèga*	*vsé*	*vsèga*
Dativo ·	*vsému*	*vsèj*	*vsému*
Accusativo	*vsèga (vės)*	*vsò*	*vse*
Locativo	*vsèm*	*vsèj*	*vsèm*
Istrumen.	*vsim*	*vsò*	*vsim*

Plurale

	maschile	femminile	neutro
Nom. Voc.	*vsi*	*vsé*	*vsà*
Genitivo	*vsèh*	*vsèh*	*vsèh*
Dativo	*vsèm*	*vsèm*	*vsèm*
Accusativo	*vsé*	*vsé*	*vsà*
Locativo	*vsèh*	*vsèh*	*vsèh*
Istrumen.	*vsèmi*	*vsemi*	*vsemi*

Esercizio 29.

[1] Ti za me. jaz za te. Bog za vse. [2] Danes meni jutri tebi. [3] Vedve ste prijateljici [4] Mi dva plavava. [5] Ono se smeje. [6] Vsako donosi svoj križ. [7] Lenuh sam sebi čas krade. [8] Gosenice lazijo; one so škodljive. [9] Prijatelja se ljubita; ona si pomagata. [10] Ljubi domovino po njenej ceni. [11] Vsaka dežela ima svoje šege. [12] Pomagaj bližnjemu v njegovih nadlogah. [13] V našem življenju se vrste jasni in oblačni dnevi. [14] Zvest sem svojej domovini. [15] Vajino prijateljstvo ostane. [16] Blagor jim ki so čistega srca. [17] Prijatelj gre z vama. [18] Ako se otroci igrajo, mora pri njih tudi varuh biti. [19] To ravnanje ni spodobno. [20] Beseda tega moža mi gane srce. [21] Takih pesmi še nisem slišal. [22] Hodi po pravih potih; srečen boš na tem in onem svetu. [23] Kakoršno življenje, taka smrt. [24] Temu človeku je malo verjeti.

NOTE.

Plavava, nuotiamo — *smeje*, ride — *nosi*, porta — *krade*, ruba — *lazijo*, strisciano — *se ljubita*, si amano — *si pomagata*, si aiutano — *ljubi*, ama — *pomagaj*, aiuta — *se vrste*, si seguono — *ostane*, restano — *igrajo*, giuocano — *gane*, muove — *slišal*, sentito — *hodi*, cammina — *boš*, sarai.

Esercizio 30.

[1] Quello che hanno creato nell'arte gli Egiziani, gli Assiri, i Greci ed i Romani, vale a noi

sempre di modello e di fonte inesauribile. a cui attingono i nostri artisti. [2] I Rumeni sono discendenti da quei Romani che si sono stabiliti nella Dacia, sulla sinistra del Danubio. [3] Non possiamo concepire un popolo che non abbia le sue leggi. [4] L'Imperatore Leopoldo aveva scelto per duce supremo dell'esercito, Eugenio di Savoia, fra tutti il suo più intelligente condottiero. [5] I Zigani (Zingari) del Montenegro parlano la medesima lingua, riconoscono la medesima religione, portano la medesima veste, hanno gli stessi costumi e leggi dei Montenegrini.

NOTE.

Hanno creato, *so ustvarili* — vale, *velja* — attingono, *zajemajo* — si sono stabiliti, *so se naselili* — non possiamo concepire, *ne moremo misliti* — aveva scelto, *je bil izbral* — parlano, *govoré* — riconoscono, *spoznavajo* — portano, *nosijo* — hanno, *imajo*.

Esercizio 31.

[1] Kdo je podaril solncu žareči svit? [2] Koliko je usmiljenje božje! Koga si pozdravil? [3] Kakšno mesto je Ljubljana? [4] Kaj lovi sova? [5] Katere dele sveta poznate? [6] Kdor resnico ljubi, ne pozna strahu. [7] Kar te ne peče, ne gasi. [8] Ne zabim jesika, katerega me je mati učila. Kakoršna setev, takšna žetev. [10] Ne odlagaj na jutri dela, ki ga danes lahko storiš. [11] Nihče ne ve prihodnosti. [12] Vsak je svoje sreče kovač. [13] Vse mine. [14] Marsikdo je srečen. [15] Slepec ne vidi ničesar.

¹⁶ Od besed se nihče ne zredi. ¹⁷ Bog ne da nikomur vsega. ¹⁸ Nekaj je bolje od ničesar. ¹⁹ Vsakdo se veseli pomladi. ²⁰ Marsikteremu je sreča nemila. ²¹ Stari, klasični grški jezik se je razvijal naravneje in čisteje nego kateri drugi evropski jezik.

Note.

Je podaril, ha donato — *si pozdravil*, hai salutato — *lovi*, insegue — *poznate*, conoscete — *ne pozna* (col genit.), non conosce — *peče*, scotta — *gasi*, spegni — *zabim*. dimentico — *je učila*, ha insegnato — *odlagaj*, differisci — *storiš*, fai — *ve, sa* — *mine*, cessa — *vidi*, vede — *se ne zredi*, non si nutre — *da*, dà — *se veseli*, si rallegra — *se je razvijal*, si è sviluppato.

Esercizio 32.

¹ Chi non ammira i palazzi vaticani e i loro cortili? ² Varie popolazioni che irruppero nel territorio greco, hanno adattato la lingua classica al loro gusto. ³ La cragnolina non pensa a lungo quale canzone deve intonare; quello che le viene dinanzi agli occhi è l'argomento del suo canto. ⁵ Fra i cragnolini l'abitante di Polje è il più allegro; egli rare volte va in silenzio. ⁶ Chi ha letto i canti popolari serbi. e e sente quei di Polje a cantare, s'accorge subito che i lor canti sono perfettamente serbocroati. ⁷ Ciò che l'uomo vede ogni giorno intorno a sè, non lo interessa molto; ma chi e stato in mezzo ad altri popoli, impara a valutare il suo popolo.

NOTE.

Ammira, *poštvje* — irruppero, *so prihruli* — hanno distrutto, *so ugonobili* — l'hanno adattata al, *so priravnali (po čem)* — non pensa, *ne misli* — deve intonare, *bi zapela* — le vien, *ji pride* — va, *gre* — ha letto, *je bral* — sente, *sliši* — si accorge, *se domisli* — vede, *vide* — non lo interessa, *ga ne briga* — è stato, *je bil* — impara *uči se*.

§ 38. — DEI NUMERALI

Si possono dividere in *determinati* o *indeterminati*.

Determinati: *dva, šest, osmi, stoteri*, etc., due, sei, ottavo, di cento specie.

Indeterminati: *malo, dosti*, poco molto, etc.

Determinati. — Cardinali.

1	*éden, édna-o; en.a.o*	13	*trinájst*
2	*dvá, dvê* (femminile e neutro)	14	*štirinájst*
3	*trije, tri, tri*	15	*petnájst*
4	*štirje, štiri, štiri*	16	*šestnájst*
5	*pêt*	17	*sedemnájst*
6	*šêst*	18	*osemnájst*
7	*sédem*	19	*devetnájst*
8	*ósem*	20	*dvájset (dvájsti)*
9	*devêt*	21	*eden in dvájset*
10	*desêt*	22	*dva in dvájset*
11	*ednájst*	23	*tri in dvájset*
12	*dvanájst*	24	*štiri in dvájset*, etc.
		30	*trideset*

31 *éden in trideset*	300 *tri stó*
40 *štirideset*	400 *štiri stó*
50 *pétdeset*	500 *pét stó*
60 *šéstdeset*	600 *šést stó*
70 *sédemdeset*	700 *sédem stó*
80 *ósemdeset*	800 *ósem stó*
90 *devéteset*	900 *devét stó*
100 *stó*	1000 *tisóč*
101 *stó in eden*	2000 *dva tisóč*
102 *stó in dva*	3000 *tri tisóč*
103 *stó in tri*	10.000 *desét tisóč*
200 *dve stó*	100.000 *stó tisóč*

1.000.000 *miljón.*

I cardinali ad eccezione di *stó* e *tisóč* si declinano tutti.

Éden, éna, éno si declina come un aggettivo.
Dvâ, dvé nel modo seguente:

	Maschile	Femm. e Neutro
Nominativo	*dvâ, obâ*	*dvé, obé*
Genitivo	*dvéh*	*obéh*
Dativo	*dvéma*	*obéma*
Accusativo	*dvâ, obâ*	*dvé, obé*
Locativo	*pri, dvéh*	*obéh*
Istrumen.	*z dvéma*	*obéma.*

Trije, štirje, forma del maschile; *tri, štiri,* forma del femminile e neutro, si declinano ad eccezione del genitivo, come i sostantivi femminili in *i.*

	M. F. N	M. F. N.
Nominativo	*trije — tri*	*štirje — štiri*
Genitivo	*tréh*	*štirih*
Dativo	*trém*	*štirim*
Accusativo	*tri*	*štiri*
Locativo	*pri tréh*	*štirih*
Istrumen.	*s trémi*	*s štirim*

In questo modo, eccetto il nominativo e accusativo, si declinano dal cinque in poi tutti i
cardinali.

Nominativo	*pêt*
Genitivo	*pétih (petéh)*
Dativo	*pétim (petém)*
Accusativo	*pêt*
Locativo	*pri pétih (petéh)*
Istrumentale	*s pétim (petémi)*

Il nominativo e l'accusativo di tutti i cardinali dal cinque in poi sono sostantivi singolari
e vogliono dopo di sè il genitivo e naturalmente il verbo al singolare, mentre negli altri
casi fanno da attributi riferiti alla cosa contata.

Esempi :

Pet gradóv	Cinque castelli
Je šest lêt	Sono cinque anni
Mi imamo desét konj	Noi abbiamo dieci ca-
in dvájset volóv	valli e cento buoi

Laddove si dice:

S pétimi prijatelji	Con cinque amici, etc.

§ 39. — Ordinali.

Gli ordinali, ad eccezione dei primi due si formano dai cardinali, e si declinano come gli aggettivi.

1 *prvi, a, o,* il primo
2 *drúgi, a, o,* il secondo, l'altro
3 *trétji, a, e*
4 *četr'ti, a, o*
5 *péti, a, o*
6 *šésti, a, o*
7 *sédmi. a, o*
8 *ósmi, a, o*
9 *devéti, a, o*
10 *deséti, a, o*
11 *ednájsti, a, o*
12 *dvanájsti. a, o*
13 *trinájsti, a, o*

20 *dvádeseti, a, o, dvájseti, a, o*
21 *dvadeseti in prvi, eden in dvadeseti dvajseti, a, o*
22 *dvadeseti in drugi. dva in dvadeseti, dvajseti, a, o*
30 *trídeseti. a, o*
40 *štirideseti, a, o*
50 *pétdeseti, a, o*
60 *šéstdeseti, a. o*
100 *stóti, a, o*
101 *stó prvi,* etc.

1000 *tisóči, a, e*
1.000.000 *milijónni, a, o.*

Osservazioni. — Per dire nell'anno 1899 si dice: *léta tisóč osem stó devet in devet desetega,* ovvero *v letu tisóč osem stó devet in devet desetem.*

In 21 anno: *v éden in dvajsetem letu.* Nel mese di aprile, maggio, gennaio: *meséca aprilja, majnika, januarja,* etc., al genitivo.

Nelle date si usa, a mo' d'esempio: Al sei (addi sei) di maggio: *šéstega majnika; v Ljubljani,* in Lubiana; *v Céloveu,* in Klagenfurt.

§ 40. — **Numerali di specie.**

Estranei all'italiano, e propri del tedesco e dello slavo.

Rispondono alla domanda *kolikér, a, o? wie vielerlei?* di quante specie?

1 *édin, a, o,* di una specie
2 *dvóji, a, e,* di due specie, *obóji, a, e,* di ambo le specie
3 *trój, a, e,* di tre specie
4 *čvetéri, a, o,* di quattro specie
5 *petéri, a, o,* di cinque specie
6 *šestéri, a, o,* di sei specie
7 *sedméri, a, o,* di sette specie
8 *osméri, a, o,* di otto specie
9 *devéteri, a. o,* di nove specie
10 *deséteri, a, o,* di dieci specie
100 *stotéri, a, o,* di cento specie
200 *dvestotéri, a, o,* di duecento specie
1000 *tisočéri, a, o,* di mille specie; *tolikéri. a. o.* di tante specie.

Cfr. il corrispondente tedesco : *einerlei, zweierlei, beiderlei, dreierlei, viererlei, hunderterlei,* etc.

Esempi :

Due sorta di grano	*Dvoje žito*
Cinque specie di uva	*Petero grozdje*
Cento specie di erbe	*Stotere trave.*

Osservazione. — Si usa il numerale disgiuntivo in luogo del cardinale nel genere neutro col genitivo dipendente per indicare una differenza di ciò che si enumera sia nel genere o nell'età, come:

Smo videli v razstavi več ko tisočero goved krave, teleta in vole.	Abbiamo visto all'esposizione più di mille specie di bovini, vacche, vitelli e manzi.
Mi smo tje poslali desétero goved, pet krav, tri vole, in dve teleti.	Noi vi abbiamo mandato dieci bovini, cinque vacche, tre manzi e due vitelli.

§ 41. — Moltiplicativi.

Rispondono alla domanda *kolikéren ?* o *kolikójen, ina. ino? kolikomnóžen, žna, žno? wie vielfach, wie viélfältig?* di quante specie ?

Si formano aggiungendo al tema dei disgiuntivi il sufisso *en, na, no,* ovvero *nat. a, o.*

1 *edin, a, o,* ovv. *enojen. jna, o:*
una volta sola, semplice *simplex, einfach.*
2 *dvójen. jna, o:*
dvojnat. a, o, doppio. *duplex zweifach.*
3 *obójen, jna, o:*
obojnat. a. o, l'un l'altro. *beiderlei.*
4 *trójen, jna. o:*
trójnat, a. o, triplo. *triplex, dreifach.*
5 *čvetéren. rna, o:*
čvetérnat, a, o. quadruplo, *quadruplex. vierfach.*
6 *petéren, rna, o:*
petérnat, a, o, quintuplo, *quintuplex, fünffach.*

7 *šestéren, rna, o :*
    sestérnat, a, o. sestuplo, *sextuplex, sechsfach.*
8 *stotéren, rna, o :*
    stotérnat, a, o, centuplo, *centuplex, hundert-*
    fach.

§ 42. — Distributivi.

Si formano col premettere la particella *po*
dinanzi al cardinale o disgiuntivo, come: *po*
jeden. a uno a uno, *singuli ; po dva in dva, po*
dvoje in dvoje, a due a due, *bini ; po pet in pet.*
po petero in petero. a cinque a cinque, *quini.*
Si usano soltanto nel Nominativo e Accusativo.

§ 43. — Avverbi numerali.

Si formano aggiungendo ai cardinali od ordinali la voce *krat,* volta, come:

1) *énkrat,* una volta — *dvakrat,* due volte
— *trikrat,* tre volte — *petkrat,* cinque volte —
desetkrat, dieci volte, etc.

2) *prvi krat.* la prima volta — *drugi krat.*
la seconda volta — *četrti krat,* la quarta
volta, etc.

Servono per la moltiplicazione a mo' d'e-
sempio: $6 \times 7 = 42$, *šéstkrat sedem je dva in*
štirideset — 4 × 6 = 24, štirikrat šest je štiri in
dvajsti.

§ 44. — Numerali di compagnia.

Per esprimere una relazione numerica fra
una parte e il tutto, concetto che in italiano si
risolverebbe con l'ordinale e il genitivo parti-

tivo, come: « il terzo dei tre, il quinto dei cinque, etc. », nello sloveno si usa il pronome *sam*,
solo, accompagnato coll'ordinale, dalla quale
unione deriva il cosidetto *družilni štévnik*, o
numerale di compagnia, che si declina come
gli aggettivi.

1 *sam, samoedin, a, o* = solo, senz'altri
2 *samodrûg, a, o*   = solo, con un altro
3 *samotrétji, a, o*   = solo, con due altri: con
                          due è il terzo
4 *samočetr'ti, a, o* = solo, con tre altri: con
                          due è il quarto
·5 *samopéti, a, o*   = solo, con quattro altri,
                          cosi che è il quinto.

§ 45. — Sostantivi numerali.

1) *Individuali*: *samica*, l'uno — *dvójka*, il
due — *trójka*, il tre — *čvetêrka*, il quattro —
petérka, il cinque — *šestérka*, il sei — *sed-
mérka*, il sette — *osmérka*, l'otto, etc.. *nič*, il
niente.

2) D'*Accoppiamento*: *dvojica*, il paio, *trojica*,
la trinità, etc.

3) *Partitivi*: *pól* o *polovica*, la metà. Gli altri
si formano (dal tre in poi) dal cardinale col
suffisso *ina*. *Tretjina*, il terzo, la terza parte —
četrtina, il quarto — *petina*, il quinto — *šestina*.
il sesto.

4) *Nomi di monete:*

α) Coniate: *dvojáča, petica, šestica, desetica, dvajsetica*.

β) Di carta: *dvoják, šesták, deveták. dvaj-sták, stoták.*

5) *Ordinativi*: *desétnik,* il decimo nato — *dvójěič,* il gemello, *trójěič.* etc.

6) *Dimensione della carta sciolta o legata in libro*: *četrtinka.* in quarto — *osminka,* in ottavo — *dvanájstinka,* in dodicesimo — *šestnájstinka,* in sedicesimo.

§ 46. — Numerali indeterminati.

DECLINABILI.

Sostantivi: *tmà (ljudi, poetov, vojakov),* quantità (di gente, di poeti, di soldati) — *sila,* massa, quantità — *množina, mnôštvo,* quantità — *obílica,* sovrabbondanza; *trùma. tróp,* schiera.

Aggettivi: *mnógi, a, o,* molto, parecchio; *mnogóteri, a, o,* di molte specie — *malokatéri.* alcuni pochi — *raznotéri.* di diversa specie.

Coi quali si possono classificare anche i pronomi *vés, vsà, vsé,* tutto — *vsâk. a. o,* ciascuno — *nekatéri,* alcuno — *marsikatéri,* taluno.

INDECLINABILI.

Mnógo, veliko, molto — *rèč.* più — *málo.* poco — *mànj, mènj,* meno — *prevèč. premálo,* troppo. troppo poco — *dósti,* a bastanza — *dokàj, obilo, obilno,* moltissimo — *precéj,* eccellentemente, molto.

Tutti gli indeclinabili indeterminati vogliono dopo di sé il genitivo.

§ 47. — **Numeri avverbiali.**

Pr'vič, primieramente — *drúgič*, secondariamente, etc.

§ 48. — **Frazioni.**

Il numeratore si esprime col cardinale, ed il denominatore con un sostantivo numerale partitivo. Per esempio:

$\frac{1}{2}$, *édna polovica* — $\frac{2}{3}$. *dve tretjinki* — $\frac{4}{10}$. *štiri desetinke*, etc.

§ 49. — **Numerazione.**

Le locazioni: alle due, alle tre, alle sei si risolvono così: *ob dréh, ob tréh, ob šéstih.* Alle sette e mezza, *ob polnosmih.* ovvero *ob sedmih in pol.* Per esprimere nomi di giorni rispondendo alla domanda *quando?* si usa nel singolare l'accusativo con la preposizione *v*, e nel plurale il Locativo colle preposizioni *ob, po, v,* come: *v ponedéljek, v tórek,* in lunedì, in martedì — *ob (po, v) srédah, ob (po, v) pétkih,* nei mercoledì, nei venerdì. Per esprimere la ricorrenza delle feste si usa la preposizione *o* : *o božiču.* a Natale — *o velikinóči,* a Pasqua — *o binkóštih,* alla Pentecoste. E se v'è un attributo unito al nome, allora si usa la preposizione *na* coll'accusativo: *na cvetno nedeljo,* la domenica delle Palme.

Notinsi le locuzioni: *po létu, po zimi,* d'estate, d'inverno — *v jeséni, na jésen, v spomládi, na spómlad, na vigred,* d'autunno, di primavera.

Esercizio 33.

[1] V biblijoteki je vedno odprto od desetih zjutraj pa do štirih popoldne. [2] Eden krivičen vinar deset pravičnih sne. [3] Žena hiši tri ogle drži, mož le jednega. [4] Teden šteje sedem dni. [5] Sedmi dan je nedelja. [6] Zima je četrti letni čas. [7] Prva dolžnost človeka je ljubezen do Boga, a druga do bližnjega. [8] Kristof Kolumb je našel Ameriko leta tisoč štiri sto dva in devet desetega. [9] Orlica zvali po dvoje ali troje mladih. [10] Mavrica je sedmer trak. [11] Glavni vetrovi so četveri. [12] Dobro obdelana njiva rodi deseternat sad. [13] Če slepec slepca vodi, oba v jamo padeta. [14] Gosenice imajo navadno po šestnajst nog. [15] Kupil je trojne grablje. [16] Dvakrat meri, enkrat veži. [17] Koliki dan meseca je danes? [18] Drevo ne pade na prvi mah. [19] O polu dveh odide vlak. [20] Sosed ima šestero konj. [21] Le enkrat se osla pelje na led. [22] Hudodelniku se je posrečilo šest krat uiti. [23] Le premnogokrat se človeku nesreča pripeti. [24] Desetica ima deset stotink.

Note.

Je odprto, è aperto — *sne,* mangia — *drži,* tiene — *šteje,* conta — *našel,* scoperto — *zvali,* cova — *obdelana,* lavorata — *vodi,* conduce — *padeta,* cadono — *kupil je,* ha comperato — *meri,* misura — *veži,* lega — *odide,* parte — *pelje,* conduce — *se je posrečilo,* ha avuto la fortuna — *pripeti,* accade.

Esercizio 34.

[1] Tre importanti gruppi di montagne si staccano dall'Alpi Giulie. [2] Dei nove linguaggi slavi, nell'Austria ce ne sono sei: il boemo, il polacco, il ruteno (piccolo russo), il serbo croato, lo sloveno e il bulgaro. [3] Il re boemo Ottocaro II, nella metá del tredicesimo secolo aveva ideato di ridurre sotto la sua corona per sempre gran parte delle terre slave. [4] Quando la ragazza di Polje è sola. canta sola; quando sono solo due, l'una guida, l'altra accompagna. [5] Due categorie di sacerdoti erano presso i Romani; una sacrificava e serviva a tutti gli dei, l'altra a dei speciali.

NOTE.

Si staccano, *se ločijo* — ce ne sono, *jih je* — aveva ideato. *je mislil* — canta, *poje* — guida, *rodi* — accompagna, *prilaga* — sacrificava, *je žartorala* — serviva, *je služila.*

Esercizio 35.

[1] Kolodvor je četrt ure daleč od mesta. [2] Romul in Rem sta bila dvojčka. [3] Zemlja popije le tretjino dežja, drugo odteče in spuhti. [4] Kolikokrat jemo na dan ? [5] Mnogo je poklicanih a malo izvoljenih. [6] Slab groš več ljudi pozna. [7] Nobena riba ne diha s pljuči. [8] Malokteri Špartanec je uhajal iz vojne. [9] Bogu ni nič skritega. [10] Svet je vseh ljudi dom. [11] Vsako četrto leto je prestopno. [12] Nektere rastline so strupene. [13] Božja komedija Dantejeva je prestavljena na več

jezikov. [14] Hitro začeto je pol storjeno. [14] Moja skrinja ima dvojno ključavnico.

NOTE.

Popije, beve — *odteče*, scorre via — *spuhti*, svapora — *jemo*, mangiamo — *poklican*. chiamato — *izvoljen*, scelto — *pozna*, conosce — *diha*, respira — *je uhajal*, sfuggiva — *ie prestavljena*. è tradotta — *je storjeno*, è fatto.

Esercizio 36.

[1] Al principio del secondo secolo l'imperatore Traiano ha vinto Decebala. [2] Nel linguaggio dei Zigani (Zingari) sono centinaia di parole slave e greche. [3] L'Isonzo a Caporetto è distante circa tre quarti d'ora di carrozza dal confine italiano. [4] Il « *Gospodarski list* » del milleottocento sessanta uno scrive che in Croazia vi sono coi fanciulli per le case dalle dieci, quindici alle trenta e cinquanta anime. [5] Una famiglia in Dalmazia che era composta di sessantadue anime aveva circa mille e quattrocento pecore e capre, cinquanta capi di bestiame grosso e quattordici cavalli. [6] I lavoratori nei campi lavorano dalle sei del mattino alle sette di sera d'estate, e d'inverno dalle otto alle quattro.

NOTE.

Ha vinto, *je zmagal* — è distante, *je oddaljena* — scrive, *piše* — che era composta, *ki je imela* — lavorano, *delajo*.

§ 50. — DEL VERBO (*Glagol*).

Il verbo ha:

α) tre numeri: singolare, duale, plurale;

β) due generi: attivo e passivo;

γ) quattro modi: indicativo, condizionale, ottativo, imperativo ed i participiali in cui rientrano l'infinito, il supino. i participî;

δ) quattro tempi: presente, futuro, perfetto e piùcheperfetto.

La coniugazione consta di forme semplici e di forme composte o perifrastiche mediante l'ausiliare *biti*, essere, ed il participio.

L'attivo ha forme semplici e composte; il passivo ha soltanto forme composte, ad eccezione del suo participio perfetto.

ϰ) Nell'attivo sono forme semplici:

1) il presente indicativo: *délam*, io lavoro.

2) il presente imperativo: *délaj*, lavora tu.

3) il presente infinito: *délati*, lavorare.

4) il presente ottativo: *naj délam*, che io lavori.

5) il supino: *délat*. a lavorare.

6) i participî (varia forma).

Sono forme composte:

1) il futuro indicativo: *bódem délal*, lavorerò.

2) il perfetto indicativo: *sém délal*, ho lavorato.

3) il piùcheperfetto indicativo: *sem bil délal* aveva lavorato.

4) il presente condizionale: *bi délal*, lavorerei.

5) il perfetto condizionale: *bi bil délal*, avrei lavorato.

6) il perfetto ottativo: *naj bi délal,* che io lavori, lavorassi.

7) il piùcheperfetto ottativo: *naj bi bil délal,* che io abbia, avessi lavorato.

β) I participí sono forme semplici e si dividono nel modo seguente in attivi e passivi:

PARTICIPIO ATTIVO

Presente

I° in *č* (aggettivale) *tepóč,* che batte.

II° in *e* (avverbiale) *tepé,* battendo.

Passato

I° *rékši. a, e,* avendo detto (indeclin.).

II° *rékel, a, o,* detto (che ha detto).

PARTICIPIO PASSIVO

In *t — scrit, a, o,* nascosto.

In *n — pletén, a, o,* intrecciato.

Osservazione. — Da questo participio in *n* si forma il sostantivo verbale anche da verbi intransitivi aggiungendovi il suffisso *je.* Es.: *pletén-je,* l'intrecciare.

§ 51. — Verbo ausiliare.

Prima di procedere oltre alla classificazione dei verbi sloveni ed alla coniugazione, è opportuno conoscere la coniugazione dell'ausiliare *biti,* essere.

Il verbo *biti* ha esso pure le forme semplici e le forme composte:

Nelle forme semplici rientra anche il futuro, che per gli altri verbi, come si è detto, è rappresentato da una forma composta.

Forme semplici.

	INDICATIVO		imperat.	infinito	supino	PARTICIPI		
	presente	futuro				pres. attivo	perfetto attivo	sost. verb.
S. 1	sem (1)	bódem (bóm) (2)		biti (4)	bit (5)	bodèč, a, e (6)	1° bivši (7)	bitje (9)
2	si	bódeš (bóš)	bódi (3)				II° bil bilè (8)	
3	je	bóde (bó)	bódi					
P. 1	smo	bód-e-mo (bómo)	bódimo					
2	ste	bód-e-te (bóte)	bódite					
3	so	bódo (bójo)						
D. 1	sva, sve	bód-e-va (bóva)	bódita, e					
2	sta, ste	bód-e-ta (bósta)	bódita, e					
3	sta, ste	bód-e-ta (bóta)	bódita, e					

(1) io sono   (2) io sarò   (3) sii tu   (4) essere   (5) a essere

(6) uno che è

(7) uno che è stato   (8) stato (in unione con sem, si, etc.)   (9) l'essere

§ 52. Forme composte.

	INDICATIVO		CONDIZIONALE		OTTATIVO	
	perfetto	piuccheperfetto	presente	perfetto	pres. fut.	perfetto
S. 1	sem bil, a, o	bil, a, o, sem bil, a, o	bi bil, a, o	bil, a, o / bi bil, a, o	naj sem (naj bom), naj si, naj boš, etc.	naj bi bil, a, o
2	si	» si »				
3	je	» je »				
P. 1	smo bili, e, a	bili, e, a smo bili, e, a	bi bili, e, a	bili, e, a / bi bili, e, a		naj bi bili, e, a
2	ste	» ste »				
3	so	» so »				
D. 1	sva bila (ii, e)	bila, i, i sva bila, i, i	bi bila, i, i	bila, i, i / bi bila, i, i		naj bi bila, i, i (e)
2 / 3	sta	» sta »				
	sono stato	era stato	sarei	sarei stato	che io sia, che io debba essere	che io sia o fossi stato

Come *sem* si coniuga anche il negativo *nisem*, non sono:

Singolare	Plurale	Duale
nisem	*nismo*	*nisva, e*
nisi	*niste*	*nista. e*
ni (njé)	*niso*	*nista, e.*

§ 53. — Divisione dei verbi.

Nel verbo si distinguono il *tema* e le *desinenze personali*.

α) Due sono i temi nello sloveno dai quali rispettivamente si formano i tempi, i modi e le voci verbali: il *tema del presente*, e il *tema dell'infinito*.

Dal *tema del presente* si forma il presente indicativo, l'imperativo, il participio presente attivo: *pér-eš*, tu lavi; *pér-îmo*, noi laviamo; *per-óč*, che lava (lavante).

Dal *tema dell'infinito* si formano l'infinito, il supino, i participi: *prá-ti*, lavare; *prá-t*. a lavare; *prál*, che ha lavato; *práv-ši*, avendo lavato; *prá-n*, lavato.

β) Le desinenze che ricevono i verbi nel presente indicativo sono:

Pel singolare *m, š* —
Pel plurale *mo, te. ǫ*
Pel duale *va, ta, ta.*

Queste desinenze si uniscono direttamente al tema del presente solo nei verbi: *vé-m*, io so; *dá-m*, io do; *jé-m*, io mangio; *gré-m*, io vado.

Tutti gli altri verbi ricevono nel presente dinanzi alle desinenze un *suffisso temporale* o *vocale tematica.*

Per il che potremo distinguere nella conjugazione slovena tre gruppi o classi principali di verbi:

I° Verbi con vocale tematica,

II° Verbi senza vocale tematica: *vém, dám, jém, grém,*

III° Verbi irregolari: *iti,* andare, *hotéti,* volere; *iméti,* avere.

§ 54. — Verbi con vocale tematica.

Secondo la natura del tema dell'infinito si possono distinguere sei classi di verbi:

I^a Classe. Aggiungono la desinenza *ti* dell'infinito immediatamente alla radice:

Inf. *nés-ti*   Pres. *nés-e-m,* io porto

II^a Classe. Temi col suffisso tematic. *ni* o *nǫ:*

Inf. *vzdig-ni-ti*   Pres. *vzdig-ne-m,* io alzo

III^a Classe. Temi col suffisso tematico *ę:*

Inf. *gor-é-ti*   Pres. *gor-i-m,* io ardo

IV^a Classe. Temi col suffisso tematico *i:*

Inf. *hval-i-ti*   Pres. *hrál-i-m,* io lodo

V^a Classe. Temi col suffisso tematico *a:*

Inf. *dél-a-ti*   Pres. *dél-a-m,* io lavoro

VI^a Classe. Temi col suffisso tematico *ova:*

Inf. *kup-ová-ti*   Pres. *kup-új-em,* io compro

Nel presente i verbi di queste classi ricevono il suffisso *e, o* (dopo vocali e talora dopo consonanti e dopo alcuni verbi della Vᵃ classe *je, jo*):

nés-e-š, nesǫ; kupú-je-š, kupú-jǫ; déla-š per

déla-je-š, déla-jǫ, etc.

§ 55. — Particolarità delle singole classi.

Onde s'abbia idea più chiara della coniugazione slovena, è necessario si avvertano le particolarità principali di ciascuna classe ed i mutamenti fonetici possibili nel corpo del verbo.

Iᵃ Classe (*di tipo radicale*).

Il tema del verbo ha varia uscita. Secondo la natura delle consonanti finali del tema si possono distinguervi sei categorie:

	Temi in	Osservazioni, Passaggi e Proprietà
1	*t, d*	Dinanzi dentale si cambiano in *s*. (Paragr. 6, IV).
2	*p, b, v*	Ricevono fra il tema e la desinenza un *s. v* scade dinanzi a *t*. (Paragrafo 6, VI e VII.
3	*k, g, h*	*k-t* e *g-t* si mutano in *č*. Dinanzi *e* nel presente e nel participio perfetto passivo le gutturali si mutano in *č* e *š*. Dinanzi *i* nell'imperativo si cambiano in *c* e *z*. (Paragr. 6, II e III.
4	*s. z*	Spesso *z* si muta in *s* davanti *t* nell'infinito.
5	*m, n*	È la categoria degli irregolari. *m, n* scadono dinanzi *t*. Perdono talora la vocale radicale nel presente e imperativo. (Paragr. 6, VII).
6	Vocali *a, e, i, u, j*	Il participio perfetto passivo dei temi in *a* si forma con il suffisso *n*; degli altri col suffisso *t*.

Tema	Presente	Infinito	Particip. passato pross.	Imperativo
plet	plétem	plésti (intrecciare)		
bod	bódem	bósti (pungere)		
klad	kládem	klásti (porre)		
greb	grébem	grébsti (scavare)		
tep	tépem	tépsti (battere)		
živ	živem	žíti e žíveti (vivere)		
pek	péčem	péči (cuocere)	péčen	péči
strig	strižem	striči (tosare)	strižen	strizi
nes	nésem	nésti (portare)		
rez	rę'zem	rę'sti (ricamare)		
pen	pnèm (penem)	pę'ti (attaccare)		pni
jem	jámem	ję'ti (incominciare)		
sto	stánem	státi (stare)	stán	
zna	znâm	znáti (conoscere)	znàn	
de	dęm	dę'ti (collocare)	dêt	
bi	IIª cl. bíjem	biti (battere)	bit	
ču	čújem	čúti (sentire)	čút	

II^a CLASSE (*ni* o *nǫ*)

Tema del presente *dvign*.
Tema dell'infinito *dvigni* (*dvignǫ*).

Dinanzi le sillabe *ni*, *no* le finali dei temi *b*, *p*, *c*, (*k*), *t*, *d*, scadono il più delle volte per eufonia. Così abbiamo da un radicale *blisk*, *bliskniti* e *blisniti*, lampeggiare — *gib*, *giniti*, muovere — *greb*, (o) *greniti*, amareggiare — *klep*, *rkléniti*, incatenare — *kret*, *kréniti*, volgere, etc. (paragr. 6-VI).

III^a CLASSE (*ę*).

Tema del presente: *štę*.
Tema dell'infinito: *štę*.

I verbi di questa classe aggiungono al tema un *ę*. Ma poiché l'*ę* in alcuni si scambia coll'*i* nel modo finito, mentre nell'infinito e participi si mantiene, così questa classe si può dividere in due categorie. Dell'una può servirci di paradigma il verbo *štějem*, io conto; per l'altra basti notare che l'*e* si muta in *i*, come in *gorim*, io ardo, da *goréti*.

Dopo le palatali nel tema dell'infinito troviamo *a* in luogo di *ę*: *búčati*, *im*, rumoreggiare, etc.

IV^a CLASSE (*i*).

Tema del presente: *misli*.
Tema dell'infinito: *misli*.

L'*i* tematico si mantiene. Solo nel participio perfetto passivo esercita una modificazione nel tema e proprio:

1) le dentali :

t — si muta in palatale esplosiva *č*: *pustiti*: *pùšćen*, lasciato (paragr. 6, I. 8).

d — scade davanti *i*, che si muta in *j*: *roditi*: *rójen* *(rodien)*. generato (paragr. 6, I, 8).

Osservazione. — Il part. perf. pass. *vidjén* è inusitato, laddove bisogna dire *viđen*, veduto, da *viđeti*, verbo della IIIª classe.

2) Le sibilanti si mutano nelle palatali corrispondenti di grado: *gasiti*: *gášen*, spento — *nósiti*: *nóšen*. portato — *vóžiti*: *vóžen*, condotto (paragr. 6, I. β).

3) Dopo *l, n, r* l'*i* si muta in *j*: *braniti*: *bránjen*, difeso — *moliti*: *móljen*, pregato — *govoriti*: *govórjen*, parlato, etc. (paragr. 6, I. ε).

4) Dopo le labiali *p, b, m. v.* ricorre un *l*, donde *lj*: *grábiti*: *grábljen* rastrellato — *kropiti*: *krópljen*, asperso — *zdráviti*: *zdrávljen*. sanato — *drámiti*: *drámljen*, destato (paragr. 6, I, δ).

Vª CLASSE (*a*).

Si può dividere in quattro categorie:

Alla *prima* v'appartengono quei verbi che mantengono l'*a* in tutti i tempi e modi: *délati*, lavorare — *se'kati*, tagliare — *vonjáti*, odorare. etc.

Fanno parte della seconda categoria quei verbi che serbano la vocale tematica *a* nell'infinito e nel presente ricevono il suffisso tema-iico *je*: *or-á-ti*, arare e *ór-je-m (orám)*, io aro, etc.

E qui per le consonanti finali che vengono a contatto coll'*i* ricorrono i soliti fenomeni di modificazione nel tema, vale a dire:

1) dentali :

t — si muta in *č*: *métati*: *męčem* (per *métjem*), io getto (paragr. 6, I).

d — scade davanti *i*, che si muta in *j*: *glǫ'dati*: *glójem* (*glódiem*), io rodo (paragr. 6, I).

2) *k*, *g*, *h* si mutano rispettivamente in *č*, *š*, *ž*: *mikati*: *mičem*, smuovo, attiro — *str'gati*: *str'žem*, io gratto — *dihati*: *dišem*, odoro (paragrafo 6, I).

3) *c*, *s*, *z* si mutano in *č*, *š*, *ž*: *klicati*, *klíčem*, io chiamo — *pisati*, *pišem*, io scrivo — *kázati*, *kášem*, io mostro (paragr. 6).

4) Dopo le labiali *p*, *b*, *v*, *m* segue *lj* : *gibati*: *gibljem*, muovo — *kopáti*: *kópljem*, vango, etc.

Nella *terza* categoria rientrano i verbi sul tipo di *bráti*, leggere ; *gnáti*, spingere; *práti*, lavare ; *tkáti*, tessere ; *zváti*, attirare ; *žgáti*, ardere, che al presente indicativo fanno *bér-e-m*, *žén-e-m*, *pér-e-m*, *tk-è-m* (*tčèm* e *tkâm*), *zóvem*, *žgém*, con un tema per l'infinito *bra*, *pra*, *gna*, *tka*, *zva*, *žga* e pel presente rinforzato *ber*, *žen*, *per*, *tek*, *zov*, *žge*, dalla radice *br*, *gn*, *pr*, *tk*, *zv*, *zg*.

La radice dei verbi della *quarta* categoria esce in vocale. Il tema dell'infinito si forma col suffisso *ja*, quello del presente col suffisso *je*:

Dalla radice *sę* abbiamo *sę-já-ti*, seminare e *sê-je-m*, io semino. Cosi *da-já-ti. dá-je-m.* io dò; *lę-já-ti. lê-je-m.* io verso; *si-já-ti. si-je-m.* io splendo, *smę'-ja-ti, smę'-je-m*, io rido.

VIª CLASSE (*ora*).

Il tema dell'infinito esce in *ora* (*era*) e quello del presente in *u* dopo il quale *u* segue il *j* eufonico: *kupováti, kupújem.* io abito — *stano-vati. stanújem*, io compero, etc. (Paragr. 5, III).

§ 56.

Quadro generale della coniugazione attiva

Premessa la natura e la divisione dei verbi veniamo alla conjugazione. Abbiamo già avvertito che essa consta di tempi semplici e di tempi composti:

a) **Temp**

		Iª Classe	IIª Classe
Presente Indicativo	S. 1	*nès-e-m* (1)	*dvign-e-m* (2)
	2	*nès-e-s*	*dvign-e-š*
	3	*nès-e*	*dvign-e*
	P. 1	*nes-è-mo, nèsemo*	*dvign-e-mo*
	2	*nes-è-te, nèsete*	*dvign-e-te*
	3	*nes-ǫ'. nesèjo, nè-sejǫ'*	*dvign-ǫ', dvigneje dvignó*
	D. 1	*nes-è-va, nèseva*	*dvign-e-va*
	2	*nes-è-ta, nèseta*	*dvign-e-ta*
	3	*nes-è-ta, nèseta*	*dvign-e-ta*
Imperativo Presente	S. 1	—	—
	2	*nès-i*	*dvign-i*
	3	*nès-i*	*dvign-i*
	P. 1	*nes-i-mo, nèsimo*	*dvign-i-mo*
	2	*nes-i-te, nèsite*	*dvign-i-te*
	3	*nes-i-te, nèsite*	*dvign-i-te*
	D. 1	*nes-i-va, nèsiva*	*dvign-i-va*
	2	*nes-i-ta, e. nèsita*	*dvign-i-ta*
	3	*nes-i-ta, e. nèsita*	*dvign-i-ta*
Infinito		*nès-ti*	*dvigni-ti*
Supino		*nès-t*	(*dvigni-t*)
Participio Presente	Iº	*nes-ǫ'č* (agg.)	*dvign-ǫ'č*
	IIº	*nes-ę'* (avv.)	—
Participio perfetto attivo	Iº	*donès-ši*	*dvigni-rši*
	IIº	*nés-el*	*dvigni-l*
Part. pass. pass.		*nès-e-n*	*dvign-e-n*
Sostan. verbale		*nes-é-nje*	*dvign-é-nje*

(1) io porto.   (2) io alzo.

emplici.

IIIª Classe	IVª Classe	Vª Classe	VIª Classe
tè-je-m (1)	misli-m (2)	déla-m (3)	kupû-je-m (4)
tè-je-š	misli-š	déla-š	kupû-je-š
tè-je	misli	déla	kupû-je
tè-je-mo	misli-mo	déla-mo	kupû-je-mo
tè-je-te	misli-te	déla-te	kupû-je-te
tè-jo, stejǫ' štéjejo	mislé, mislijo	déla-jǫ	kupû-jǫ, kupú jejo
tè-je-va	misli-va	déla-ra	kupû-je-ra
tè-je-ta	misli-ta	déla-ta	kupû-je-ta
tè-je-ta	misli-ta	déla-ta	kupû-je-ta
tê-j	misli	déla-j	kupû-j
tè-j	misli	déla-j	kupû-j
tè-j-mo	misli-mo	déla-j-mo	kupû-j-mo
tè-j-te	misli-te	déla-j-te	kupû-j-te
tè-j-te	misli-te	déla-j-te	kupû-j-te
tè-j-ra	misli-ra	déla-j-ra	kupû-j-va
tè-j-ta	misli-ta	déla-j-ta	kupû-j-ta
tè-j-ta	misli-ta	déla-j-ta	kupû-j-ta
téti	misli-ti	déla-ti	kupová-ti
tè-t	misli-t	déla-t	kupová-t
tej-ǫ'č	misl-éč	dela-jóč	kupu-jóč
tej-é	misl-é	delá-je	kupu-ję'
a-štę'-rši	pre-misli-vši	pri-déla-rši	na-kupová-vši
tę'-l	misli-l	déla-l	kupová-l
tę'-t	mišlje-n	déla-n	kupová-n
tè-nje	mišljé-nje	déla-nje	kupová-nje

) io conto.　(2) io penso.　(3) io lavoro.　(4) io compero.

§ 57. — Tempi composti.

Abbiamo già avvertito quali sono, e che si formano mediante l'ausiliare *biti* ed il participio perfetto attivo (eccetto il presente ottativo che è formato dal presente del verbo e dalla congiunzione *naj*, che, e che si può considerare anche come tempo semplice).

Siccome per i verbi di tutte le classi vale la stessa forma così superfluo sarebbe far qui seguire i relativi paradigmi delle varie classi, giacchè conosciuto il participio perfetto attivo ed aggiuntevi le voci del verbo *biti* si avranno egualmente i tempi composti di ciascun verbo. Tempi che abbiamo già dichiarati precedentemente al paragr. 50, e di cui conosciamo la semplicità di formazione.

Giova piuttosto qui avvertire a proposito dei tempi composti che alcuni verbi intransitivi in luogo del futuro, forma composta, hanno il presente indicativo con valore di futuro. Ma di ciò si vedrà più innanzi apprendendo la coniugazione dei verbi irregolari e la teoria dei verbi imperfettivi e perfettivi.

§ 58. — Forma passiva.

Il passivo si forma col participio perfetto passivo e l'ausiliare *biti*.

Presente.

Sing. *sem-si-je* — *hvâljen. a, o* = sono lodato, etc.

Plur. *smo-ste-so* — *hváljeni, e* = siamo lodati, etc.

Dual. *sva 2-3 sta*, fem. *sve, ste* — *hvaljena, e* = noi due siamo lodati, etc.

Perfetto.

Sing. *sem, si, je bil, a, o* — *hváljen, a, o* = io sono stato lodato

Plur. *smo, ste, so bili* — *hvaljeni, e, a*

Dual. *sva, sta*, fem. *sve, ste bila, e, hvaljena, e*

Piuccheperfetto.

Sing. *sem, si, je bil, a, o* — *hvaljen, a, o bil, a, o* = io era stato lodato

Plur. *smo, ste, so bili, e, a* — *hvaljeni, e, a bili, e, a*

Dual. *sva, sta*, fem. *sve, ste bila, i hvaljena, i bila, i*

Futuro.

Sing. *bóm, bós, bó* — *hvaljen, a, o* = sarò lodato, etc.

Plur. *bomo, bote, bodo (jo)* — *hvaljeni, e, a*

Dual. *bova, bota*, fem. *bove, bote* — *hvaljena, i*

Condizionale presente.

Sing. *jest, ti, on* — *bi hvaljen, a, o bil, a, o* = io sarei lodato, etc.

Plur. *mi, vi, oni* — *bi hvaljeni, e, a bili, e, a*

Dual. *mi dva, vi dva, ona dva* — *bi hvaljena, i bila, i*

Condizionale passato.

Sing. *bi bil, a, o — hvaljen, a, o — bil, a, o* =
    io sarei stato lodato, etc.

Plur. *bi bili, e, a — hvaljeni, e, a — bili, e, a*

Dual. *bi bila, i — hvaljena, i — bila, i*

Imperativo.

Sing. *bodi hvaljen, a, o* = sii tu lodato

Plur. { 1 *bódimo — hvaljeni, e, a* = siamo lodati
{ 2 *bódite — hvaljeni, e, a* = siate lodati

Dual. { 1 *bódiva,* fem. *bódive — hvaljena, i* = noi
        due siamo lodati
{ 2 *bódita,* fem. *bódite — hvaljena, i* = voi
        due siate lodati

Ottativo presente.

Sing. *naj bom, boš, bo hvaljen, a, o* = che io
    sia lodato etc.

Plur. *naj bomo, bote, bojo hvaljeni, e, a*

Dual. *naj bova, bota,* fem. *bove, bote hvaljena, i*

Infinito.

Sing. *hvaljen, a, o*)

Plur. *hvaljeni, e, a* } *biti* = essere lodato.

Dual. *hvaljena, i*)

Il passivo si forma pure colla particella reciproca *se.* Per altro bisogna avvertire che non si può dire *ta mož se hvali* per significare quell'uomo è lodato, chè avrebbe valore riflessivo, cioè, *quell'uomo si loda,* laddove bisogna dire *ta mož je hvaljen.*

Quindi si noti che per evitare ambiguità, questa seconda forma di passivo si usa solo quando il *se* unito al verbo in nessun modo potrebbe far supporre un concetto riflessivo.

ESEMPIO DI CONJUGAZIONE PASSIVA MEDIANTE IL RIFLESSIVO *se.*

Presente ind. *se imenújem,* io mi nomino, sono nominato, chiamato.

Perf. ind. *sem se bil imenovál,* sono stato chiamato.

Piuccheperf. pres. *sem se bil imenovál bil,* io era stato chiamato.

Pres. cond. *bi se imenovál,* io sarei chiamato.

Pass. cond. *bi se bil imenovál,* io sarei stato chiamato.

Imperat. *imenúj se,* sii tu chiamato.

Ottativo *naj se imenújem,* che io sia chiamato (possa esser chiamato).

Infinito *imenováti se,* chiamarsi, esser chiamato.

Esercizio 37.

[1] Boljši je danas jajce, kot jutri kokoš. [2] Stara zastava bo vedno čast vojskovodu. [3] Bodi pameten, pamet je boljša ko žamet. [4] Počakaj, saj nisi voda. [5] Barometer ni zanesljiv vremenski prerok. [6] Z ognjem je previdno ravnati. [7] Ura smrti ni znana. [8] Iz tebe ne bode prida. [9] Krompir je kruh ubožcem. [10] Špartanci so bili hraber narod. [11] Ako bi ne bila Dante in Petrarca, ita-

Ijanski jezik bi ne bil na tej stopinji kakor je dan danes. [12] Bodite pošteni! Da bi bili srečni vse žive dni! Psi niso tako spretni kakor mačke! [13] Duh vijolic je prijeten. [14] Človeku brez vere ni verjeti.

NOTE.

Počakaj, aspetta — *previdno ravnati*, procedere cauti — *verjeti*, credere.

Esercizio 38.

[1] Sia sempre l'Italia una, libera e forte! [2] Erano molti anni dacchè Ulisse non aveva veduto la moglie Penelope. [3] Se non ci fosse stato Paolo Diacono certo una gran lacuna ci sarebbe nella storia del Medio Evo. [4] L'amore è stato, l'amore sarà ancora, quando nè io nè tu non saremo più al mondo. [5] Per essere coraggiosi non fa bisogno d'essere eroi. [6] Che Paride ed Elena non fossero mai nati per la rovina di Troja! [7] Chi è stato in guerra non ha paura. [8] Noi dovremo presentarci dinanzi al trono di Dio (lett.: a noi sarà da stare dinanzi il trono di Dio, *stati nam bo pred bozjim stolom*! [9] Del poltrone non sarà mai nulla.

NOTE.

Non ha paura, *strah mo nje* — Noi dovremo presentarci, *traduci*: a stare noi sara — stare, *stati* — dal, *iz*.

Esercizio 39.

[1] Vsak po svojo smojko v ogenj sezi. [2] Mlad more, star mora umreti. [3] Roka roko vmiva. [4] Vrela voda peče. [5] Zajca so lovci odrli. [6] Napoleon I je umrel na otoku sv. Helene. [7] Na trnu se vsak boji zbosti. [8] Mater v srce bode, kadar drugi nje sine tepejo. [9] Gosenice lezejo. [10] Rimljanske žene so doma predle in pletle kadar so možje bili na vojski. [11] Iabolko ne pade daleč od drevesa. [12] Razločujemo cvetoče rastline in tajnocvetke (kryptogama). [13] Solnčni žarki pekó. [14] Ovce se strižejo. [15] Po zimi rado zebe. [16] Svetloba lunea ne greje. [17] Žito se žanje s srpom. [18] Pes rad grize kosti. [19] Hladen vetrič veje. [20] Ozrimo se v modro nebo. [21] Hiša je pokrita sé streho. [22] Bolnik vpije od bolečin.

Esercizio 40.

[1] Come l'albero cresce adagio, cosi avviene della figura degli uomini. [2] I Boemi suonano stupendamente il violino e gli strumenti da fiato. [3] Quando il pomo e maturo cade dall'albero. [4] Di notte si sentono i rumori più che di giorno. [5] Ognuno al mondo porta la sua croce. [6] Le viti si nettano quando dopo il fiorire cadono gli acini dell'uva. [7] Il nostro pensiero s'estende fino al cielo. [8] Come le viole spuntano dalla terra in primavera, cosi gli ideali nostri sorgono spontanei dal cuore ardente dei giovani.

Esercizio 41.

[1] O zori gasnejo svitle zvezde. [2] Zgubljen čas se ne vrne več. [3] Pobožni pokleknejo, ko vstopijo v cerkev. [4] Dvignimo čaše ter trčimo, da zadoni. [5] Usahujena drevesa se posekajo. [6] Ogni se slabej tovaršiji. [7] Mnogo živali je poginilo. [8] O hudih viharjih utone mnogo ladij. [9] Cvetice ovenejo ob suši. [10] Ne zine, da se ne zlaže. [11] Vse na svetu mine. [12] Kristus je glavo nagnil ter izdihnil. [13] Volk hlastne po plenu. [14] Vsak večer kaka zvezda utrne. [15] Z mečem je mahnil po sovražniku.

Esercizio 42.

[1] L'uomo forte non si piega. [2] Scoppiata la guerra i Romani aprivano il tempio di Giano. [3] Nella solitudine la mente si affonda in mille pensieri. [4] L'Alfieri (ha avuto la spinta) è stato indotto a studiare solo dalla forza della propria volontà. [5] D'estate sono così corte le notti che appena l'uomo si corica entra nel giorno. [6] La scrittura corsiva è molto pratica. [6] Quando passano i pompieri è necessario tirarsi in parte coi carri sulla strada. [7] Ad Alessandro il grande quando vide il sepolcro di Achille, gli si instillò nel cuore (*na srce mu je kanilo*) sentimento di pietà per i Greci.

Esercizio 43.

[1] Buči morje Adrijansko; nekdai bilo si Slovansko. [2] Podoba visi na steni. [3] Na spomlad

kopni sneg. ⁴ Življenje je trpljenjie. ⁵ Kdo more zvezde prešteti? ⁶ Umeš li besede pregovorov? ⁷ Kres je imel prenmogo zakladov. ⁸ O času Nerona je pol Rima zgorelo. ⁹ Grmi da se zemlja trese. ¹⁰ Kdor govoriti kaj ne ve. naj molči. ¹¹ Zajec beži pred lovcem. ¹² Bolnik pogosto ječi. ker ga rana boli. ¹³ Zvezde blišče na nebu. ¹⁴ Srče mu je krvavelo od žalosti. ¹⁵ Od strahu je obledel. ¹⁶ Z vodo zdravimo mnogo bolezni. ¹⁷ Ljubil bom svoj dom, dokler živel bom. ¹⁸ Grešnik kleči pred sv. podobo. ¹⁹ Zemlja se vrti. ²⁰ Slišim slavca peti.

Esercizio 44.

¹ I piaceri non si contano. ² Ad Achille l'ira bolliva nel cuore. ³ Quando la città è in tumulto ne soffrono danno tutti i cittadini. ⁴ I Crociati al grido di « Dio lo vuole » facevano impeto contro i nemici. ⁵ Il nome romano è celebre e sarà sempre celebre per tutto il mondo. ⁶ La vittoria dipende non solo dal numero ma anche dall'abnegazione dei soldati. ⁷ Quando i diecimila guidati da Senofonte videro il mare tutti in coro gridarono: il mare! il mare! ⁸ Il dare (desiderare) il buon mattino, la buona sera, o il buon appetito, o la buona fortuna, è una formula di civiltà elementare ma indispensabile. ⁹ Chi non vive del suo lavoro non può apprezzare il valore del denaro.

Esercizio 45.

¹ Ne hvali dneva pred večerom. ² Hvaljen in

spoštovan bodi kdor uči otroke lepe nauke.
³ Zakaj me motis? ⁴ Dobro premisli besedo,
predno jo izgovoriš. ⁵ Vojaki so plenili po mestu.
⁶ Pomni navk, ki pravi. ⁷ Ne žali nikogar. ⁸ Kodor
prosi lahko nosi. ⁹ Sodbo pustimo Bogu. ¹⁰ Uči-
telj je svaril učenca naj ne pozabi knjige ku-
piti. ¹¹ Vol sé brani z rogmi. ¹² Starčki tožijo po
nekdanjih časih. ¹³ Nektere divje živali se lahko
ukroté. ¹⁴ Delimo miloščine med uboge! ¹⁵ Mnogo
je vabljenih, a malo izvoljenih. ¹⁶ Dobro drevo
rodí dober sad. ¹⁷ Posti se!

Esercizio 46.

¹ Pensiamo prima di parlare. ² Il pregare e il
digiunare non sono lodati se la fede non è pura,
poichè Dio non si onora colle buone parole ma
colle buone opere. ³ Ogni comune mantiene i
suoi poveri. ⁴ La fame abbatte l'uomo. ⁵ I Montenegrini rotolavano giù per i monti grosse
pietre contro i Turchi. ⁶ Chi più ama più soffre.
⁷ Nulla conforta di più l'uomo afflitto che la
tranquillità della propria coscienza. ⁸ Sia inverno
sia estate, quando fa freddo accendi il fuoco.

Esercizio 47.

¹ Planeti se sučejo okoli solnca. ² Stari Babi-
lonci so pisali s klinastimi črkami. ³ Ovce rade
ližejo sol. ⁴ Po žimi počiva vza narava. ⁵ Varuj
se mačk, ki spredaj ližejo, zadi pa praskajo.
⁶ Turki so po deželi rezsajali, vse požigaje in
ropaje. ⁷ Z nožem režemo. ⁸ Osi pri vozu se

mažejo, da se ne vgrejejo. [9] Besede kličejo vzgledi mičejo. [10] Ni vse zlato, kar se leskeče. [11] Poglej solnca nebeskega kras. [12] Otroči se radi igrajo. [13] Vojaki korakajo po prašnej cesti. [14] Ne prašaj po tem, kar te ne briga. [15] Včeraj je padala debela toča. [16] Stari ptiči pitajo mladiče. [17] V gledališču se pridnim igralcem ploska a slabim žvižga. [18] O hudem vremenu rado treska. [19] Čerkev sv. Petra v Rimu so zidali mnogo let. [20] Kjer bolezni razsajajo, vlada tudi smrt. [21] Kmetje orjejo na polji. [22] Kakor si postelješ, tako bodeš ležal.

Esercizio 48.

[1] Le foglie sugli alberi s'agitano prima del temporale come delle voci misteriose. [2] I bambini si nutrono col latte. [3] Alle persone che si incontrano per via possiamo domandare le informazioni necessarie. [4] Purtroppo anche fra quelli che si chiamano educati ci sono delle persone cattive. [5] Governare un popolo ribelle é difficile. [6] Di notte non si strepita per le case. [7] Ci punge il cuore di ricercare il pagamento ai poveri. [8] Troppe obligazioni ci mettiamo in testa (*kopljemo*) per amore della nostra dignitá. [9] Il padre e la madre sogliono condurre a ballare le ragazze. [10] Rimpiangeremo sempre i nostri cari che sono morti in giovane etá.

Esercizio 49.

[1] Mraz škoduje rastlinam. [2] Vojaki se bojujejo

za domovino. ³ Kakor se kupuje, tako se pro-
daja. ⁴ Kdor ne napreduje, nazaduje. ⁵ Preroki
so prerokovali prihod Kristusa. ⁶ Kraljevati ni
lahko. ⁷ Ne zaničuj darov božjih. ⁸ Humbert I je
bil imenovan kraljem l. 1878. ⁹ Slovenci praz-
nujejo dan sv. Cirila in Metoda. ¹⁰ V starih
časih so gospodavali. ¹¹ Rimljani skoro celej
Evropi. ¹² Lažniku se ne veruje. ¹³ Spoštujte stare
ljudi. ¹⁴ Otroci se sramujejo svojih pregreškov.
¹⁵ Izza gorá se vzdigujejo črni oblaki.

Esercizio 50.

¹ Il terrorista crede di poter spaventare anche
le stelle. ² Coloro che sono chiamati a testimoniare devono deporre minutamente ciò che
è successo. ³ Non è cosa da vergognarsi cantare
fuori di chiesa canti religiosi. ⁴ Egregi Signori
governano le cose del Comune. ⁵ Ogni tempo
ha le sue schiere di animosi e di eletti, che si
avanzano collo studio e le opere alla ricerca
del vero.

§ 59. — Verbi difettivi.

Chiameremo difettivi quei verbi che levandosi
dalla regola generale, uniscono come il verbo
sem, biti, immediatamente al tema del presente
indicativo senza vocale d'unione le desinenze.
Essi sono come più sopra abbiamo detto: *rem,
dam, jem, grem.*

1) **Vêd-e-ti**, sapere.

Presente	Imperativo	Infinito	Supino	PARTICIPI			
				Part. pres. attivo	Perfetto attivo	Perfetto passivo	Sostant. verbale
S. 1 vê-m	—	vêd-e-ti	vêd-e-t	I° vedôč	I°(š) redêvši	vêd-en,a,o	veden-je
2 vê-š	vêd-i			II° vedê	II° vêd-el,a,o		
3 vê	vêd-i						
P. 1 vê-mo	vêd-i-mo						
2 vîs-te	vêd-i, te						
3 vêd-ô	—						
D. 1 vê-va, ve	vêd-i-va, re						
2 vîs-ta, te	} vêdi-ta, te						
3 vîs-ta, te							

2) **Dáti**, dare.

	Presente	Imperativo	Infinito	Supino	PARTICIPI			Sostantivo verbale
					Perfetto attivo	Perfetto passivo		
S. 1	dá-m	—	dá-ti	dá-t	Iº dá-vši	dá-n, a, o		dán-je
2	dá-š	dá-j			IIº dá-l, a, o			
3	dá	dá-j						
P. 1	dá-mo	dá-j-mo						
2	dá-te	dá-j-te						
3	dá-dò	—						
D. 1	dá-va, ve	dá-j-va, ve						
2	} dásta, e	dá-j-ta, te						
3								

3) *Jés-ti*, mangiare.

Presente	Imperativo	Infinito	Superlat.	PARTICIPI			
				Participio presente	Perfetto attivo	Perfetto passivo	Sostant. verbale
S. 1 *jé-m*	—	*jés-ti*	*jés-t*	I° *jedě, a, e*	I°(*po*) *jěd-ši*	*jěd-en, a, o*	*o jěd-ênje*
2 *jé-š*	*jè-j*			II° *jedǎ*	II° *jěd-el, a, o*		
3 *jé*	*jè-j*						
P. 1 *jé-mo*	*jè-j-mo*						
2 *jés-te*	*jè-j-te*						
3 *jêd-o*	—						
D. 1 *jé-va, ve*	*jè-j-va, ve*						
2 *jés-ta, te*	*jè-j-ta, te*						
3 *jés-ta, te*	*jè-j-ta, te*						

4) *Grém (iti)*, andare, vado.

Presente

Singolare	1	*gré-m*	I°	*gredóč, a, e*
	2	*gré-š*	II°	*gredé*
	3	*gré*		
Plurale	1	*grémo*		
	2	*gréste*		
	3	*gredó (grejo)*		
Duale	1	*greva, ve*		
	2	*gresta, te*		
	3			

Per gli altri tempi e modi si adotta le forme di *šétati*, passeggiare.

Esercizio 51.

[1] Kdor govori ti kaj ne ve, vreme hvali ali toži. [2] Kdor ne dela, naj tudi ne jé. [3] Stari kristjani so dali življenje za vero. [4] Gre skoz les, ne vidi dreves. [5] Ako vedó trije, vejo vsi ljudje. [6] Naj levica ne ve, kar desnica podá. [7] Dajte, in še vam bo dano. [8] V slovó podajmi rokó. [9] Vsak človek mora vedeti, da brez dela ni jela. [10] Vsi gremo smrti na proti. [11] V Braziliji jedó tudi opice. [12] Mačka je pojedla miš. [13] Dekla je šla po vodo. [14] Vojači so ódšli.

Esercizio 52.

[1] Tutti sappiamo che i soldati partono, ma nessuno sa dove andranno. [2] Bisogna mangiare ciò che il convento dá. [3] I vicini si rodono fra loro. [4] D'autunno le buone massaie danno a filare ciò che è da filare. [5] Le lettere si consegnano alla posta in tempo. [6] Non bisogna insi-

stere quando l'ospite non si sente di bere ne
di mangiare. [7] Dio solo sa ciò che può accadere
all'uomo nella vita. [8] Chi va a teatro si diverte
e intanto impara molte cose.

§ 60. — Verbi irregolari.

I verbi *iti, idem — hotéti, hóčem — iméti,
imam,* si coniugano irregolarmente, derivando
in parte da altri verbi le loro forme.

1) *Iti,* andare.

Tema del presente *id* o *gred* di *grém* (v. p. 132).
Tema dei participi perfetti *šed.*

Osservazioni. — Nel futuro si usa il composto
pójdem, andrò, che si coniuga come *idem* ed
ha pure l'imperativo. *pòjdi, pòjdimo, pòjdite
(pòjmo, pòjte) pòjdiva (pòjva, pòjve), pòjdita.*
Il participio perfetto II° è *póšel.*

Seguono la coniugazione di *pójdem,* anche i
composti, *dojdem,* raggiungo; *izidem,* esco, ap-
parisco; *nájdem,* trovo; *preidem, preiti,* passare attraverso; *pridem,* vengo· *snidem. sniti se,*
venir insieme, ritrovarsi; *zájdem, zájti,* perire,
smarrirsi.

I participi perfetti I° usitati sono: *došédši. na-
šédši. prišédši.*

I participi perfetti II° sono: *dóšel, izšel, nášel,
préšel. prišel, séšel, zášel.*

Il participio perfetto passivo di *nájdem,* è
nájden, trovato.

Come il verbo *idem* pure i suoi composti
hanno pertanto i tempi perfetti formati dal tema
šed.

1) *Iti*, andare.

	Indicat. pres.	Imperativo	PARTICIPI		Infinito
			Presente	Passato attivo	
Singolare 1	id-em	—	1° idoč	1° (pro) šed-ši	iti
2	id-eš	id-i	11° —	11° šel (šla, o)	
3	id-e	id-i			
Plurale 1	id-emo	id-i-mo			
2	id-ee	id-i-te			
3	id-ò	—			
Duale 1	id-e-ra, re	id-i-ra, re			
2	id-e-ta, te	id-i-ta, te			
3	id-e-ta, te				

2) *Hotéti*, volere.

Questo verbo che segue la IIIª classe ha parecchie irregolarità:

Indic. presente	Imperativo	PARTICIPI					
		Presente	Perfetto attivo	Perf. passivo	Infinito	Supino	Sostantivo verbale
S. 1 *hòĕ-e-m*	—	Iº *hotĕ,* *a, e*	Iº —	*hòt-e-n*	*hot-é-ti*	*hot-é-t*	*hot-é-nje*
2 *hòĕ-e-š*	*hòt-i*	IIº *hotĕ*	IIº *hòtĕl* *a, o*				
3 *hòĕ-e*	*hòt-i*						
P. 1 *hòĕ-e-mo*	*hòt-i-mo*						
2 *hòĕ-e-te*	*hòt-i-te*						
3 *hòĕ-e-jo(hote)*	—						
D. 1 *hòĕ-e-va, ve*	*hòt-i-va, ve*						
2 3 {*hòĕ-e-ta-te*	*hòt-i-ta, te*						

Osservazione. — Si usa dire anche *ćem, ćeš, ćé,* etc., io voglio. Il contrario composto è *nòćem* o *nèćem, nèćeš, nèće,* etc., non voglio.

3) *Iméti*, avere.

Questo verbo nel presente indicativo segue la Vᵃ classe, nell'infinito e nell'imperativo la IIIᵃ.

Indic. pres.	Imperativo	Presente	Perf. attivo	Perf. pass.	Infinito	Supino	Sost. verbal.
		PARTICIPI					
S. 1 *im-á-m*	—	I° *imajě, a, e*	I° —	*imét, a, o*	*im-é-ti*	*im-é-t*	*imétje* o
2 *im-á-š*	*im-é-j*	II° *imáje*	II° *imél, a, o*	*imén, a, o*			*imónje*
3 *im-á*	*im-é-j*						
P. 1 *im-á-mo*	*im-éj-mo*						
2 *im-á-te*	*im-éj-te*						
3 *im-á-jo*	—						
D. 1 *imá-va, ve*	*im-éj-va, ve*						
2 3 { *imá-ta, te*	*im-éj-ta, te*						

Osservazione. — Il negativo è *nimam, nímaš, nima,* etc., non ho.

Esercizio 53.

[1] Kdor oče jesti mora tudi delati. [2] Bog hotel, da bi bilo lepo vreme. [3] Pomlad ide, pa zopet pride; čas mladosti je le enkrat. [4] Ne delaite v prico ljudi dobrih del, češ da bi vas hvalili. [5] Imam premnogo dela. [6] Skopuh nima nikdar zadosti. [7] Pri sosedu so imeli goste. [8] Kdor malega neče, velicega ni vreden. Otroci, pojdite v šolo! [10] Pri vsakem del imejte Boga pred očmi. [11] Nehoté sem se spomnil prijatelja. [12] Hočeš li spostovan biti, spoštuj. [13] Vsak naj ide po svojem potu.

Esercizio 54.

[1] Chi non può quel che vuol, quel che può voglia. [2] Volente o nolente il giovane ha dovere di studiare. [3] Poveri quelli che non hanno nessuno che li ammonisca! [4] Chi è che non ha cura dell'educazione dei propri figli ? [5] I fanciulli quando hanno sei anni vadano a scuola. [6] L'Alfieri ha avuto la fortuna di volere fortemente: [7] Volli, volli, volli e potentemente volli, egli dice parlando di sè e dei suoi studi. [8] Vorremmo che i cittadini fossero sempre concordi e che la patria fosse grande e rispettata.

§ 61. — Verbi perfettivi ed imperfettivi.

Una particolarità delle lingue slave consiste nella natura dei cosidetti verbi *imperfettivi* e *perfettivi,* che rispecchiano fedelmente l'intime gradazioni dell'azione da essi espressa.

La distinzione di questi verbi si fonda sulla diversità del concepir l'azione, o nelle fasi del suo svolgimento, o nel punto del suo vero compimento, sia ingressiva, sia istantanea, tale che l'inizio e il fine di essa succedano immediatamente.

In altri termini si potrebbe dire che i verbi *imperfettivi* esprimono proprio un'azione, ed i *perfettivi* uno stato.

Così il perf. *vzdignem*, significa io alzo, cioè, io conduco a termine l'alzare, io alzo una volta sola, levo su. Laddove l'imperf. *vzdigam*, significa io alzo nel senso di io attendo ad alzare, senza pensare se io riescirò o no ad alzare veramente, avuto riguardo insomma alla durata soltanto dell'azione e dell'occupazione mia.

Altrettanto si dica, p. es.. di *ščižnem*, perf., io dò un fischio, e *ščižgam*, imperf., io fischio, attendo a fischiare; di *skóčim*, perf. io faccio un salto, e *skákam*, imperf.. io salto attorno, di quà e di là, attendo a saltare; di *obléčem*, perf., metto un vestito, e *obláčim se*, imperf., io mi vesto, cioè, sto vestendomi.

Nell'esprimere rispettivamente codesto concetto di stato o di azione i verbi perfettivi ed imperfettivi ci si presentano in relazione fra di loro per tre differenti forme:

1) o nei termini di gradi apofonici, come: *vzdignem* e *vzdigam*; *ščižnem* e *zvižgam*; *skóčim* e *skákam*, etc.

2) o nell'analogia di semplici e composti, come: *pokážem*, perf., io mostro e *kážem*, im-

perf., io sto mostrando, dimostro, *pokládem*, perf., io dó da mangiare (al bestiame), e *kládem*, imperf., io attendo a dare; *vplétem*, perf., io compio di intrecciare, e *plétem* impf., sono occupato a intrecciare.

3) o come verbi per radicale affatto fra loro diversi, come *storím*, perf., io faccio, compio, e *délam*, imperf., io lavoro; *vzámem*, perf., e *jémljem*, imperf., io prendo.

Nelle altre lingue si troveranno esempi parziali di forme che ricordino codesti tipi di verbi, ma non si hanno verbi che per rilevare specifiche e graduali condizioni del soggetto mantengono nell'intiera coniugaz. uno stampo, una fisionomia propria.

Nell'italiano potrebbe darci un'idea approssimativa della natura di codesti verbi slavi, p es. il confronto di *vegliare* e *destare*, di *levare* e *sollevare*.

Nel latino confrontando con *facere* il suo composto *efficere* si vede che questo verbo a differenza dell'altro ha un significato ingressivo, ed indica l'entrare del soggetto in uno stato.

Altrettanto si dica di *insonare* rispetto a *sonare*; di *evincere* rispetto a *vincere*, di *evolare* rispetto a *volare*; di *consequi* rispetto a *sequi*; di *persuasit* rispetto a *suasit*, che danno l'idea d'un fine che si raggiunge.

In proposito si può opportunamente ricordare anche l'aoristo del greco, il quale di contro al presente che esprime un'azione *durativa*, ed al perfetto che esprime un'azione *compiuta*, indica un'azione *incipiente* o *ingressiva*.

Si confronti l'infinito presente πράττειν, occuparsi, coll'infinito aoristo πράξαι, ottenere; l'infinito presente πείθειν, esortare, coll'infinito aoristo πεῖσαι, persuadere; l'infinito presente διδόναι, che può significare solo offerire, coll'infinito aoristo δοῦναι, che significa il dare in realtà; l'infinito presente ἄγειν, trascinare, coll'infinito aoristo ἀγαγεῖν, condur via, etc.

§ 62. — Divisione dei verbi imperfettivi e perfettivi.

I verbi imperfettivi si suddividono in *durativi, iterativi, frequentativi*, o meglio *solitivi*.

1) I durativi esprimono un'azione che si va compiendo.

2) Gli iterativi esprimono azione compientesi ripetute volte.

3) I frequentativi o solitivi esprimono azione ripetentesi spesso, un'azione di consuetudine.

Durativi	Iterativi	Solitivi
grém, io vado	*hójem*, cammino ripetut.	*hojévati*, soler andare
nèsti, portare	*nositi*, portar ripetut.	*nošévati*, soler portare
letéti, correre	*letáti*, correre ripetut.	*letévati*, soler correre

Osservazione. — Nell'imperativo negativo, dopo il *ne* si usa di solito in luogo del durativo, l'iterativo.

idi, va — *ne hódi*, non andare.

I verbi perfettivi possono essere:
1) perfettivi indefiniti;
2) perfettivi definiti.

I primi esprimono il compimento dell'azione senza riguardo alla sua durata, come: *kúpiti, stópiti,* comperare, montare.

Degli altri è contemplata la durata dell'azione o come momentanea, di guisa che il principio e la fine dell'azione sono quasi simultanei, come: *streliti,* sparare il fucile; *vzdigniti,* sollevare; *obr'niti,* rivoltare; ovvero sono durativi, e iterativi perfettivi, secondo che l'azione di cui si parla si compie riguardo a certa durata.

I verbi durativi e iterativi perfettivi si formano dai durativi e iterativi imperfettivi coll'aggiunta della preposizione.

Durativi imperf.	Durativi perf.
ženem, gnáti, spingere avanti	*odženenem, odgnàti,* spinger via, mandar via

Iterativi imperf.	Iterativi perf.
hóditi, camminare ripet.	*prehóditi,* viaggiare (a piedi) ripet.

§ 63. — Uso dei verbi perf. e imperf.

I verbi *imperfettivi* (durativi) nel presente designano azioni e circostanze che si svolgono od hanno luogo nel momento in cui noi parliamo di esse: « Cosa fai tu? *Kaj délaš? Kamen vzdigújem* (ma non col perfettivo *vzdignem*), sto alzando il sasso ».

Il *presente* dei verbi *perfettivi* di solito nelle

proposizioni dipendenti, ha significato di futuro, ma di rado nelle indipendenti.

In genere il presente dei verbi esprimenti movimento, ai quali si premetta il prefisso *po*, ha significato di futuro: *poletim*, *pójdem*, *popéljem*, correrò, andrò, condurrò.

I verbi *imperfettivi* si usano quando il verbo deve esprimere il ripetersi frequente o il perpetuarsi durevole d'un'azione.

Esempi:

Bog plačúje in kaznúje	Iddio paga e punisce
Solnce izhája in zahája	Il sole sorge e tramonta ogni giorno

Nei proverbi e negli assiomi si useranno pertanto verbi *imperfettivi* e si potrà loro aggiungere gli avverbi temporali, *vsáko krat*, *vsák dàn* (cotidie), *večkrat*, etc.

Dopo i verbi che indicano un *principio* come *záčnem*, *začénjam*, o una desistenza come *géniam*, desisto, deve seguire soltanto un'infinito di verbo imperfettivo.

A questa regola si riferisce pure la proprietà di usare il supino in dipendenza da verbi di moto, supino che è sempre formato da verbi imperfettivi: *ón sè gré oblačit*, e non *obléč*.

Nell'imperativo dopo la negazione *ne* per esprimere un comando generico si usa il verbo imperfettivo (iterat.): *Ne ubijaj*, non ammazzare, laddove, *ne ubij*, significherebbe non ammazzare colui che ora batti.

§ 63. — Verbi con prefisso.

I verbi con prefisso o composti di preposizione, sono per lo più perfettivi.

I verbi imperfettivi durativi divengono uniti al prefisso, perfettivi. Cosi, da *nèsti*, portare, abbiamo *odnèsti*, portar via, togliere — *ugásniti*, spegnere, da *gásniti*, che esprime concetto riferentesi all'atto dello spegnere — *naučiti*, imparar bene, da *učiti*, l'atto dell'apprendere — *izpisati*, finir di scrivere, mentre *pisati*, rileva l'atto dello scrivere.

Riguardo ai verbi imperfettivi-iterativi è da osservare che mediante il prefisso diventano imperfettivi-durativi, come *oblàčiti*, vestirsi da *ob* e *vlàčiti*, iterativo, tirar a riprese.

Molti verbi iterativi imperfettivi della IV[a] e V[a] classe divengono mediante il prefisso *na* e *po* iterativi perfettivi.

In tal modo della IV[a] classe divengono perfettivi i verbi *navósiti*, *ponósiti*, *nahóditi se*, *pohóditi*, *navósiti*, *iznósiti*, *znósiti*, dagl'imperfettivi *vósiti*, *nósiti*, etc.

Della V[a] classe abbiamo i verbi perfettivi *nalâmati*, *nastréljati*, *naskákati sé*, *polàmati*, *pòmétati*, *popàdati*, *poskákati*, *postréljati* derivati dagli imperfettivi *lâmati*, *stréljati*, etc.

NB. — Pel significato dei verbi si consulti in fine il Vocabolario.

§ 65. — Quali verbi sono perfettivi
e quali imperfettivi rispetto alla forma.

I verbi privi di prefisso sono in generale imperfettivi: solo pochi sono perfettivi.

Riguardo alle varie classi dei verbi è da osservare:

1) I verbi della Iᵃ classe sono imperfettivi,
specialmente durativi, come: *nésti, lésti*. Perfettivi sono: *dáti, dejáti (de'nem), léči, pásti, réči,
sésti, séči (se'zem), vréči*.

2) I verbi della IIᵃ classe sono perfettivi,
come: *vzdigniti, migniti, kihniti*, etc.

Imperfettivi (incoativi-durativi) sono soltanto
quei pochi, i quali esprimono un'azione durativa
astrattamente considerata: *réniti*, appassire;
súhniti, seccare; *mr'zniti*, gelare; *gásniti*, spe-
gnersi; *tékniti*, prosperare; *giniti*, venir meno.

3) I verbi della IIIᵃ classe sono imperfettivi
(durativi):

béžati, volare	*bledéti*, impallidire
grméti, tuonare	*krvavéti*, insanguinarsi
mólčati, tacere	*zelenéti*, inverdire

4) Quelli della IVᵃ classe sono imperfettivi
e specialmente durativi, come: *hválim, ljúbim,
učim se*. etc., lodo, amo, imparo.

Solo alcuni pochi sono iterativi come: *vláčiti,
voditi, vositi (peljáti* è durativo*) góniti, lásiti,
nósiti, hoditi* (durativo è *grém, iti*).

I seguenti sono perfettivi: *kúpiti, pičiti, póčiti,
pustiti, ràniti, réšiti, skóčiti, stópiti, storiti,
streliti, tr'čiti*.

5) I verbi della V^a classe sono imperfettivi, e proprio, quelli del 2⁰, 3⁰, 4⁰ gruppo sono sempre durativi come: *pičati, bráti, sejáti.* Quelli del 1⁰ gruppo sono durativi, se per significato hanno attinenza con nomi, come: *délati* e *délo*; iterativi se derivati da verbi, come: *létati (letéti), skákati (skočiti).*

Perfettivi sono solo: *končáti.* finire; *pláčati,* pagare; *srěčati,* incontrare; *neháti, jénjati,* cessare.

6) I verbi della VI^a classe sono imperfettivi, e proprio durativi, se hanno analogia di significato con nomi, come: *bojeváti se* lottare, e *boj.* lotta; *verováti,* credere, e *véra,* fede; iterativi se derivati da verbi, come: *kupováti (kúpiti,* perf.); *plačeváti (pláčati,* perf.).

Le forme perfettive e imperfettive dei verbi risiedono spesso nella natura stessa delle radicali.

Perfettivo	Imperfettivo
udáriti, colpire	*bijem, biti,* abbattere
storiti, fare	*délati,* lavorare
ujéti. prendere	*loriti,* cacciare
vréči, gettare	*metáti,* buttare (star gettando)
obljúbiti, promettere (vincolarsi)	*obétati,* promettere
réči, dire	*govoriti, práviti,* dire. raccontare.

§ 66. — Significato dei verbi con prefisso.

Il prefisso vale a determinare meglio l'azione

del verbo, e il significato di questo dipende in
parte dal significato di quello:

do — esprime la riuscita d'un'azione, il con-
seguimento della meta: *délati, dodélati,*
compiere il lavoro.

na — sopra, denota incremento, copia, e nei
verbi riflessivi una continuazione dell'a-
zione fino all'idea di sufficienza: *kúpiti,*
nakúpiti, fare la spesa.

od — esprime l'allontanamento di un oggetto
dall'altro, cessazione: *váditi, odváditi,* di-
susare.

po — esprime compimento dell'azione o sospen-
sione di essa: *písati, popísati,* riempire di
scrittura; *státi, postáti,* soffermarsi.

pre — sopra, esprime il movimento attraverso
uno spazio, durata di una circostanza, passaggio da un luogo ad un altro: *plávati,*
preplávati, nuotare attraverso.

pri — esprime aggiunta, acquisto, etc.: *igráti,*
prigráti, guadagnare col giuoco.

v — esprime il compimento di un'azione o un
allontanamento: *lomiti, vlómiti,* tirar giù.
      Il suffisso *v* vale spesso a rendere per-
fettivo il verbo, come da: *krásti,* si ha il
perfettivo *vkrásti.*

za — esprime il compiere cosa impedita; fuorviare da retta via; perdita dell'oggetto mediante azione; *govoriti, zagovoriti,* errar
dicendo.

iz, ob, pod, pred, raz, s (z), v (in) mantengono
pure nella composizione il loro significato
proprio.

§ 67. — **Tipo dei verbi perfettivi ed imperfettivi.**

Il verbo può passare da una classe di tipo radicale ad un'altra di tipo più complesso.
Dalla radice *nes*, abbiamo:

I^a	IV^a	V^a
nésti	*nositi*	*nosévati*

Dalla radice *sed*:

I^a	III^a	V^a
sésti	*sedéti*	*sed-áti, sedévati*

Col passaggio di classe avviene in pari tempo nel verbo un mutamento fonico, e di significato.
Comunemente si danno questi casi di passaggio di classi:

1) Passaggi dalla I^a alla IV^a alla V^a classe:

I^a	IV^a	V^a
vésti	*voditi*	*pre-vájati*

2) Alcuni verbi perfettivi della II^a classe mediante il mutamento divengono verbi imperfettivi della V^a classe.

II^a	V^a
bliskni-ti	*blisk-ati*, lampeggiare

3) Molti intransitivi della III^a classe diventano nella IV^a transitivi come: *živẹ'ti*, vivere, e *živiti*, nutrire.

4) Molti verbi della IV^a classe variamente modificandosi passano nella V^a e VI^a classe.

IV^a

V^a

ganiti, perf.   *pogánjati.* imperf.

VI^a

preganjeváti, imperf.

5) Frequente avviene il passaggio dei verbi della V^a classe in quelli della VI^a, in modo che i perfettivi con prefisso della V^a divengono imperfettivi della VI^a.

V^a   VI^a

zadélati   *zadelováti,* turare. chiudere

poprášati   *poprašováti,* domandare.

Esercizio 55.

[1] Ustavi se kmalu koló zivljenja. [2] Vino razveseluje človeku srcé. [3] Okno odpira. [4] Odpri okno! [5] Solnce vsak dan priplava izza gor. [6] Počasi se daleč pride. [7] Človek veliko pretrpi na svetu. [8] Preoster nož se hitro skrha. [9] Sladko spanje razpodi človeku tužne misli. [10] Vse veseljé v kratkem mine. [11] Bog plačuje in kaznuje. [12] Sadje je jelo dozorevati. [13] Solnce vzhaja in zahaja. [14] Povej to povest materi. [15] Deklice pripojejo na polje žet. [16] Ljudje molijo v cerkvi. [17] Pes pomaga lovcu loviti. [18] Strahov se bati je nespametno. [19] Lenuh neče delati. [20] Spartanci so znali z malo besedami mnogo povedati. [21] Kam neseš pismo? [22] Ko denar pojde, pamet pride. [23] Majhen lonec hitro vzkipi. [24] Človek obrača, Bog obrne. [25] Priden kmet vsak dan zgodaj vstane, potem se hitro umije, obleče, živini položi, pa se podá na svoje delo.

Esercizio 56.

[1] Tre volte Roma ha sottomesso il mondo, tre volte ha unito i popoli della terra. [2] La storia ci dimostra la grande potenza del pensiero etnico. [3] Sol chi non lascia eredità d'affetti poca gioia ha dell'urna. [4] Gli scrittori, i guerrieri, gli eroi del pensiero e della spada lasciano ai posteri traccia luminosa dello spirito loro. [5] Gli sloveni pure hanno la loro storia; poiche non si può concepire popolo senza vicende di fortuna. [6] Essi erano un popolo agricoltore e venendo nelle loro nuove sedi incominciarono a dissodar la terra, a tagliar boschi, a prosciugar paludi. [7] La terra ben coltivata fu in poco tempo la sorgente della ricchezza degli abitanti. [8] Una delle più vecchie città dei Veneziani era Grado situata sopra un'isola presso Aquileja [9] Il capo dei Veneziani, che aveva il titolo di Doge, abitava sull'Isola di Rivoalto, oggidì Rialto. [10] Non pagare il bene col male. [11] Non parlino mai coloro che non sono competenti, essi non possono dir nulla di attendibile.

Esercizio 57.

[1] Človeski rod čedalje bolj v hribe leze, goščo trebi in rodovitno zemljo priplavja. [2] Kdor veliko pije malo izpije. [3] Z lastnimi žulji je malokdo obogatel. [4] V kupi se jih je več utopilo, nego v morju potonilo. [5] Ne lečitati, tudi pisati skrbno vadi se. [6] Gredé v zaton solnce svet pozdravi. [7] Ne razvezovat, ampak dopolnit sem

prišel postave. [8] Stoječ mlin in molčeč jezik ne
hasnita. [9] Z desnico je prijemala, z levico je
objemala. [10] Ko bi ljudje ne vmrli, že davno bi
svet podrli. [11] Oponošen dar je črn pred Bogom.
[12] Prisiljen stan je zaničevan. [13] S časom se vse
pozabi. [14] Skrb ne pobeli samo las, ampak zgrbi
tudi lice.

Esercizio 58.

[1] La gloria passa di padre in figlio. [2] I ma-
giari non hanno la loro mitologia popolare.
perchè hanno serbato poco dei tempi primitivi.
[3] Chi non mette via centesimi, non può contare zecchini. [4] Chi ha vissuto bene, ha vissuto
abbastanza. [5] Al coppiere che versa in fretta
bisogna dire che non si versa cosi. [6] Bisogna
dire ai ragazzi che si voltino a guardare pure.
ma che non va bene voltarsi spesso. [7] Va bene
vedere cosa leggono i ragazzi. poichè essi volentieri stanno leggendo giornali. [8] I romani
adoravano piu divinità. che hanno ereditato dai
Greci e dagli Etruschi. [9] Anche nella valle del-
l'Isonzo si ricordano tradizioni e leggende dan-
tesche: a Tolmino si addita tutt'oggi la grotta
dove Dante s'ispirava per le bolge del suo
« Inferno »; a Duino presso la foce del fiume
havvi il sasso ove pensoso dei destini di sua
gente Dante posò volgendo gli occhi verso il
Quarnaro « che Italia chiude, e suoi termini
bagna ».

§ 68. — **Avverbio** (*prislov*).

Gli avverbi si dividono in avverbi di luogo, di tempo, di quantità, di modo, di causa, affermativi e negativi.

1) AVVERBI DI LUOGO.

Rispondono alle domande:

Kje? dove? *ubi?* (stato in luogo)	*Kam?* dove? *quo?* (moto a luogo)
tu, tule, tukaj, qui, ivi	*sem, lesem, semkaj,* qua
tam, tamle, tamkaj, tano, là	*tje, tjele, tjekaj,* là
tu pa tam, tam pa tam, li e là.	*sem tertje,* qua e là
orde, qui	*ovam,* qui
drugje, drugej, in altra parte	
tamprek, dall'altra parte	*drugam,* altrove
kje, nekje, in un qualche luogo	*kam, nekam,* in un qualche luogo
kjer koli, dove sempre	*kamor koli,* dove sempre
kjer bodi, dove si sia	*kamor si bodi,* dove si sia
nikjer, in nessun luogo	*nikamor,* in nessun luogo
vne, zunaj, di fuori	*ven,* fuori
notre, notri, di dentro	*noter not,* dentro
gori, z gorej, di sopra	*gor,* sopra
doli, z dolej, sotto	*dol,* sotto
predj, spredej, davanti	*pred, poprej, naprej,* davanti
spodi, spodej, al disotto	*spod,* via oltre
sredi, sredej, in mezzo	*sred,* in mezzo
zadi, zadej, di dietro	*zad, nazaj,* dietro
z vrh, in cima	*na vrh,* in cima

blizo, vicino

daleč, deleč, lontano

poleg, presso

vmes, fra mezzo

krog, okrog, okoli, okol, intorno

mimo, memo, lungi

takraj, di qui

vprek, di traverso

vpričo, navzoči, in presenza, sotto gli occhi.

kviśku, intorno, sopra

proč, via

proti, incontro

na vprek, a traverso

—————   ————

Kod? per dove? qua? (moto per luogo)

tod, le tod, per là

ovod, per qui

ondod, per quella strada

drugod, per altra parte

kod, nekod, per un qualche luogo

koder koli, per dove sempre

koder si bodi, per dove si sia

povsod, da per tutto

nikod, per nessun luogo

od kod? donde? unde? (moto da luogo)

od tod, da quà, da là

od ovod, da la

od ondod, di là, indi

od drugod, da altrove

od inod, d'altronde

od nekod, da un qualche luogo

od kod, da dove

od nikod, od nikoder, da nessun luogo

od koder, là da dove

od vsakod, da ogni luogo

odvsod, da tutte le parti

2) Avverbi di tempo.

a) Rispondono alla domanda *kdaj.* quando? Si riferiscono al.

Presente	Futuro	Passato
zdaj, sedai, ora	*kdaj, kedaj,* una volta	*nekdaj,* una volta
takoj, koj, kar. allora	*skoro, kmalu,* presto	*že,* già
zdajci, brzo brzž. appunto	*še le. stoprav,* per la prima volta	*tedai,* allora
še, ancora		
tačas. ora		
danes, oggi	*potem, pottej,* poi	*včeraj.* ieri
nocoj, oggi di notte	*jutri, jutre.* domani	*sinoči.* ieri sera
otodi, appunto	*drevi (drere)* sta sera	*davi,* oggi di buon ora
ravno, ravnokar, per l'ap-	*zajtre,* domani a buon ora	*lani,* l'anno scorso
punto	*k letu,* il prossimo anno	
vred. hkrati. nello stesso	*s časom,* col tempo	*prej, predi.* prima
tempo		
letos, quest'anno		*davno,* a lungo
precej, per l'appunto		

Si possono aggiungere altri avverbi di tempo: *zjutraj*, per tempo; *zvečer*, di sera; *zgodaj, rano, prigodu,* presto; *pozno,* tardi; *nikdar, nikoli, giammai,* mai; *pozdi,* tardi; *rselej, sekdor, znuron, redno,* sempre, di continuo.

β) Alla domanda *kolikokrat,* quante volte? corrispondono:

Presente	Futuro	Passato
tolikokrat, cosi spesso	*rčeasi, rčeasih,* qualche volta	*redkoma, po redkem,* di rado
dostikrat, tante volte.	*pogostoma,* di sovente	*zopet, spet,* di nuovo
večkrat, più volte	*vnorič,* di nuovo	*skoz in skoz,* continuamente
marsikrat, non di rado, spesso	*redno,* continuamente	*večjidel,* il più delle volte
enkrat, una volta	*drugoč,* altrimenti	*poslednjič,* da ultimo
doslej	*dotlej,* fino allora	*od rekomaj do vekomaj,* di eternità in eternità
dosihmal } finora	*rekoma,* eternamente	
dostldob		

§ 69. — **Avverbi di modo e di quantità.**

koliko? quanto?

toliko, tolikoj, tante volte

nekoj, nekoliko, qualche volta

nič, niente

marsikai, diverse volte

kolikor koli, quante volte, sempre

kolikor-toliko, tante volte quanto è possibile

količkaj-toličkaj, qualche volta, un poco

celó, cló, per intiero

dosti, zadosti, abbastanza

dovolj (dolj), per le lunghe

jako, močno, zeló, molto

zló, kaj, molto

malo, poco

manj (menj), meno

mnogo, veliko, molto grande

popolnoma, pienamente

kako? come?

tako, takisto, cosi in questo modo

nekako, in qualche modo

nikako, in nessun modo

marsikako, in differente, in vario modo

kakor koli, come sempre

kakor-tako, come è possibile

drugače, inače, altrimenti

bolj, più

nalasč, propriamente

narpak (narobe), a rovescio

naravnost, a dirittura

narazem, reciprocamente

počasi, adagio

polagoma, come possibile

posebej, separatamente

skrivaj, skrivši, segretamente

posebno, osobito, singolarmente
prav, giusto
precej, eccellente
skoro, skoraj, quasi
več, più

vsaj, saj, almeno, per lo meno

vedoma, coscientemente
vidoma, vedendo
kljubu, ad onta
vkup, insieme
vsaksebi, razsebi, singolarmente
zastonj, inutilmente

znak, a ritroso
zoper, di contro
soli, soltanto.

§ 70. — Avverbi di causa.

Rispondono alla domanda: *zakaj?* perchè? *čemu?* per qual ragione? a che fine?

zató, zatorej, per questo
tedaj, per quello

zaradi tega, per questa ragione
zategadel (zadeltega), per questa ragione

§ 71. — Altre specie di avverbi.

α) Affermativi:

da (ja), kaj, pa da, sì
toje, to je, certamente
da, seveda, naturalmente

gotovo, certo
pač (dro), bene
res (resem), giustamente

β) negativi:

ne, no, niente
nikar ne, nikakor ne, niente affatto

po nobeni ceni, na noben kup, in nessun modo, in nessun caso.

γ) dubitativi:

blizu, menda, brž ko ne, verosimilmente
morda, morebiti, znabiti, forse
komaj jedra, appena
lahko da, facilmente possibile
težko da, javalne, difficilmente.

δ) Dichiarativi:

namreč, cioè
vzlosti, in modo particolare
sploh, v obče, in genere.

A questa categoria appartengono gli avverbi formati da aggettivi colla desinenza del neutro in *o* ed *e*. In questo caso il neutro accusativo singolare dell'aggettivo si usa come avverbio. Cosi: *dobro,* bene; *težko,* difficilmente, etc.

Anche dagli aggettivi che hanno la desinenza in *ski,* si formano gli avverbi, cosi: *taljanski,* in modo italiano; *nemski,* tedesco; *slovenski,* sloveno; *ruski,* russo; *češki,* czeco; *francoski,* francese.

Parimenti si formano molti altri avverbi dai sostantivi, come: *skokoma,* a galoppo; *paroma,* a paio; *strahoma,* con paura, etc.

§ 72. — Preposizioni (*Predlog*).

Le preposizioni reggono uno o più casi.

I. — Reggono il *genitivo,* le seguenti:

brez, senza — *brez klobuka,* senza cappello — *brez konza in kraja,* senza principio e fine.

do, fino, fino a, verso — *do hiše,* fino a casa — *do mesta,* fino alla città.

iz, da, fuori da (*ex*) — *iz vasi,* fuori del villaggio — *iz hloda,* di legno.

od, da (*ob*) — *od vaši do vaši,* di villaggio in villaggio — *od mraza je zmrzno,* è gelato di freddo.

s, da, giù da — *s travnika,* dal prato — *z gore,* giù dal monte.

Inoltre reggono il genitivo le seguenti preposizioni composte:

blizu, vicino, vicino a — *blizu hiše, blizu polja,* vicino alla casa, vicino alla campagna

konec, infine — *konec polja,* al termine della campagna.

kraj, presso a, sull'orlo di — *kraj mize,* sull'orlo della tavola.

mèsto, na mesto, in luogo di — *na mesto učitelja,* in luogo del maestro.

mimo, oltre, lungi — *mimo mesta,* oltre, lungi dalla città.

okrog, okroli, attorno, dappresso — *okoli vrta,* intorno all'orto.

poleg, presso, lungo il — *poleg Soče,* lungo l'Isonzo.

razun, eccetto, fuori di — *razun gospoda,* all'infuori del signore.

sred, na sredi, in mezzo — *sred vaši,* nel mezzo del villaggio.

vrh, sopra, in cima — *vrh gore,* in cima alla montagna.

zavoljo, zaradi, a cagione di — *zavoljo bolezni,* a cagione della malattia — *zaradi očeta,* per volonta del padre.

zraven, presso — *zraven hiše,* presso la casa.

Osservazione. — *Iz,* fuori, si unisce colle preposizioni *med, nad. pod, pred, za : iz med,* fuori dal mezzo, di sotto; *iz nad,* dal di sopra; *iz pod.* dal di sotto; *iz pred,* dal davanti; *iz za,* dal di dietro. Es.: *eden iz med nas,* uno di noi.

Reggono inoltre il genitivo le seguenti preposizioni: *prek,* inoltre. oltre di; *takraj. unkraj.* da questa parte. da quella parte; *znotraj. zvunaj,* di dentro, di fuori; *dno,* a fondo; *v prico,* in presenza, *v sled,* in seguito; *sbok (zadeli).* a cagione; *tik,* senza di.

II. — Reggono il *dativo* :

k (dinanzi a *k* di solito diviene *h*), a, su, verso, indica la direzione.

k stolu stopiti, montare sulla sedia — *h klopi.* sulla panca.

proti, verso. per esprimere la direzione spesso in senso ostile — *proti večer,* verso sera; *proti sovrašniku.* contro il nemico.

kljubu. ad onta, malgrado — *kljubu besedih mojih,* ad onta delle mie parole.

III. — Reggono l'*accusativo* :

črez, sopra al di là — *črez goro,* attraverso il monte.

raz, da — *raz vos,* giù dal carro.

skoz. attraverso, per (di luogo e di tempo) —

skoz hišo, attraverso la casa — *skoz cel teden,* per tutta la settimana.

zoper, verso, contro (in significato ostile) — *zoper sovražnika,* contro il nemico.

na, a, sopra, in — *na goro gremo,* andiamo sul monte.

ob, a, nel — *ob službo priti,* venire a servizio.

po, a, per (coi verbi di moto) — *po zdravnika iti, poslati,* andare, mandare pel medico.

v, in — *v mesto iti,* andare nella città.

med, attraverso, fra — *med gozd in polje iti,* andare attraverso boschi e campi.

nad, sopra, in — *nad hlev iti,* andare nella stalla; *nad sovražnike iti,* andar sopra i nemici.

pod, sotto — *pod most,* sotto il ponte — *pod vodo,* sotto l'acqua.

pred, innanzi — *pred hišo,* innanzi alla casa.

za, dietro, per — *za okno,* dietro la finestra — *za sina iti v mesto,* andar pel figlio in città.

IV. — Reggono il *locativo:*

Le preposizioni *na, o, ob, po, pri, v,* quando esprimono stato in luogo si risolvono col locativo.

na, in, su — *na gori,* sul monte.

o, verso, intorno — *o treh,* alle tre — *o binkuštah,* alla Pentecoste — *o bratru govoriti,* parlare del fratello.

ob, a, presso, lungo, il, la — *ob morji,* lungo il mare.

po, in, sopra, a traverso — *po vrtu hoditi,* camminare per l'orto.

pri, presso — *pri hiši*, presso la casa.

v, in — *v hiši*, in casa

V. — Reggono l'*istrumentale*:

Esprimono lo stato in luogo coll'istrumentale le seguenti preposizioni:

med, fra, mezzo — *med mestom in reko*, fra la città e il fiume.

nad, al di sopra — *nad hišo*, sopra la casa.

pod, sotto — *pod nogami*, sotto i piedi.

pred, innanzi, avanti — *pred vrtom*, davanti l'orto.

za, dietro — *za vrtem*, dietro l'orto.

s tičom, coll'uccello — *z roko*, colla mano.

Osservazione. — Reggono l'accusativo e il locativo adunque le preposizioni *na*, *ob*, *po* e *v*; l'accusativo e l'istrumentale *med*, *nad*, *pod*, *pred* e finalmente il genitivo, l'accusativo e l'istrumentale la preposizione *za*.

Col genitivo p. es.: *za rimljanske vojske*, al tempo della guerra romana.

§ 72. Delle congiunzioni (Veznik).

Le congiunzioni si possono dividere in coordinative (*priredni v.*) e subordinative (*podredni v.*)

1) COORDINATIVE.

Copulative

in, ter, pa, e
tudi, anche
ne le, ampak tudi, ne le, temreč tudi, non solo, ma anche
ne ne, n-ni, niti-niti, nep- pure, ancora
potem, potlej, poi, perciò
rh tega, na to, ktemu, oltre a questo
včasi-rčasi, talora, talora
zdaj-daj, ora, ora
nekaj-nekaj, parte, parte
deloma-deloma, in parte, in parte
kakor, kot, come
namreč, cioè
zlasti, oslasti, special- mente

Avversative

a, ali, ma
pa, pak, ma, pure
toda, di contro
le, samo, soltanto
vendar le, tuttavia
ne, ampak, no, ma
ne, temveč, no, molto più
ne, marveč, no, ma molto più

disgiuntive

ali, o (vel)
ali-ali, o-o
da ali ne, si o nò
bodi (si), *bodi* (si), sia-o

Asseverative

zakaj, kajti, poichè
saj, pure bene
sicer, altrimenti, in modo diverso
drugače(i), inače(i). altri- menti

illative

zató, zatorej, torej, za- tegavoljo, zategadelj, zaradtega, perciò, in seguito a ciò
telaj, pertanto, adunque

2) SUBORDINATIVE.

locali

kjer, koder, dove

kjer koli, koder koli, dove sempre

kamor, dove (moto a luogo)

kamor koli, dove sempre, (moto a luogo)

od koder, do koder, da dove, fino a

temporali

ko, allorchè, quando

kedar, quando

dokler, fino a che

kar, od kar, dacchè

preden, prej, ko, fino a che

modali

kakor, tuko, come, cosi

kolikor, koliko, tanto che

ko, kot, nego, come, che. che non

čem, tem, cosi, perciò

če, kolikor — tem, toliko, cosi, perciò

reč ko, più che

manj ko, meno che

toliko reč, tanto più

condizionali

če, da, se

ako, se, posto che

ko, kobi, posto che, nel caso che

finali

da, affinchè

concessive

ako, rarno, da — si, dasi tigli, dasi rarno, seb-bene, quantunque

če tudi, ako tudi, če prao, se anche, non ostante

causali

ki, ko, ker, perchè, poichè

§ 74. — Interiezioni.

Esprimono l'impressione della gioia, del dolore, della meraviglia. o sono imitazioni delle voci della natura. o parole che stimolano e spaventano gli animali. Stanno nella proposizione da sole e sciolte da ogni legame.

1) Esclamazioni: *o! oh! ah! joj, joj meni. ah! gorje!* guai! *žoliboh,* Dio appassionato! *Boh prenesi!* guardi Iddio!

2) Interiezione di gioia: *juh. ju. juhe. haisa! hopsa!*

3) Interiezione di meraviglia: *hej! jej! daie! lej-lej!*

4) Interiezioni d'incoraggiamento: *alô! na!* su — *huj. nuj. nujte.* su via!

5) Interiezioni di raccapriccio: *fej, fejte! pfu!*

6) Interiezioni vocative: *pst; halô, na. nate.* prendi, prendete!

Esercizio 59.

Na enem očesu slep jelen se je hodil poleg morja past. slepo oko je vselej proti morju obrnil: češ. od te strani se mi ni nič bati, na uno stran pa vidim. Primeri se pa, da ladija priplava; iz nje zagledajo jelena in ga ustrelé. Jelen se zvrne, in predno pogine pravi: «Pač sem bil neumen! Od une strani sem se bal, pa mirno zaupal morju, ktero mi je smrt prineslo.

Marsikterega nesreča najde ondi. kjer si je je najmenj v svesti.

Esercizio 60.

Due cardinali, domestici di Raffaello pittore, per farlo dire. criticavano in presenza sua una tavola che egli avea fatta, dove erano S. Pietro e S. Paolo, dicendo che quelle due figure eran troppo rosse nel viso. Allora Raffaello subito disse : Signori. non vi meravigliate ; chè io questo ho fatto a sommo studio. perchè è da credere che S. Pietro e S. Paolo siano, come qui li vedete. ancor in Cielo cosi rossi per vergogna che la Chiesa sua sia governata da tali uomini come siete voi.

Esercizio 61.

Pravijo, da je zverina svoje dni pod košatim dobom semenj imela. Kraljevi lev sredi tovaršije v senci sedí, opica pa po vejah skaklja in se spakuje. ter začne želod v leva lučati Lev jo ostro pogleda, kakor bi jo hotel z očmi predreti, pa besede ne zine. Opico groza obletí, ali hitro se potolaži rekoč: «Pač dobro. da do mene ne moreš », — in spet leva draži ter želod po njem meče. Opica še enkrat vrže in lev zarujove, da se je zemlja potresla, opica pa strahú z veje padla.

Trepetaje levu pod šapami kučí in smrti pričakuje, da jo bo raztrgal. Vsa zverina strmi in gleda. — « Ne boš me več dražila ne — « zagrozi se opici oroslan », pa vendor nisi vredna, da bi te raztrgal »! pravi lev in opico spusti.

Vsa zverina se oroslanu prikloni in svojega usmiljenega kralja počasti.

Abotno je mogočne dražiti, lehko ubogega v pest dobé Lepo je za mogočne, nad revami se ne maščevati; najmogočniči so, kedar radi odpusté.

Esercizio 62.

Quando i Signori fiorentini facevano la guerra contr'a'Pisani, trovaronsi talor per le molte spese esausti di denari: e parlandosi un giorno in consiglio del modo di trovarne per i bisogni che occorreano, dopo l'essersi proposti molti partiti disse un cittadino de' più antichi — Io ho pensato due modi, per li quali, senza molto impaccio, presto potrem trovar buona somma di denari: e di questi l'uno è che noi, perchè non avemo le più vive intrate che le gabelle delle porte di Firenze, secondo che v'abbiam undici porte, subito ve ne facciam far undici altre, e così raddoppieremo quella entrata: l'altro modo è che si dia ordine che subito in Pistoia e Prato s'aprano le zecche, nè più nè meno come in Firenze, e quivi non si faccia altro, giorno e notte, che batter denari, e tutti siano ducati d'oro; e questo partito, secondo me, è più breve e ancor di minor spesa.

PARTE III.
Serie Lessicali.

Nomi relativi alla religione.

Dio	Bog	il battesimo	krst
la S. Trinità	Sveta Trojica	la confessione	spoved
il Creatore	Stvarnik	la cresima	birma
il Salvatore	Odrešnik	la comunione	obhajilo
la Madonna	Mati Božja	la divozione	pobožnost
lo Spirito Santo	Svet Duh	l'orazione	moliter
l'Angelo	angelj	la chiesa	cerkev
il Santo	svet	la croce	križ
il Paradiso	nebesa	l'altare	oltar
il Cielo	nebo	la messa	maša
l'Inferno	pekel	l'ecclesiastico	duhoven, cerkven
il Purgatorio	vice	il prete	duhoven, mašnik
il Diavolo	zlodej	il peccato	greh.
la predica	pridiga		

Del mondo e degli elementi.

il mondo	svet	la burrasca (di ter-	rihar
gli elementi	element	ra)	
la terra	zemlja	la grandine	toča
l'acqua	roda	la tempesta, il tur-	rihta, nevihta
il fuoco	ogenj	bine	
il firmamento	firmament, nebo	la saetta	tresk
il cielo	nebo	la neve	sneg
il sole	solnce	il ghiaccio	led
l'aria	srak	la brina	slana
le stelle	zrézdie, zvezde	l'umidità	mokrina, vlažnost
i pianeti	planeti	il tempo	creme, ura
i raggi	žari	il caldo	vročina, toplota
la luna	mesec, luna	il freddo	mraz
l'alba	srit	il mare	morje
l'aurora	jutrenja žarja	l'isola	otok, medmorje
il crepuscolo (sero	mrak	la penisola	polotok
tino)		il promontorio	nadmorje
il crepuscolo (mat-	zor	l'onda	val
tutino)		il fiume	reka
il tramonto	zahod	il ruscello	potok

l'eclissi	otennenje(sončno, mesečno)
le nuvole	oblaki
la nebbia	megla
il vento	veter
la rugiada	rosa
la pioggia	dež
l'acquazzone	ploha
l'arcobaleno	marra, marrica, žira marra
il tuono	gròm
il lampo	blisk
la burrasca (di mare)	burja (vento di nord)

la palude	muža
la pozzanghera	mlaka
il fango	luža
la fonte	studenec
la sorgente	cir, vrelec
la goccia	kaplja
la polvere	prah
la sabbia	pesek
oriente	izhod
occidente	zahod
Nord	polnoč, sever
Sud	jug, poldan
il terremoto	tres, zemlje potres
il vulcano	ogenj bljuona gora

Nomi relativi al tempo.

il tempo	čas
il secolo	stoletje
l'anno	leto
l'anno bisestile	prestopno leto
il capo d'anno	novo leto

un semestre	pol leta
un trimestre	četert leta
la stagione	letni čas
la primavera	pomlad
l'estate	poletje

l'autunno	jesen
l'inverno	zima
il mese	mesec
la settimana	teden
il giorno	dan
gennaio	januar
febbraio	februar
marzo	marec
aprile	april
maggio	maj
giugno	junij
luglio	julij
agosto	august
settembre	september
ottobre	oktober
novembre	november
dicembre	december
il giorno di festa	praznik
il giorno di lavoro	delotni
la domenica	nedelja
il lunedì	pandeljak
il martedì	torak

il carnevale	pust
il giovedì grasso	mdi pust, tolsti četrtek
il dì delle ceneri	pepelnica
la quaresima	post, postni eas
la domenica delle palme	eretna nedelju
la settimana santa	veliki teden
il giovedì santo	veliki četrtek
il venerdì santo	veliki petek
il sabato santo	velika sabota
la Pasqua	velika noè
l'Ascensione	vnebohod
la Pentecoste	binkošti
il Corpus Domini	prasnik presvete-ga, resnega teles
la Natività di M. Vergine	rojstvo devi?e Ma-rije
l'Assunzione	cnevovzetje D. M.
la sagra	cerkveni prasnik
il giorno di magro	postni dan
il giorno di grasso	mesni dan

il giovedì	četrtek
il venerdì	petek
il sabato	sabota
la vigilia	vilja, predvečer
il Natale	sv. vecer, božič
l'Epifania	sveti trije kralji
Ognissanti	praznik vsih sret-nikov
il giorno dei Morti	vernih duš dan
l'Avvento	sv. advent
la Candelora	M. svečnica
la sera	večer
la serata	večer
oggi	danes
ieri	včera
ier l'altro	prečeeranju
domani	jutri
dopodomani	pojutrišn
l'ora	ura
il minuto	minuta
il momento	mig, hip

Dell'uomo e delle parti del corpo.

l'uomo, la persona	človek
l'umanità	človeštvo
il corpo	telo, telo, žirot — truplo
il capo	glava
la pelle	koža, polt
il capello, il pelo	las, lasje
il volto	obličje
le guancie	lice
la carnagione	lice
la fronte	čelo
l'occhio	oko, oko
il ciglio	obrv
la pupilla	srkalo, punčica, jedro
le tempie	ostlili, sence

Italiano	
l'orecchio	uho
il naso	nos
le narici	nósnice
le ciglia	véjice
la palpebra	trepavica
la bocca	usta
il labbro	ustne, ustnice, šóba
il dente	zób, zobjé
la lingua	jezik
il palato	nebó
la gengiva	dlásna, mesó, okolisób
il mento	bráda, podbradek, skrinja
la barba	bráda
il collo	vrát, šinjak, šija
la gola	grlo
la nuca	tilnik, zatilnik
la spalla	pléča
la scapola	teme
omero	rame
il ventre	trebúh, vamp, lamp
lo stomaco	želódec
la costola	rebro
la parte	stran
l'ombelico	póp, pópek
il lombo	léde, ledórje
l'anca	kučet
il fianco	lákotnica
la gamba, il piede	nóga
la coscia	stégno, bédro
il ginocchio	koléno
la polpa della gamba	mèča, litki
il calcagno	péta
il sottopiede	podplat
lo stinco	nóžna cev, črer na koténi
la noce della mano, del piede	gléženj, koténec
la vena	žila
l'arteria	cipla, srčna žila
il sangue	kri

il cervello	možgani
il dosso	hrbet, hrbtišče
il braccio	naroč
la mano	roka
il pugno	pest, pestnica
il palmo della mano	dlan
il gomito	laket, komolec
il dito	prst
il pollice	palec
l'indice	kazavec
il medio	srědnı prst, sredni, veliki prst
l'anulare	zlatni prst
il mignolo	mezinec, mali prst
il palmo, la spanna	pêd, peden
il polso	zip
il dito dei piedi	prst (na nogah)
la giuntura	sklep, gib
l'unghia	nohet
il petto	prsi, sesci, cizli
il seno	krilo, nedrije
la pancia, l'epa	utróba
gli intestini	čreva
le viscere	drobovina
i precordij	osrčje
l'osso	kost
il fegato	jetra
la milza	pluča, slezéna
il rene	obist
il sudore	pot
il respiro	sápı
la treccia	lıta
il nervo	lıtıca, kıtka
la bile	želě, žolč
la voce	glas
il parlare	govor
la parola	besěda
la vista	ríd, glad, pogléd
il sentore	slúh, poslúh
l'odore	roh, povoh
il sapore	okús, pokús, těk, žmah

il tatto	tip, potip
la saliva	slina
il latte	mlěko
lo sternuto	kihanje
il singhiozzo	požiranje

lo sbadiglio	zihanje
la statura	zrast, rast
il fiato	dih, duh, sapa
la ciera	srda
il gesto	kretanje

Dell'uomo in relazione all'età ed ai gradi di parentado.

l'uomo	mož
la donna	žena
la fanciullezza	detěstvo
il fanciullo	děte
la giovinezza	mladóst
la vecchiezza	starost
la giovinetta	divica
il giovine	mladěnec
la fanciulla	děklica, děklina, pünca
il vecchio	stárec
la vecchia	stárica, starka, baba
canuto	sěrec

il figliastro	pastorek
il figlio della sorella	sestrič
il genero	zet
la figlia	hči, hčer
la figliastra	pastorka, pastor-kinja
la nuora	snèha, nevěsta
il primogenito	prvorojěnec
il nipote	vnuk
la nipote	vnuka
il cognato	svak
la cognata	svakinja
il suocero	tast
la suocera	tašta

Italiano	
egregio signore	gnadljivka
	zlahtni gospôd, gnadljivec
la famiglia	rod, rodbina, ro-dovina
la parentela	zlahta
il padre	oèa
il nonno	dèdek
il padrino	oèa
il padrone	gospolar
la madre	mèi
la nonna	babica
la matrigna	maèuha
la padrona	gospodinja
il marito	môž
la moglie	žèna
i vecchi	stârši
il figlio	sin
il parentado	zlahta, rodovina
lo zio	strìc, ujèc
la zia	tèta, tetìca
il vedovo	vdòvec
la vedova	vdòva
i coniugi	zakonci
il coniuge	zakonski môž
la coniuge	zakonska žèna
l'erede	odvètek, naslèdnik
	èrbič
l'orfano	sirôta
il fidanzato	zaròèen
il matrimonio	poròka, ženitvanje
i gemelli	dvôjki
le gemelle	dvôjke
i predecessori	predstarši, pred-niki

Delle facoltà
ed affezioni dell'uomo.

Italiano	
la vita	*žuljenje*
il senno	*pamet*
il pensiero	*misel*
l'anima	*duša*
l'intelligenza	*um, razum*
la volontà	*volja*
il giudizio	*razsódnost*
il talento	*pamet, gliva*
la conoscenza	*znánost*
l'opinione	*mena, misel*
la dimenticanza, l'oblio (facoltà)	*pozabljivost*
la stoltezza	*bedastvo, nòrstvo*
la smemoraggine	*pozábnost, pozablji-vost*
il sospetto	*sumlja, suma*
il timore	*strah, bojízen*
la disperazione	*obrúp, obvipanje*
la gioja	*veselje*

Italiano	
il piacere	*radost*
la tristezza	*žalost*
la cupidità, bra- ma	*poželénje*
la vivacità	*živčnost, žionost*
la meraviglia	*začudenje*
il sonno	*spanje*
il sogno	*sanja*
la malattia	*bolízen*
la virtù	*čednost, krepost*
la paura, timi- dezza	*bojičost*
la morte	*smrt*
la speranza	*úpanje*
la salute	*zdravje*
il riso	*sméh*
il pianto	*jókanje, jók*
la bellezza	*lepóta*
la bruttezza	*grdóst, grdóta.*

Italiano	
la virtù	krepóst, čednóst
il vizio	lóst, pregreha, spač-nost
il timor di Dio	bogabojčost
la pietà	pobožnost, brumnost
la prudenza	umnost
la temperanza	mernost
la giustizia	pravičnost
la sincerità	naravnost, razkri-tost
la compassione	smilečnost
la civiltà	dvorljivost
l'umiltà	pohlevnost
la previdenza	previdnost
l'affabilità	priljudnost
la generosità	darljivost, darovitost
la gratitudine	hvaležnost
l'umanità	človečnost
l'innocenza	nedolžnost
l'ubbidienza	pokornost, pokoršina
la modestia	zmernost, razložnost
la pazienza	poterpljivost
l'amicizia	prijatelstvo
la verecondia	sramežljivost
il valore	srčnost, vitežnost, po-gumnost
la diligenza	marljivost, marnost, pridnost
l'esperienza	zvedivost, skušenóst
la fedeltà	zvestost, zvestóba
la bontà	dobrotnost, dobrotlji-cost
l'empietà	brezbožnost
la cattiveria	hudobnost
il peccato	greh
il fallo	zmota, blod
la carità	usmilenje
l'offesa	razžalénje
l'ingiustizia	krivičnost, nepravič-nost
la superbia	prezétnost, štumanje
la follia	neumnost

Italiano	
la stoltezza	bedastvo
l'ambizione	častiželjnost
l'avarizia	skopost
l'arroganza	predrznost
la dilapidazione	zapravljivost, potrata
l'ubbriachezza	pijanost
l'inimicizia	sovražljivost
l'odio	sovraštvo
la crudeltà	ljutost
l'omicidio	poboj, umorstvo
la tracotanza	prerupnost
la discordia	nejedinost, razprtija
l'apparenza, la grandiosità	prihvost
la piccolezza	malosrčnost, malo-dušnost
la costanza	stalnost, stanovitnost
l'incostanza	nestalnost, neobsto-ječost
la bugia	laž, laža
la pigrizia	lenoba, lenost
l'ingratitudine	nehvaležnost

Italiano	
la spilorceria	skoparija, skopija
la curiosità	radoviželjnost
la ribellione	puntarija
la temerità, la presunzione	presumpnost
la timidezza	plahost
il pauroso	plahec
lo scioperato	postopač
lo scroccone	spležešnik, podhleb-nik
il traditore	izdavec, izdajavec
il ladro	tat
l'onorabilità	poštenost
l'invidia	zavid, zavist, nerošč-ljivost
l'ingordigia	posežnost
la menzogna	lažnjivost, lažljivost
l'astuzia	zvitost
l'interesse	obrest, dobiček
l'adulazione	prilizovanje
l'ipocrisia	hinavščina
la calunnia	obrekovanje

Italiano	
l'inganno	golufija
la testardaggine	terdoordinost, terdo-gliⁿost

	...radost
	mito, obrest
l'usura	

Condizioni ed occupazioni.

Italiano	
la condizione	stan
l'ordine	red
la professione	stan, mestrija
il mestiere	rokodelstvo, mojstrstvo
l'arte	umetnost, umetnija
la scienza	znanost
l'industria	obrtnost
il commercio	trgovina
l'agricoltura	poljedelstvo
la pastorizia	pastirstvo
la servitù	druzina,
la caccia	lov
la pesca	ribolov
l'ufficio	urad
l'imperatore	cesar

Italiano	
l'imperatore	cesarica
il re	kralj
la regina	kraljica
il principe	knez
la principessa	kneginja
l'arciduca	nadvojvoda
l'arciduchessa	nadvojvodica, nadvojvodinja
il duca	vojvoda
la duchessa	vojvodinja
il conte	grof
la contessa	grofica
il barone	baron
la baronessa	baronica
il cavaliere	vitez
il gentiluomo	plemenitas

il presidente	predsednik
il papa	papež
l'arcivescovo	riši škof
il vescovo	škof
il cardinale	kardinal
il patriarca	očak
l'abate	opat, duhovnik
l'abatessa	opatica
il decano	dekan
il parroco	župnik, farmošter
il cappellano	kaplan
il frate	menih
la monaca	nuna
il clero	duhovstvo
il sagrestano	cerkvenik
il cittadino	mešjan, meščan
l'impiegato	uradnik
il contadino	kmet
il mercante, il commerciante	trgovec, kupčevavec
il filosofo	modrijan
il precettore	započeljivec

il gioielliere	zlatninar
l'orefice	zlatar, zlataninar
il chirurgo	ranočelnik
il medico	zdravnik, lekar
il farmacista	lekar, lekarnik
il dentista	zobar
il becchino	pokopuč, pokopič
l'orologiajo	urar
il calzolaio	črecljar, šoštar
il cappellajo	klobučar
il sarto	krojač, žnider
il barbiere	brivec
il calzettajo	nogoričar
il fornajo	pek, pekar
il macellajo	mesar
l'oste	gostilnik
il caffettiere	kavar
il bottegajo	štačunar, kramar
il merciajuolo	polišni prodajavec
il mugnajo	mlinar
il muratore	zidar
lo scalpellino	kamenar

il		il	
il pellegrino	romar	il tornitore	toeilar, drakslar
il banchiere	denarjomenjacee	il carpentiere	kolar
l'artigiano, l'ar-tefice	umetnik, rokodelee	il carradore	vozar
l'artista	umetnik	il fabbro	korae
l'architetto	stacbar, poslopnikar, stanitelj	il chiavajo	kljueeniear
il libraio	bukrar, knjigar	il maniscalco	podkorae
lo stampatore	tiskar	il tappezziere	pogrinjae
il legatore di li-bri	bukrores	il pescatore	ribar
il litografo	komnotiskar	il marinajo	mornar
il pittore	slikar, malar	il minatore	kamenoertnik, rudar
il ritrattista	obrazni, portretni malar	il cacciatore	loree
lo scultore	podobar	il cavallerizzo	umetni jezdec
il letterato	ueenjak	l'attore	igravee
il maestro	mojster	il cantante	pevee
il maestro di scuola	ueitelj	il ballerino	plesavee
l'incisore	bakloresee, jekloresee	il musico	muzikas
		il fruttajuolo	sadar
		il conciapelle	irhar
		il guantajo	rokaviear
		il vetrajo	steklar
		il pentolajo	lonear

lo spazzacamino	dimnikar
lo spaccalegna	drvar
il carbonajo	voglar
il tacchino	težak
il rigattiere	starinar, cunjar
il cartajo	papirar
il tessitore	tkalec
il pellicciajo	kržnar
la cucitrice	švilja
la lavandaja	perica, perilja
il tintore	barvar
l'operajo	delavec
lo spadajo	mečar
il coltellinajo	nožar
lo schioppettiere	puškar
il ciarlatano	slepar, mazač, kričon, vekač
il cocchiere	kočijaš
il velturino, il carradore	voznik, vozarnik
il servo	služebnik, služec, stiga

la serva	služebnica (dekla)
il fante	posel, družinče
il famiglio	hlapec
il cameriere	ključar
la cameriera	hišna (deklica)
la massaja	hišeracha
il fattore	opravnik, hišeurec
il cuoco	kuhar
il giardiniere	vrtnar
il portinajo	vratar
il soldato	vojak
il superiore (ufficiale)	višji
il ricco	bogatec
il povero	ubožec, siromah
il mendico	berač
il vicino	sosed
l'amico	prijatel, prijatnik
l'amica	prijateljica
il nemico	sovražnik

l'indisposizione	bolehavost
la malattia	bolezen
il dolore	bolečina
la febbre	mrzlica
il mal di testa	glavobol
il raffreddore	nahod
la tosse	kašelj
il dolor di denti	zobni bol
l'enfiagione	oteklina
la ferita	rana
la rosolia	osepnice, zabrci
il vajuolo	koze, osepnice
la frenesia	divjanje, norenje
la malinconia	otožnost
l'idropisia	vodenica
l'ulcera	ulje
la gotta	protin
la cancrena	požar, pogor
la rogna	srab, garje
il cieco	slepec
il gobbo	grbav
lo zoppo	šepar, hrom
lo stroppiato	sključen
il sordo	gluh
il muto	nemec, mutast
il gigante	velikan
il nano	pažek

Cibi.

cibarie	jestvina
la nutrizione	živež
il cibo	jed
il pane	kruh
il pan di frumento	pšeničen kruh, pše-ničnik
il pan di segale	rženjak, žitnik
pan di saraceno	ajdinski kruh, ajdin-šak

Italiano		Italiano	
il pan di casa	domaći kruh	la mostarda	mustarda
il pan del pre-stinajo	pekovski kruh	il pasticcio	potica
la briciola	drobtina	il pepe	poper
la mollica	sredica	il sale	sol
la crosta	skorja	la senape	gorčica
il caffè	kava, kafej	la rapa macidita	ribanko
la cioccolatta	šokolada	il cuoco	kipnik
il tè	tej	la pasta sfogliata	mlnee
la minestra	župa, juha	il gnocco	cmoli
la carne	meso	la panna	mlčćena jed
la carne di man-zo	govedina, goveje me-só	il burro	siróro maslo, puter
la carne di vi-tello	telćtina, telèčje meso	il cacio	sir
la carne di a-gnello	janjetina	il salame	povojena mesenina
la carne di pe-cora	orčćtina	il pisello	gráh
il cappone	kapaun	la fava	bob
la gallina	kokóš	il riso	riškaša
le uova	jájce	il kraut	zélje
		il sauerkraut	kislo zelje
		la rapa	repa
		la barbabietola	rona, pesa
		la carota	merin
		la patata	krompir, laska repa

la	corje
l'arrosto	pečénja, pečénka
la salsiccia	klobása
il vino	vino
la birra	piro
l'acquavita	žganje
la farina	móka
il fungo	goba
lo zafferano	žafran
la cipolla	čebul, luk
l'aglio	česnik, luk
il lardo	spéh, slanina
lo strutto	maslo

Vestimenta ed oggetti d'uso.

il vestito	obléka
il vestito da lutto	žalostna obléka
il panno	súkno
la tela	plátno
la lana	volna
il cotone	parola, drévna volna
la seta	žida
il cappello	klobúk
il cappello a tre punte	k. na tri vogle
la cravatta	ovratnik, ovratni robec
il velo	ruta, šlar
il mantello	plajš, meten, kolôv
la veste	telovnik, pruštof, brez roládnik, lajbele
le mutande	gače
i calzoni	hlače
il gilè	lajbec, telovnik
le tirelle	hlačnik
le calze	nogavice, štumfe
la scarpa	šolen, šolin, crevelj
le fibbie	zaponki
la camicia	srájca, róbača
la pelliccia	kožuh
la tasca	ražet, žep, majžar
i guanti	rokavice

Italiano	
l'anello	prstanj
lo stivale	škorenj, šerelj
gli sproni	ostroge
il bastone	palica
la sciabola	sablja
la tabacchiera	tabakérka, tabačnica, škatla za tabák
il pettine	glavnik
la spazzola	ščet, krtača
il fazzoletto da naso	žepni róbec, r. za nos
il fazzoletto da collo	r. za oholiorata
il bottone	gumb, knof
il frac	škric
la fodera	podloka
l'uniforme	uniforma, vojaska obleka
le mostre	ošivi
la falda	barda
le piastrelle	šlrpeti, krense
la beretta	kapa
gli occhiali	očali, očnice
l'occhialino	kakalo
il cannocchiale	daljnogled
la pipa	lula, pipa
la cannuccia	cev za luto
il nastro	pántlič
l'ago	igla
le forbici	škarje
il ditale	naprstek
il gomitolo	klopko
il filatojo	kolovrat
la scatola	škatla
la perla	biser
il sapone	žajfa, mjlo
i mortelti	zobki
la collana	ocrutnica
l'orecchino	uhan
il collare	zaprutnih, koler
la cuffia	čepica, arba
il busto	módre, telocnik
la sciarpa, il gallone	porta, prema

Italiano	
la borsa	mošnja
l'ombrella	dežnik, marela
il cordone	trak

Della casa, sue parti e arredi.

Italiano	
la casa	hiša, dom
l'edifizio	hram
la pietra	kamen
il mattone	cigel, opeka
il muro	zid
la parete	stena
la camera	izba
l'anticamera	predizba
il tetto	streha
la finestra	okno
la chiave	ključ
la porta	vrata
l'uscio	duri, dveri
l'entrata	hod
la serratura	ključalnica
la corte	dvor
la camera da letto	spalnica
il piano	stropje, nadhišje
la cucina	kuhnja
la cantina	klit
la scala	stenge, stopnica
il pozzo	štepih, šterna
la stalla	štala, hlev
il camino	dimnik
la stufa	peč
la fattoria	pristava, pristojina, maroj
la rimessa	koldrnica
i mobili	pohišje
l'armadio	omara
il cassettone	predalčnik
la tavola	miza
il tavolino	mizica
il cassettino	predalček
la sedia	stol

il seggiolone	nasionjak
il canapé	kanapé, mehka klo- pica
il sofà	sofa, počiralnica
le cortine	zapirnjalo, predgr- njalo
il tapeto	tapéta
lo specchio	zrkalo, ogledalo
il quadro	podoba
il ritratto	obraz
la cornice	oklep
l'orologio da muro	stenska ura
il letto	postelja
la lettiera	posteljnjak, špampet
il cuscino	zglavnik, zglavje
la coperta	prt
il lume	svetloba, luč
la candela	sréča
la candela di sego	sréča lojena
la candela di cera	sréča vošena
il lucignolo	duša
il tondo	krožnik
il mortajo	möžar
il secchio	cehta, vehnica
la secchia	žehtar
il mastello	škaf
la ruggine	rija, erja
la catena	lanec, ketina
la caligine	tema
la fune	cerv
la botte	sod
la bottiglia	steklenica
il bicchiere	čaša, kupica
la stanza da stu- dio	izba za študranje
la biblioteca	knjigarnica, bukvar- nica
il libro	bukve, knjiga
il volume	del, zvezek
il titolo	predimek
la pagina	stran
il fascicolo, il quaderno	zvezek, knjižica

il candelliere	svečnik
il paralume	senčnik
il lavamani	umiralnica
l'asciugamani	obrisarka
la spazzola	ščet, krtača
la spugna	goba
la sputacchiera	pljuvalnica
il carbone	voglje
la legna	drvo, drea
la cenere	pepel
il fuoco	ogenj
il fumo	dim
l'alare	ognjik
lo zolfo	žeplo
il zolfanello	žepljenka
la scintilla	iskra
lo spiedo	raženj
la pignatta	loneč
il coperchio	pokrieolo
la mestola	kuhača, kuhlja
la scopa	metla
il piatto	skleda

la carta	papir
la carta da lettere	papir za pisma, za liste
la carta asciugante	sušni papir
la pronunzia	izrek
un foglio di carta	pola papirja
un quinterno	bukve papirja
la sillaba	zlog
l'inchiostro	črnilo, tinta
il calamajo	tintnik
lo sgorbio	madež
il polverino	sipnica, peskovnica
la polvere	sip, pesek
la penna	pero, pesek
il portapenne	peresna cevka, peresnica
il temperino	peresnik, perorezec
la riga (segno)	vrsta
la riga	linir
il compasso	cirkel, šestilo
la lavagna	skrilna tablica

il lapis	srièdnik, črtnik, plaj-bes
la cavalcacea	pečatni rosk, spanski rosk
il bollino	oblat
il sigillo	pečatnik
(sigillare)	(pečatiti)
la lettera	list, pisno
il biglietto	listek
la coperta	zavitek
l'indirizzo	napis
il tavolino, lo scrittojo	pisarska miza
gli occhiali	očalnice, očnigladi

La Città e sue parti.

la città	mesto
l'edifizio	stavje
il sobborgo	predmestje, predmé-sto
la capitale	glavno mesto,prednje mesto
il ponte	most
la porta della città	mestne vrata
l'argine, il ri-paro	zasip, obsip
le mura	osidje, sul, zidocina
la chiesa	cerker
la dogana	harmica, harmična hiša
il palazzo	palača, poslopje
la prigione	tiža, temnica, ječa, tranča
l'osteria	krčma
la macelleria	mesnica
la farmacia	lekarna
la locanda	gostilnica
la birraria	pivarnica
il mestiere, la professione	rokodelstvo, obertnij-stvo
la scuola	šola

il campanile	*tiren*
l'orologio solare	*solněna ira*
la campana	*zvón*
la contrada	*rulica, ulica*
la strada	*cesta*
l'ospitale	*bolenišnica, špital*
l'orfanotrofio	*siromašnica*
il chiostro	*klošter*

la tipografia	*tiskarna*
la bottega	*stačuna, delarnica*
la cartiera	*papirnica*
la merce	*blago*
la balla	*bitura, kepa, bala*
il banco	*pisarnica, kupčijska*
il teatro	*gledališče*
la piazza	*plac, trg*
il mercato	*trg*

Della campagna.

il villaggio	*vés*
il podere, la villa	*selo*
la cascina	*mlekarnica*
l'aja	*skedenj, gumno*
il terreno	*semlja, tla, dnó*
il campo	*njica, planja*
il prato	*trarnik, senožet*
la fossa	*jama*
il monte	*breg, gora*
le montagne	*bregorje*
l'alpe	*planina*

la collina	*hrib, bregrè*
la valle	*dolina*
la rupe, lo scoglio	*skala*
la cascata	*slap, vodopad*
il bosco	*gozd*
l'orto, il giardino	*ort*
la vigna	*vinograd*
la pergola	*trsoro listje*
il viale	*aleja, prehodišče*
la vendemmia	*trgatva*

la raccolta	žetev. žetva
il granajo	žitnica
il colombajo	golobnjak
il pollajo	kokošnjak
il bovile	hravnjak
l'ovile	ovčji hlev, ovčarnica
l'aratro	drevó, oralo
l'erpice	brana
la zappa	motika
la vanga	lopata
il vignajuolo	vinogradar
l'armento	čreda
il vaccaro	kravar
il fattore	opravitelj
gli sterpi	grmovje
il fieno	seno
il guaime	otava
l'erba	trava
l'orzo	ječmen
l'avena	ores
la segala	rež
la biada, il grano	žito
la paglia	slama.

Aggettivi più comuni.

abile	pripraven, ročen
adulatore	prilizavec
aggradevole	prijeten
allegro	vesel
amabile	ljubeznijv
ammalato	bolan
ammirabile	čudovit, občudovan
attivo	delaven
giovine	mlad
giudizioso	umen
giusto	pravičen
gobbo	grbast
grave	resnoben
illustre	meniten, slavit
imbecille	priprost, slabóu-men

bello	lep, žal	immodesto	nerazumen
brutto	grd	imperfetto	nepopoln
cieco	slip	imprudente	nespameten
contentissimo	prac vesèl	impudente	nesrámen
contenzioso	prepirljiv	incostante	nestanorten
coscienzioso	čisten	incorreggibile	nepoboljsljiv
costante	stanoviten	incurabile	neozdravljiv
curioso	radoreden	indigente	potreben
debole	slab	indispettito	razkačen
difficile	težek	inesorabile	neizprosljiv
diligente	priden	ingannato	goljufan
discreto	pameten	ingegnoso	ostroumen
dotto	učen	innocente	nedolžen
economo	varčen	inquieto	nepokoln
esperto	svéden	inumano	nečloreši.
facile	lahek	inutile	maloprilen
favorevole	ugoden	invidioso	nevosljiv
ferito	ranjen	invincibile	nepremagljiv
fermo	trlen	laborioso	delaren
frugale	míren	languido	truden, slab
generoso	relikotlušen	lento	počasen
gentile	priljuden	litigioso	prepirljiv

GUYON.

13

malinconico	otožen	
malizioso	hudoben	
mesto, dolente	žilasten	
mortale	vmerjoč	
opulento	premožen	
orgoglioso	ošaben	
ostinato	trdovraten	
pallido	blid	
pericoloso	nevaren	
pigro	len	
puntiglioso	čuden	
puntuale	natančen	
ragionevole	pameten	
regolare	pravilen	
ricco	bogat	
rispettato	časten	
saggio	moder	
sapiente	moder	
selvaggio	divji	
sfortunato	nesrečen	
sincero	odkritosrčen	
sorpreso	zavzet	
sospetto	sumljiv	
superbo	osaben, pogumen	
temerario	predrzen	
timido	boječ	
tranquillo	pokojn	
trascurato	nemaren	
utile	koristen	
valoroso	hraber	
veloce	hiter	
vigoroso	močen	
zelante	prisadljiv	

Verbi più comuni.

abbassare	ponižati
abbottonare	zapeti
abbozzare	naderlati, osvovati
avvertire	opominjati, sva– riti
avvoltare	raliti

abbracciare	objeti	bombardare	streljati na kaj
accomodare	rrediti	calmare	utolažiti, toliti
affiggere	jacno nabiti	cambiar posto	preložiti se
agitare	majati	cancellare	izbrisati
aguzzare, affilare	ostriti	cantare	peti
allestire	oborožiti	cattivare	ujeti
alleviare, aiutare	zlajšati	cavare	vun vzeti
allungare	zdaljšati	cercare	iskati
alzare	vzdigniti	chiamare	klicati
ammirare	občudovati	circondare	obdati, zajeti
annerare	črniti	citare	poklicati
arrestare, fermare	vstaviti	coltivare	obdelovati
arricchire	obogatiti	cominciare	začeti
arrostire	peči	comandare	veleti, zapovedati
ascoltare	poslušati	comprare	kupiti
aspettare	čakati	condurre	peljati
assistere	pomagati	condurre, portare	voziti
assolvere, pagare i debiti	plačati	condur via	odpeljati
attestare	spričati	confessare	spoznati, spovedo- rati
allondare	obkrožiti	confrontare	primeriti
aumentare	množiti	conservare	ohraniti

consolare	tolažiti	impepare	poprati
consultare	za scet rprašati	inaffiare	močiti. porlažiti
contentare	zadoroljiti	increspare	gjubati
dare	dati	indebolire	oslabiti
decidere	deločiti	indovinare	cganiti
decifrare	razjastniti	ingojare	požreti
declinare	cijubati se	ingrandire	porekšati
dedicare	poscetti	insegnare	učiti
demolire	potreti	intenerire	potolažiti
deplorare	obžalorati	lavare	prati
deprimere	zatreti	legare	cezati
• depurare	pooblastiti	mangiare	jěsti
difendere	braniti	moderare	cmerti
differire	odnašati	mondare	luptu. snažiti
digerire	preluhati	mostrare	kazati
dimandare	rprašati	nutrire	rediti
dimenticare	posabiti	osservare	zapasti. zagleda-
dimostrare	dolazati		ti, opaziti
diramare	obsecati	perdere	sgubiti
dirigere	voditi	perdonare	odpustiti
disarmare	rosorožiti, orožje	pestare	rastolěi
	odrzeti	pettinare	čěsati

Italiano	
disprezzare	zaničevati
divertire	razveseljevati
eccitare	podbuditi, spod-bosti
empire	napolniti
erigere	postaviti
esaurire, rifinire	izpražniti, poza-jeti
esortare	opominjati
esporre	izpoložiti
esprimere	izreči
evitare	ojibati se
fare	storiti, delati
far lume	svetiti
far vezzi	prilizovati se
finire	končati
fischiare	žrižgati
forare	prelosti
gettare	odvreči
governare	rladati
invitare	posnemati

Italiano	
portare	nesti
provare	skušati
punire	kaznuti
rastrellare	zgrabiti
recare	prinesti
ribadire	zanétati
rientrare	vrniti se
riformare	predelati
rincrescere	žaliti, ponilovati
rinforzare	krepiti
risparmiare	hraniti
rispettare	častiti
rodere	glodati
salare	soliti
sborsare	izdati
sbrigliare	razbrzdati
scaldare	greti
scaricare	voz razložiti
schiarire	razvedriti, razja-snuti
sciogliere	razrezati

Italiano	
scusare	*izgovariati*
sdegnare	*zanĉerati*
seccare	*sušiti*
segnare	*zasnamovati*
seminare	*sejati*
serrare	*zapreti*
sgusciare	*lupiti*
sigillare	*zapeĉatiti*
smascherare	*razšemiti*
snocciolare	*rselniti*
soffiare	*pihati*
soffocare	*zatreti, zadušiti*
sopportare	*prenesti*
sotterrare	*pokopati*
sottoscrivere	*podpisati*
spegnere	*izbrisati*
spendere	*izdati*
sperare	*upati, nadjati se*
spiantare	*izruti, izdreti*

Italiano	
spiegare	*razboižiti, razlagati*
stabilire	*ostanoriti, oteme-ljiti*
stendere	*rasgrniti*
stimare	*ĉrslati*
strappare	*rastrgati*
suonare le campane	*sconati*
svegliare	*sbuditi*
tagliare	*resati*
tastare	*poslatati*
terminare	*konĉati*
tirare	*streljati*
togliere, levare	*odrzeti*
losare	*strĉi*
travestire	*preobleĉi*
buffare	*rtopiti*
vantare	*slaviti*
vendere	*prodati*
vuotare	*prazniti*

DIALOGHI COMUNI

Buon mattino, buon giorno.	Dobro jutro, dober dán
Signore, signora, signorina, io le auguro il buon giorno.	Gospód, gospá, gospodična, jest vam vošim dobro jutro, *ovc.*: dobro jutro vam Bog daj
Ha dormito bene, questa notte?	Ste dobro spali pretečeno noč?
Molto bene, grazie, ed Ella?	Prav dobro, zahvalim, pa vi?
Buona sera, buona notte.	Dober véčer, lahko noč.
Vi auguro la buona notte.	Vam vošim lahko noč.
Riposate bene.	Dobro spite.
Vi saluto.	Vas pozdrávim.
Le auguro un buon appetito.	Dobro slo — Bog zégnaj.
Grazie, altrettanto.	Lepa hvála, vam tudi — Bog daj.
Buon capo d'anno.	Vesélo novo léto.
Buone feste.	Veséle svétke.

Buon viaggio.

Lahka pot — veséla pot.

Addio.

Srečno — zdrávo — z Bógom.

Dio la benedica.

Bog vas obvári.

Come sta Ella? E stata sempre bene?

Kako se imate, gospod? — Kako se počutite? Ste se sploh dobro počutili?

Io sto bene, grazie al cielo.

Dobro se počutim, hvala Bogú.

Sto male; non sto proprio bene; cosi cosi.

Hudo se počutim; ne clo dobro; takó takó.

Mi rallegro a sentir ciò.

Se mi veseli, de to slišim.

All'aspetto Ella sembra in salute.

Prav zdravi ste viditi.

Sia Ella il benvenuto! Mi rallegro che sia tornato felicemente.

Bog vas sprimi, gospod? Moje veselje de ste srečno nazaj prišel.

Servo umilissimo.

Sluga ponižen.

Prego mi scusi della libertà.

Prosim za odpuščénje — Prosim odpustiteme ki se podstópim.

Prego s'accomodi.

Prosim, posedite se

Stia comodo.

Ostánite, le ostánite.

Faccia conto di essere in casa sua.

Le ko bili domá.

Ho l'onore di conoscerla.

Imam čast vas poznati.

L'onore è mio.

Lepa čast je moja.

Non faccia complimenti, prego.

Brez poklonov, prosim.

Io parlo sinceramente.

Prav na ravnost govorim.

Ella mi fa onore.

Vi me počastite.

Scusi dell'incomodo.

Ne zamerite za nadlégo.

Le sono obbligatissimo.

Prav srčno zahvalim.

Mille grazie.

Tavžend hváli.

Come potrò io ricompensarla di un così grande beneficio?

Kako bom zamógel tohko dobróto vam kdaj povrniti?

Accetti. signore, i miei più cordiali ringraziamenti pel suo favore.

Sprejmite, gospod, presrčno hvalo za vašo blagovolinost do mene.

Io mi consolo di poter essere utile a lei in qualche cosa.

Ie moje naj véči veselje, če vam morem kaj na hásek biti.

È mio dovere.

Ie moja dolžnost.

Io non so cosa dire; Ella mi confonde, mi creda.

Ne vém, kar bi rékel; me na srám postávite, verjte me.

Mi dispiace che questo non sia in poter mio.

Mi je žal, de to ni v moji móči.

Io esprimo la mia riconoscenza.

Iest skazim mojo hvaležnost.

Prego scusarmi se non posso accettare l'invito.

Prosim za zamero da povabila ne morem sprejeti.

Cosa dice Ella?

Kaj rečite vi?

Non ho detto altro che...

C'è nulla di nuovo?

M'è stato detto.

Che nuove? Che si dice di nuovo?

Dicono che è vero.

Si, no.

Mi intende Ella?

Non sapete ancora questa nuova?

Io scommetto che non è vero.

Che ne pensa?

Quanto all'affare parleremo un'altra volta.

Voi non fate che ciarlare.

Io non ho inteso parlare di ciò che mi avete detto.

Mi meraviglio che non avete sentito nulla.

Io non ne dubito, v'è apparenza di vero.

Non ne so nulla.

È una piccolezza.

Tanto meglio, tanto peggio.

Questa nuova è certa.

Nič druzega nisem rekel ko de...

Je kaj novega?

Mi je bilo povedano.

Kakšne poročila? Kaj povejo novega?

Pravijo de je resnica, da je res.

Da (ja), ne.

Me razumite? — Me zastopite?

Ali ne veste še te novice?

Vadlám de ni tako.

Kaj se vam zdi?

Zastran tega bomu govorili en drug krat.

Vi šepetate neprenehoma.

Nisem slišal govoriti od tega kar vi ste rekel.

Čuda me je, de nič niste slišali.

Ni dvomiti, je tudi verjetno.

Ne vem.

Ie le majhna reč.

Toliko boljši, toliko hujši.

To poročilo je gotovo?

Si dice. si pretende, lo si assicura.

Pravijo. trdijo, zagotovijo.

Non credo, si spaccia no tante menzogne.

Tega ne verjamen, novine veliko laž raztresejo.

Lo conosce Ella ?

Ga poznate ?

D'onde viene ?

Od kod pridete ?

Io la ho aspettata a lungo.

Dolgo že sem na vas čakal.

Io ero per uscire.

Sem bil ža von iti.

Ella viene tardi; un'altra volta non lo faccia più.

Vi pridete pozno; da se to več ne zgodi !

Mi dica quando verrà, in che ora, in che giorno, di mattina o di sera.

Recite me kdaj pridete, ob kolikih, kteri dan, zjutraj ali zvečer.

Le sarei infinitamente obbligato.

Jest bi vam stokrat hvaležen bil.

Cosa c'è di nuovo ?

Kaj je novega ?

Non ho sentito nulla.

Nič nisem slišal.

Io posso raccontarle ben poco.

Prav malo vam vem (morem) povédati.

Battono alla porta.

Nekdo tr'ka.

Chi e ?

Kdor je ?

Non c'è nessuno.

Nje obedan.

Che desidera ?

Kaj bi rad imeli ?

Vorrei avere della stoffa per un vestito.

Bi rad imel osnove (robe) za no obleko.

Eccole, vuole scieghere ?

Tukej je. hočete zberiti ?

Di che colore? di che genere comanda la roba ?

Quanto fa pagare questo?

È molto caro.

Vorrei vedere dell'altro.

Quale ne é il ristretto?

Il vestito é preparato?

Proviamolo.

Mi stringe troppo, e troppo largo, troppo lungo, troppo corto.

L'abito non é fatto secondo l'ultima moda (modello).

Kakšne farbe? Iz česa blago ukažete ?

Po čem prodajite to?

To je preveč drago.

Bi še kaj družega rad vidil.

Kaj je naj nižji cena?

Obleka je pripravljena ?

Pomerimo ga.

Ie pretesno; je presirok, predolg. prekratek.

Oblačilo nje naredjeno po sadnj podobi.

———

Dove va? dove é stata?

Andiamo a...

Va e torna subito.

Ora non ho tempo di andare, venire; andró, verró fra mezz'ora.

Non cammini cosi presto, cosi adagio.

Si avvicini.

Prendiamo un'altra via.

Andiamo per la più corta.

Kan gresté. kje ste bil?

Gremo v...

Idi pa taki nazaj pridi.

Sáda nimam časa iti, priti; pojdem. pridem za ne pol ure.

Ne hodite tako hitro, tako počas.

Blizo stopite.

Obrnimo se na drugo pot.

Pojdimo na bližnico.

Per favore siamo sulla strada giusta per... ?	Prosim, ali smo na pravi poti v... ?
Dobbiamo tornare indietro?	Se moremo obrniti?
Mi vorrebbe dare il suo indirizzo?	Ali bi mi hotli svoi nadpis dati?
Sta qui di casa il signor... ?	Stanuje gospod tu... ?
Verso qual parte dobbiamo andare? a destra, a sinistra?	Na ktero stran se imamo obrniti? na desno na levo?
Cosi va bene.	Tako je prav.
E lontana di qui la strada maestra?	Ie daleč od tukej do velike ceste?
Vada pure innanzi.	Le pojdite naprej.
Dobbiamo andar in carrozza?	Hočemo se peljati?
La vettura è in buon assetto?	Ali je vse pri vozu?
Andiamo, ora partiamo.	Alá, zdaj odrinemo.
Quanto siamo lontani dalla città?	Koliko imamo še do mesta?
Vi arriveremo presto?	Ali kmalo dospémo?
Io ho più paura di andare in carrozza che in treno.	Se bolj bojim na vózu potovati kaker na železnici.
Oggidi si viaggia rapidamente.	Kako deleče se popotova dandanas.
Quando parte il treno?	Kada odrine vlak?
Fra alcuni minuti.	V ednih minutah.
Il treno è in stazione.	Vlak je na postaji.
Il binario è doppio.	Šine so dvójne.

Quando parte il piro- | Kdaj odrine parobrod
scafo da... per... ?

Kdaj odrine parobrod od... v... ?

Il piroscafo è in ritardo.

Parnik je zakasnil.

Ogni giorno partono vapori da Vienna per Pest, da Trieste per Venezia.

Vsaki dan grejo parniki od Beča v Pešto, od Trsta v Benetke.

Ha mai viaggiato in piroscafo ?

Ali niste nikdar po vodi potovali ?

Cosi presto s'è Ella alzata ?

Tako zgodej ste vstal ?

Di solito io non mi alzo tardi. È salubre alzarsi di buon'ora.

Navadno jest vstajam nikdar pozno. Zdravo je zgodej vstati.

Sono ancora a letto.

So še le v pastelji.

Su, levatevi. Vestitevi presto.

Ala! Vstanite. Oblečite se hitro.

Non starò molto a vestirmi.

Ne bom se dolgo oblačil.

Io non so capire come Ella possa dormir tanto.

Iest ne vem, kako je mogoče tako dolgo spati.

Nessuno mi ha svegliato. Che ora fa ?

Obedan mi nje zbudil. Koliko je ura ?

Venite, la colazione è pronta.

Pridite, žajtrk je pripravljen.

Vengo subito.

Pridem koj.

Desiderate il caffè o la cioccolatta ?

Vam je vseč kava ali čokolada ?

Preferisco il caffè col latte. Qualche volta

Imam raji kavo z mlekom (belo kavo) V

mangio anche pane col burro.

časih jem rad tudi kruh z srovem maslom.

Mangiate ciò che meglio vi piace.

Iejte kar vam ljubo.

Grazie. Ce n'è della roba più che non occorre; tutto questo sarebbe sufficiente per un pranzo.

Lepa hvala. To je za zajtrk preveč, bi zadostilo tudi za kosilo.

———

Che ora è?

Koliko je ura? — Ob kolikih je?

Che ora segna l'orologio?

Na koliko ura kaže?

Sono le sei e mezzo.

Je pol sedmih.

Non è che un'ora e un quarto.

Ie še le četrtina na dve.

L'orologio avanza o ritarda?

Ura gre prehitro, ali prepozno? *ovv.* Ura prehiti ali zamudi?

L'orologio non va bene.

Ura ne gre pravo.

Suonerà subito.

Bo koj bila.

Lo sente suonare?

Io slišite biti?

E la mezzanotte, è la una meno un quarto.

Ie polnoči, so tri četrtinke na eno.

Credevo che fossero le dodici e un quarto.

Sem misel da je čtrtinka na eno.

L'orologio è fermo, segna il mezzogiorno, la mezzanotte.

Ura ne gre, kaže le poldan, polnoči.

Non è stato montato?

Nic bila navzeta?

Mancano dieci minuti alla una, alle due, alle cinque.

So desét minut na edno, na dve, na pet

Come passa presto il tempo in buona compagnia!

Kako hitro čas mine v dobri družbi!

.

— — —

Io ho fame. E pronto il desinare?

Sem lačan. Ie kosilo napravljeno?

È già mezzogiorno.

Ie ze poldan.

La tavola è apparecchiata. e la minestra è cotta.

Miza je pogrnjena, in juha je kuhana.

Rimanete a mangiar con noi. Sarete il benvenuto. Ma non abbiamo un gran pranzo, abbiamo il nostro mangiar ordinario.

Vstabite se z nam kósit. Z veseljem vas sprejmemo, pa pri nas ni nič posebnega, imamo le vsakdanjo jed.

Se io avessi saputo che Ella dovesse venire avrei fatto preparare qualche cosa di più.

Bi bil vedil, da hočete priti, bi bil kaj več napravil.

Eh, cameriere! Cosa avete da darci da mangiare?

Oj. kletnik! Kaj imate dobrega sa kosilo?

Cosa comandano signori?

Kaj velite, gospodje?

Cosa avete di pronto?

Kaj imate pripravljeno?

Che vini avete? Avete della birra?

Kakšne vina imate? Imate pivo?

Dateci una bottiglia di vino.

Dajte nam eno sklenico vina.

Aspettate, il vino è buono?

Čakite, alj je vino dobro?

Sì, signore, proprio buono.

Da, gospod, prav dobro je.

Ecco qui è tutto quello che desiderano.

Tukaj je vse, kar želite.

Alla sua salute, signore.

Na vaše zdravje, gospod.

Ha mangiato abbastanza? È colpa sua se non ha mangiato abbastanza.

Ste zadosti jedli? Pripišite sebi če nieste jedli zadosti.

———

Io di solito mangio poco la sera, mangio cose leggere.

Jaz navadno zvečer jem malo, jem lahke jedi.

Non voglio minestra in brodo.

Nečem mesne juhe.

Volete portarmi una cervellata, e poi delle uova fresche?

Prinesite mi možganico in potem frišnih jajc.

No, formaggio non mangio; è molto pesante la sera. Portatemi delle frutta, dell'uva, delle paste. Questo mi basta.

Ne, sira ne jem, mi je preveč težek zvečer Prinesite sadja, grozdja, pekarij. To mi je zadosti.

Il conto, quant'e?

Koliko stane?

Suonate. Si è serviti con un po' di lentezza.

Pozvonite! Postrežba je malo kesna.

GUYON. 14

Bisogna che andiamo. Qui non c'è più posto.

Moramo iti. Tu ni več prostora.

Avete alloggio per me? Desidererei una camera ma non all'ultimo piano

Ali mi morete dati stanovališče? Rad bi spalnico imel. Pa ne v najvišjem nadstropju.

Comincia a far tardi e sarà tempo di andare a letto.

Prihaja že pozno. Kmalu bo čas spat iti.

A quest'ora vado sempre a letto, verso le undici, undici e mezzo.

O tem času grem zmirom spat, okoli ednajste, ednajste in pol.

Mi dia una camera ritirata e quieta.

Dajte mi prav odločeno in mirno izbo.

Le lenzuola sono nette, od hanno servito già ad altri?

Ali so te rjuhe čiste, ali so že kakemu drugemu služile?

E il guanciale e il capezzale e il materasso? Le coperte sono leggiere o pesanti?

In zglav je in blazina in žimnica? Ali so odeje težke ali lahke?

Che tempo fa oggi?

Kako je denes vréme?

Fa bel tempo.

Lepo vréme je.

Fa cattivo tempo.

Grdo vréme je.

Piove, nevica, grandina, tuona, gela.

Dež, sneg, toča gre, grmi, zmrzúje.

Il freddo è insopporta-

Mraz je neprenesljiv, le

bile, non si sta bene che accanto il fuoco.

pri ognju se dobro počutimo.

Non è possibile amare l'inverno.

Ni mogoče ljubiti zimo.

Io non vedo l'ora che venga la primavera.

Jaz hrepenim po spomladi.

È la piu deliziosa fra tutte le stagioni.

Spomlad je naj prijetniši med vsemi letnimi časi.

D'estate fa molto caldo.

V poletju je strašno vroče.

Siamo nella canicola.

Pasji dnevi so.

L'estate è passata, e le foglie cominciano a cadere.

Poletje je minilo, in listje odletava.

I giorni sono già corti, e le sere sono lunghe.

Dnevi so že kratki, in večeri so dolgi.

L'inverno è già vicino.

Zima prihaja.

Cadde molta grandine e devasto la raccolta.

Toča je močno šla, in je potolkla žetev.

Ha fatto danno anche alle frutta.

Tudi sadju je škodo naredila.

Oggi è sereno.

Denes je jasno, vedro vreme.

Sulla strada è della polvere.

Po césti je suho.

Fa un caldo insopportabile.

Nepreterpljiva vročina je.

Il tempo s'è cambiato.

Vréme se je prevrglo.

E un tempo asciutto, umido, pievoso

Suho, vlažno, deževno vreme je.

Che temporale!

Kakšna vihta!

Il vento è terribile.	Veter strašno piha.
La burrasca e cessata.	Vihta je minila.
Le nubi si dissipano.	Oblaki se razhajajo.
Ecco l'arcobaleno.	Glej mavrico.
Le strade sono molto fangose.	Ceste so polne blata.
Questa notte ha gelato.	Necoj je pomrznilo.
Noi ci avviciniamo all'autunno.	Bližamo se jeseni.
Al mattino si vede la brina.	Zjutraj se vidi slana.
Accendiamo la stufa.	Zakurimo v peči.
I giorni sono corti, alle quattro non ci si vede.	Dnévi so kratki, ob štirih se ne vide véč.
Siamo tutti raffreddati.	Vsi smo nahodni.
Sgela, il ghiaccio e la neve scompajono.	Taja se. Léd in sneg zginjáva.
Ci avviciniamo alla primavera, ed i giorni e le notti sono uguali.	Spomladi se bližamo, in noč ino dàn sta skoro ednáko dolga.

Che si deve fare?	Kaj je začéti?
Cosa mi consiglia Ella?	Kaj mi svétvate?
Cosa vuole che io faccia?	Kaj hočete da najstorim?
Faccia così.	Tako narédite.
Per ciò che mi riguarda, direi...	Kar se mene tiče, bi rékel...
E cosa pensa Ella?	In kaj vi ménite?
Sarebbe meglio se...	Bolje bóde če..

Perdoni, la prego di compatimento; ma io devo dirle che Ella non fa bene.

Ne zamérite, prosim za potrplenje, ali povém vam, da ne delate prav.

Le dico sinceramente, io per me non lo farei.

Na ravnost vam povém za sé bi jez téga ne storil.

Cosa pensa di fare?

Kaj mislite storiti?

Questo dovrebbe già esser fatto.

To bi se bilo imelo že zgoditi.

Capisce Ella il tedesco, lo sloveno, l'italiano?

Razumite vi nemški, slovenski, taljanski?

Un poco. Nulla affatto. Si, se Ella lo parla adagio.

Eno malo. Celo nič. Da, če govorite po časi.

Studia Ella l'Italiano? Ha imparato l'italiano?

Se učite taljanski? Ste se taljansko učili?

Lo leggo, ma non lo so parlare.

Znam brati, govoriti pa ne.

Non mi sembra facile.

Meni se ne zdi lahko.

La pronunzia non è difficile.

Izreka ni težka.

Come si chiama questo in italiano?

Kako pravite temu po taljansko?

Gli Sloveni ed i Boemi parlano bene il tedesco, ma lo pronunziano più dolcemente dei Tedeschi.

Slovenci in Čehi, prav dobro govorijo nemški, pa izrekujejo bolj sladko kakor Nemci.

PARTE IV.

Antologia.

Jež in lisica.

Bila je huda zima, de je drevje pokalo. Vsaka zver se v svoj kotec stiska. Medved počiva v svojem brlogu, zajec čepi pod svojim grmom, in lisica obira v svoji votlini kosti, ki si jih je od daleč nanosila; le ubogi jež s svojo ostro suknjo ne more strehe dobiti. Vsakdo se ga bojí.

Ves zmrznjen prileze lisici na prag in prelepo prosi, naj ga vzame pod streho, da ga velikega mraza konec ne bode. «Hodi le dalje», velí lisica, «bila bi nama luknja pretesna; poišči si lepšega prostora». — «Imejte usmiljenje, dobra mamka!» prosi jež, «ne bom vam nobene nadlege delal. Lepo čedno se bom v kotec stisnil, pa tiho dihal, da bom le na toplem; saj vidite, da sem strehe potreben. Rad bom ubogal, kar koli mi porečete».

Lisica, če ravno sama zvita, dá se preprositi in ježa pod streho vzame. Nekoliko dni sta se dobro imela; bil jima je kratek čas. Ko se pa jež svojega stanú privadi, žačne se stegati in pikati ubogo lisico s svojo trnjevo kožo. Lisica mu jame očitati: « Ali ne veš, kaj si mi obetal? » Jež se pa le stega in lisico zbada rekoč: « Starka! če ti ni prav, pa drugam idi ». Lisica se umika, dokler more; poslednjič pobegne. jež si pa vso luknjo osvoji.

Tako se starim godi, ki mladim gospodarstvo prehitro izročé. A. SLOMŠEK.

Vila prijateljica in mesci prijatelji.

Neka hudobna ženska primoži s svojim revnim možem malo deklico. z imenom Marica. Potlej jej Bog da še eno pravo hčer, ktero ljubi in goji več ko svoje oko. Pastorke pa, ki je bila dete dobro in prelepo. kar ne more s krajem očesa videti; zató jo preganja, muči in mori. da bi jo poprej skončala. Meče jej najslabše ostanke jedi in še to kakor psu; celó kačjega repa, ko bi ga bila imela. dala bi jej ga bila jesti; in namesto na posteljco pošilja jo spat v neko staro korito.

Ko pisana mati vidi, da je deklica pri vsem tem dobra in potrpežljiva, in da lepše raste ko njena hči, misli si in misli, kako bi našla vzrok sirotico spoditi od hiše. ter si eno izmisli.

Nekega dné pošlje svojo hčer in pastorko volne prat; hčeri dá bele volne. pastorki pa črne. ter jej ostro zažuga : « Ako mi ti te črne volne tako belo ne opereš, kakor jo bo moja hči, ne hodi mi več domú. sicer te bom iztepla od hiše ». Ubožica pastorka milo plače, prosi in govori.

da jej tega ni mogoče storiti; ali vse je bilo
zastonj. Ker vidi, da ni milosti. oprti volno in
gre plakaje za polsestro. Ko pridete na vodo,
razprtite svoji bremeni in začnete prati, kar se
jima neko lepo belo dekle od nekod pridruži in
ju pozdravi: «Dobra sreča, prijateljici! je-li
vama treba pomoči»? — Mačohina hči posme-
hovaje se reče: «Meni ni treba pomoči, moja
volna bo koj bela; ali tukaj-le naše pastorke ne
bo tako koj. «Na to stopi uno ptuje dekle k
žalostni Marici. rekoč: «Daj! bove videli, ako
se bo dala ta volna belo oprati?» Obé počnete
zdaj žikljati in prati, in hipoma se beli črna
volna, kakor mladi sneg. Ko operete, prijateljica
spet nekam zgine. Mačoha videvši to belo volno,
čudi se in jezí, da nima vzroka preganjati pastorke.

Nekoliko časa za tem pride huda zima in sneg.
Hudobna mačoha še zmerom misli, kako bi
nesrečno pastorko zatirala. Sedaj jej zapové:
«Vzemi košek in spravi se v goro, ondi mi
naberi zrelih jagodic za novo leto; ako mi jih
ne prineseš, bolje ti je, da ostaneš na gori».
Sirotica Marica milo plače, prosi in govori:
«Kako bom reva jaz sedaj v ostri zimi dobila
zrelih jagodic?» Ali vse zastonj, — moru vzeti
košek in iti.

Ko hodi vsa objokana po gori, sreča dvanajst
junakov ter je lepo pozdravi. Oni prijazno odz-
dravijo ter jo vprašajo: «Kam gaziš. mlada
ljuba! po tem snegu tako zaplakana»? — Ona
jim lepo pové vse. Junaki jej rekó: «Mi ti bomo

pomagali, ako nam znaš povedati, kteri mesec celega leta je najboljši ? Marica reče na to : « Vsi so dobri, ali mesec sušec je najboljši, ker nam prinaša največ upanja ». Oni, zadovoljni z odgovorom, rekó : « Pojdi le v to prvo dolino na prisolnce, ondi dobiš jagodic, kolikor te je volja ». In res prinese mačohi za novo leto poln košek najlepših jagodic, in pové, da so jih jej pokazali junaci, ki jih je srečala na gori.

Nekoliko dni pozneje, ko je odjenjala zima, govorí mati svoji hčeri : « Pojdi tudi tí v goro po jagodic; morda najdeš one junake, da ti dajo kako srečo, ker so se naši umazani pastorki skazali tako čudno dobrotljivi. « Hči se ošabno obleče, vzame košek in skaklja vesela v goro. Prišedši tje, sreča res onih dvanajst junakov, ter jim napuhnjeno reče : « Pokažite mi, kod rastejo jagodice, kakor ste pokazali naši pastorki ». Junaki rekó : « Dobro, ako, uganeš, kteri mesec celega leta je najboljši » ? Ona hitro odgovorí : « Vsi so hudi, mesec sušec pa je najhujši ». Ali na te besede se vsa gora hipoma naoblači, in vsa nevremena vdarijo na njo, da je komaj prisopla živa domú. Ti junaki so bili dvanajsteri mesci.

Med tem se dobrota in lepota psovane pastorke razglasí daleč po deželi : in nek pošten, bogat in mlad gospod sporoči njeni mačohi, da bo ta in ta dan s svojo žlahto prišel pastorke za ženo snubit. Mačoha, zavistna tej siroti, ne zine jej ne besedice o tem, ampak misli svojo hčer v to srečo potisniti.

Kedar pride napovedani večer, stira brezvestna mačoha svojo pastorko zgodaj v korito spat, potlej očisti hišo, napravi večerjo, našopiri svojo hčer, kolikor jo največ more, ter jo posadi s pletilom v rokah za mizo. Na to se pripeljejo snubači; mačoha je prijazno sprejme, pelje je v hišo in jim govori: «Tukaj-le je moja mila pastorka». Ali kaj pomaga, ker so v tej hiši imeli petelina, ki počne na ves glas in brez prestanka peti: «Kukurikú, lepa Marica v kuritú! — kukurikú, lepa Marica v kuritú! itd ». Ko snubači razberó in razumejo petelinovo pelje, velé, naj se jim prava pastorka pripelje iz korita; in ko jo ugledajo, ne morejo se dosti načuditi njeni lepoti in ljubeznjivosti, ter jo še tisti večer peljejo s seboj; hudobna mačoha in njena hči pa ste ostali na sramoti pred vsemi ljudmi. Marica pa je bila srečna s svojim možem in z vsó svojo hišo do velike starosti in lehke smrti, ker jej je bila vila prijateljica in vsi mesci prijatelji.   Zap. Ivan.

O Vilah.

Prosto ljudstvo pripoveda da so Vile podobne krasnim mladim devicam v belem oblačilu. Lica so bledega, lasé pa imajo zlate in dolge, da jim segajo razpleteni čez čelo in pleča do tal; pa nimajo zastonj tacih las, kajti v njih imajo svojo moč in življenje. — Oči se bliščé kakor solnčni žari, in glas imajo tako prijeten in mil, da si človek misliti ne more tacega. Kdor je slišal Vilo peti, ne pozabi tega glasú

vse svoje žive dni, tako krasno in miloglasno
pojó. Telo Vilino je tenko kakor jela na gori in
lehko kakor ptica ter ima krila, včasi zlata.

Vile so dobrim, poštenim, zlasti junaškim
ljudém velike prijateljice. Kdor se ž njimi po-
brati ali posestri, blagor mu! Naj hoče potem
kar koli. vse mu gre po sreči, v vsacem še tako
težavnem boju premaga, kajti povsod mu je Vila
na strani in mu pomaga. In njena pomoč ni kar
si bodi. ker njej ni kmalo kdo kos.

. . . .

Vile poljske ali planinkinje so prav take kakor
gorske, samo da prebivajo na poljih in ravninah.
Hodijo posebno rade po paši, na holmcih in
razpotjih pa plešejo; včasi se vsedejo in češejo
zlate lase. Videli so jih že tudi o luninem svitu.
kako so okoli grobov ubitih ljudí s plamenečimi
bakljami v rokah « kolo » plesale. Vile poljske
so sploh dobrotljive. Bili so neki takrat zlati
časi, ko so Vile se sprehajale po poljih. Ljudjé
so bili z malim zadovoljni, polje je rodilo čisto
pšenico, in ker so bili ljudjé dobri, pomagale
so jim tudi Vile dostikrat žeti, pleti. travo kositi
in sploh pri vsacem delu. Od kar pa so se ljudjé
izneverili starim navadam in čednostim, od kar
so pastirji opustili piščali, tamburo in petje in
namesto tega jeli na pašah kleti in vpiti ter z
bičem pokati; od kar so jeli ljudjé celó iz pušek
streljati in narode preganjati — od tistega časa
so izginile Vile iz naših logov in dobrav in po-
begnile — Bog vé kam v ptuje dežele. Redek je
človek, ki bi jim bil še dan današnji všeč. Tak

poštenjak jih še vidi kedaj, kako po polji plešejo,
ali pa na goli skali sedé plakajo in tugujejo v
žalostnih pesmih.   Fr. Marn.

Tretia križanska vojska.

Ker so vojvodi in knezi na sveti zemlji iz velike nevošljivosti in lakomnosti se vedno med
sabo prepirali, je bilo Turkom kar lahko če
dalje bolj od vseh strani jih stiskati; v takih
okolnostih pošiljajo pogostne nove prošnje in
pisma v Rim za novo križansko vojsko, pa iz
Rima jim le lepe besede dajejo. Jeruzalemski
kraljič Balduin IV. umerje; zdaj se drugi tam-
kejšnji vojvodi med sabo hudo prepirajo, čigavo
da bo kraljestvice, dasiravno ni bilo nič nad
njim: dobi ga Gvidon Luzinjanski, pa ne za
dolgo. Saladin, ki se je bil po pravici meča
egiptovskega sultana storil, Sirijo, Mezopotamijo
in Arabijo pod se spravil, je Gvidota, posled-
njega Jeruzalemskega kraljiča, v zmagljivi bitvi
pri Tiberiadi vdaril in vjel. in 2. kozoperska 1187.
leta Jeruzalem po 33 dneh obleženja po pogodbi
dobil. On da kristjanom z denarjem se odkupiti;
ubogim pa, vdovam in otrokom je milo podaril
220.000 zlatov, in jih ukazal do Tira s potrebno
stražo spremiti, da bi jih ne bil nihče obropal.
Tir in mnogi drugi tabri ali obzidane mesta še
kristjanom ostanejo, tudi Gvidota Luzinjanskega
Saladin prostega spusti na priseženo obljubo,
da se ne bo več nikoli ž njim vojskoval; v Je-
ruzalemu ukaže pa vse cérkve, v kterih so 88

let kristjani Kristusa molili, v muhamendanske tempeljne premeniti.

Novica da sv. mesto Jeruzalem je Turku v roke padlo. celo Evropo, zlasti pa bolj večerne kristjane v grenko žalost in strah pripravi; povsod se govori, da je treba božji grob. tedaj Jeruzalem, iz rok Turka oteti. Malo popred bi ne bili papeži za to nič opravili, ali zdaj, ko je bil božji grob zgubljen. sta papež Gregor VIII. in njegov naslednik Klemen III. po minihih, ki so povsod ljudi na križansko vojsko nagovarjali. in terdili. da ni vreden deleža v božjem kraljestvu. kdor bi nam ne pomagal gospodove lastine «božjega groba», iz rok nevérnikov rešiti — večerno stran cele Evrope s tako gorečnostjo spodbodla, da je skoraj vse od kraja pripravljeno bilo v jutrove dežele se vzdigniti in za gospodov grob se pognati. Kakor pri izhodu Izraelcov iz Egipta so stali možje. žene in otroci stari in mladi s torbo in palico na hišnem pragu. berž stopiti pod bandero izvoljenih vojvodov.

Trije najslavniši in mogočniši evropejski vladarji si vzamejo voditev te, tretje križanske vojske na glavo: Friderik I.. tudi rudečobradec imenovan. nemški cesar in brambnik sv. katolške cérkve, Rihard, ki so ga tudi levovo serce imenovali, angležki. in Filip Avgust, francozki kralj. Vse Beneške. Genveške in Pizanske barke na srednjem morju, pa tudi vse Severno-nemške, Danemarske, Norveške in Švedske so imele ali s prepeljevanjem križancov ali njih orodja ali potrebnega živeža v jutrove dežele zlo veliko

opraviti, in ti mornarji so delali pri tem take
dobičke, da marsikteri so bili grozno obogateli.
Po celi Evropi je bilo veliko gibanje: sv. vera,
prevzetnost, nečimernost, vitežka junakost, kup-
čijska samopridnost, vse to in enako je čudno
pripomoglo, da vsa večerna evropejska stran je
bila vun in vun enemu semnju podobna. Od
kar se ve, je bilo to edina prigodba na svetu.

Korak v življenje.

Srce trepeče
Od hrepeneja,
V šumni vrtinec
Sili življenja.
Stopil na ladjo
Tudi bi eno
Jadral za srečo
Nerazjasnjeno·
Morje lažnjivo,
Kje so bregovi?

Grozna širjava
Grom in vetrovi. —
Zije slapovje,
R'jove peneče,
Barke razbija,
V brezna je meče.
Zvezde prijazne
Pot mi kažite,
Srečni vetrovi
Čoln mi vodite!

S. Jenko.

Noč.

Solnce rumeno
Goro zeleno
Zadnjič poljubilo je;
V krilo temine
Hribje, doline
Tiho zavili so se.

Tam na iztoku
Pa na oboku
Mesec prikaže glavó;
Bolj se užiga,
Vedno bolj miga
Zvezdic prijazno zlató.

Veter pihljaje
Jezero maje,
Rahlo ob bregu šeptá ;
V jezeru čreda
Zvezdic se gleda,
V daljni globini miglja.

Nočna temina,
Slika spomina
Srečnih in žalostnih dni'
Zvezdam bliščečim
Ali brlečim,
Dnevi. enaki ste vi.

Jezero krasno,
Temno al jasno.
Si mi podoba srca :
V tebi odmeva
Vsacega dneva
Se mi svitloba al tma'

S. Jenko

Boginja.

Boginja preljubeznjiva !
Ki budiš plamen duhá,
Da se v glasno pesem zliva
Skrita misel iz srca ;
Tebi slava se spodobi,
Tebi venci zelené,
Ki so ti je v vsaki dobi
Ovijali krog glavé.

Pevci so te spoštovali,
Ovne tolste na oltar
Nekdaj so ti pokladali.
Zažigali ti je v dar :
Kaj pa boš od mene vzela?
Mire nimam, ne zlatá,

Moja roka dá vesela.
Rada, kar zamore, dà.

Če ti všeč je morebiti,
Kar od tebe v dar imam,
To ti hočem pokloniti,
To ti zopet v dar podam;
Srce si mi obudila,
Dala si mi pesmi slast,
Svet mi ž njimi osladila,
Naj, donijo tebi v čast!

Fr. LEVSTIK.

Na Kalcu.

Na Kalcu prebivam,
Kjer Pivkin je vir;
Po zemlji slovenski
Krog mene je mir.

Čez lozo planinsko
Triglav mi strmi,
Med zvezde se dviga,
In v snegu blišči.

Goreči mu treski
Ob čelu grmé;
Al vendar orjaka
Iz sanj ne zbudé.

Pod njim pa Slove nec
Steguje rokó,
In moli in prosi,
In briše solzó.

Kjer solnce zahaja,
Naš Nanos stoji,
In skale bobneče
V doline vali.

Na témenu cvete
Prijazna pomlád;
Iz drevja mu plete,
Iz trav zelenjàd.

Pod Nanosom trta
Ipavska zorí,
In joče in joče,
In vince rodí.

Tam Javornik črni
Zaslanja izhod;
Po notranjski zemlji
Pozdravlja naš rod.

Jezero cerkljansko
Mu pere nogé,
Pa bukev in javor
Hladita srcé.

Snežnik mu je sosed,
Ki megle redí,
In glavo zeleno
Prot solncu držì.

Pošilja čez mejo
Pogled velikán:
Kam plavajo ladje,
Kaj dela Istrán.

Pred mano se steza
Moj ljubljeni svet,
Vsa lepa dolina,
Ki Krasu je cvet.

Po dolih prijaznih
Lej, Pivka hití.
Igraje, šeptaje
Po lokah šumí.

Na levi, na desni,
Za gričem je grič,
Drevó za drevesom,
Za ptičem je ptič.

Po sivem kamenji
So čvrsti ljudjé;
Iz glave otožnost
Jim burje podé.

Pogumen je Pivčan
In zvest siromak,
Narodu in domu
Branitelj krepák.

In breme, ki na-nj ga
Osoda loží,
Junaško ga nosi
Če prav se poti.

Zdihuje in prosi
Vladarja nebá,
Naj jasneje daje
Mu solnce na tla.

Zdihuje in prosi
Vladarja sveta,
Naj z dola in srca
Odide temá.

Jaz tudi z rojaki
Zdihujem, trpim,
In želje goreče
Sred Pivke topim.

Ker vslišane bile
Še niso dozdej,
Pogrezni je zemlja —
Pod zemljo naprej!

Naprej do dežele,
Kjer Sava bobní,
Med brate, med sestre,
Med naše ljudí!

M. VILHAR.

GUYON.

15

Pod oknam.

Lúna sije,
Kládvo bije
Trúdne, pôzne úre žé;
Préd neznáne
Sèrčne ráne
Mèni spáti ne pusté.

Tí si kríva
Ljubezniva
Déklica nevsmíljena!
Tí me rániš,
Tí mi brániš,
De ne môrem spať domá.

Obraz míli
Tvój posíli
Mi je védno pred očmí;
Zdihujóče
Sèrce vróče
Védno h têbi hrepení.

K óknu prídi,
Drúg ne vidi,
Ko nebéške zvézdice;
Se perkáži,
Al sovráži
Me sercé, povéj, al ne?

Up mi vzdígni,
Z róko mígni,
Ak bojíš se govoríť! —

Ura bíje,
K oknu ní je,
Kaj siróta čem storít' !

V hrám poglèjte,
Mi povéjte,
Zvézde, al rés óna spí ;
Al poslúša,
Me le skúša,
Al za drúziga gorí.

Ako spáva,
Náj bo zdráva,
Ak me skúša, nič ne dé ;
Po nje zgúbi,
Ako ljúbi
Drúz'ga, póčlo bó sercé.

PREŠEREN.

Pevcu.

Kdo zná.
Noč témno razjásnit' ki táre duhá !

Kdo vé
Kregúlja odgnáti. ki klúje sercé
Od zóra do mráka, od mráka do dné !

Kdo učí
Izbrísat' 'z spomínja nekdájne dni,
Brezúp prihódnjih oduzét' spred očí,
Praznóti vbejžáti, ki zdájne morí !

Kakó
Bit' óčeš poet in ti pretEŠKÓ
Je v pèrsih nosít' al pekel, al nebó !

Stanú
Se svôjiga spómni, térpi brez mirú! —

PREŠEREN.

Sonet.

Kupído! tí in tvôja lépa stárka,
    Ne bóta dàlje me za nós vodíla;
    Ne bóm pel vájne hvále brez plačíla
    Do kônca dní, ko siromàk Petrárka.

Dovôlj je lét mi žé naprédla Párka;
    Kogá mi je pernèsla pévska žíla?
    Nobêna me še ní deklét ljubíla,
    Kadíl ne bóm več váju brez prevdárka.

Obéti vájni so le prázne šále;
    Sit, nehvaléžnika! sim vájne tláke;
    Te léta, ki so mèni še ostála,

Celdán iz právd kovál bom rumenjáke,
    Zvečér z prijátli práznil bóm bokále,
    Pregánjal z vínam bóm skerbí obláke,

PREŠEREN.

Naša zvezda.

Zvezda mila je migljála
    In naš rod vodila je:
Lepše nam ta zvezda zala
    Nego vse, svetila je.

Toda, oh, za gôro vtone,
    Skrije se za temni gaj;

Prašam svitle milijone:
  Vrne-li se še kedaj?

A molčé zvezdice jasne,
  Odgovôra ne vedó,
Dol z nebá višave krasne
  Némo na prašalca zró.

Pridi, zvezda naša, pridi,
  Jasne v nas upri očí,
Naj, moj dom te zopet vidi,
  Zlata zvezda srečnih dní!

GREGORČIČ.

Njega ni.

Róže je na vrtu pléla,
Péla pesenco glasnó,
Živo v lice zarudéla,
Ko je stópil on pred njó.

« Daj mi cvetko, dete zalo,
Da na prsi jo pripném,
Za spomím cvetíco malo,
Prédno v tuje kraje spèm ».

Kito cvétja mu je dala,
S cvetjem dala mu srcé.
Sama v vrtu je ostala.
On po svetu šel od njé.

Róže je na vrtu pléla,
Pésmi pela je glasnó, —
Kaj da vrta več ne déla,
Kaj ne poje več tako?

Déklica glavó povéša,
Vene óbraz, prej cvetóč,
Nekaj nje srce pogreša,
Solz jej pótok lije vróč,

Čez ograjo vrtno gléda. —
Mnogo mimo vrè ljudi; —
Deva bleda, deva bleda,
Njega od nikoder ní!

GREGORČIČ.

Začetek in konec črnogorske narodne himne.

O'namo[1], ónamo zá brda ona,
Govore, da je rázoren dvor
Mojega cara, ónamo, vele,
Bio[2] je negda[3] júnački sbor[4].

O'namo, ónamo, dá vidju[5] Prizren[6].
Ta to je moje, dóma ću doć[7];
Stárina mila támo me zove,
Tu[8] moram jednoč óružan[9] poć[10]....

O'namo, ónamo zá brda ona
Mílošev[11] kažu[12] prébiva grob,
O'namo pokoj dóbiću duši[13],
Kad Srbin više né bude rob!

NIKITA KNEZ ČRNOGORSKI.

---

[1] là   [2] *bil*   [3] *nekdaj*   [4] *zbor*   [5] *vidim*   [6] città della vecchia Serbia   [7] sono per venire   [8] qui   [9] *orožen*   [10] andare   [11] *Milos.* l'eroe della battaglia di Kosovo   [12] dicono   [13] *tam bom dobil pokoj svoji dusi.*

VOCABOLARIO SLOVENO-ITALIANO

A

à, cong., ma (e)

à, inter., ah!...

áboten, tna. agg., stolto

Adrijanski, agg., Adriatico

àh, inter., ah!

àko, cong., se, quando

àli, cong., o, ovvero, ma, pure

Amerika, f., l'America

àmpak, cong., ma

angléški, agg., inglese

Arabec, bca, m., Arabo

Arabija, f., l'Arabia

Avgust, m., Augusto

B

Babilónci, m., i Babilonesi

báker, kra, n., il rame

bâkla, f. (*baklja*), la fiaccola

Balduin, m., Balduino

bandéra, la bandiera

bârka, f., la barca

barométer, tra, n., il barometro

bàsen, sni, f., la favola

bàsna, f., la favola

báti se, bojim se, v. impf., aver paura

báviti se, im se, v. impf., occuparsi di...

bél, agg., bianco

benéški, agg., veneziano

Benétke, f., Venezia

beráški, agg., povero, misero

beséda, f., la parola

bézati, im, v. impf., fuggire

bič, biča, m., la frusta

bibliotéka, f., la biblioteca

bik, bika, m., il toro

bister, stra, agg., veloce, rapido, vivo

biser, sera, m., la perla

biserje, n. coll., le perle

biti, sèm, v. impf., essere

biti, bijem, v. impf., battere

bitva, f., la pugna

blagò, n., bene, possessione

blàgor, inter., bene, salute!

blàžen, žena, agg., felice, giocondo

blàžen, žna, agg., benedetto, ricco

blèd, blè'da, agg., pallido

blisk, m., il lampo

bliskati, am, v. impf., lampeggiare

bliščàti, im, v. impf., splendere

blizọ, avv., *blizu*, prep., vicino

blížen, žna, agg., vicino

bližnji, agg., vicino

blọ'deti, im, v. impf., errare, girare intorno

bobnẹ'ti, im, v. impf., rimbombare

bodèč, dẹ'ča, agg., pungente

bodòč, ọ'ča, agg., futuro, che sarà

bogàt, àta, agg., ricco

Bộg, Bogà, m., Dio

boginja, f., la dea

bòj, bòja, m., la strage

bojevàti, bojùjem, v. impf., combattere

bokàl, àla, m., il boccale

bólen, lna, agg. (*bolàn, bólna*), ammalato

bolêti, im, v. impf., far male

bolẹ'čen, čna, ag., doloroso

bolečina, f., il dolore

bolézen, zni, f., la malattia

Bolgar, m., Bulgaro

bolnik, m., l'ammalato

boriti se, im se, v. impf., combattere, dar di cozzo

bósti, bódem, v. impf., pungere, colpire

bòš, avv., sì, certamente

bóžji, agg., divino

brâmbnik, m., il difensore

branitelj, m., il difensore

braniti, im, v. impf., difendere, proteggere

bràt, bràta, m., il fratello

brâv, m., il bestiame pecorino

brâv, i. f. coll., le pecore, il gregge

Brazilj, m., il Brasile

br'do, n., il colle, la collina

brêg, m., il monte

bréme, bremę'na, n., il fascio, il carico

brę̀skva, f., *bréskev, kve*. f., il persico

bréz, prep., senza

brezûp, m., lo sconforto

brezcę'sten. tna. ag., ignaro

brídek, dka, agg., acuto, acuminato. amaro

brígati se, am se, v. impf., crucciarsi, occuparsi

brisati, bríšem, v. impf., pulire, tergere

bríti, bríjem, v. impf., radere

brívec, vca, n., il barbiere

brítva, f., il rasojo, coltello da chiudersi. britola, vanga

brlę'ti, im, v. impf., scintillare

brlóg, lǫ'ga, m., la tana, l'antro, la spelonca

br'st, br'sta, m., il germoglio, il bottone di pianta

br̂st, sti, f., il germoglio, il legno secco

br'zda, f., il freno, stretta

br'ž, avv., dapprima, prima di

búčati, im, v. impf., stormire, rumoreggiare

buditi, im, v. impf., destare

bûkev. kve, f., il faggio

brámor, rja, m. (*mrámor, rja*). marmo, pietra ingemmata, osso del ginocchio, giarda

brę'zen, zna, m., l'abisso, la profondità

búrja, f., il vento di nord, borea.

C

cár, cârja, m., czar

cę'l, cę'la, agg., intiero

cę̀lọ', avv., intieramente

cę'rkev, kve, f., la chiesa

cerkljànski, ag., di Kirchheim

cę'na, f., il prezzo

césar, árja, m., l'imperatore

cesárjev, agg., imperiale

cę'sta, f., la strada

Ciril, m., Cirillo

cûrek, rka, m., lo zampillo

cvę̂t, cvę̂ta, crę̂tû, m., il fiorire, il fiore

cvesti, cvetèm (*cvetę'ti*) e *cvésti, cvétem*, v. impf., fiorire

cvę̂tek, tka, m., il fioretto

cvętica, f., il fiore

cvę'tje, n. coll., i fiori

cvetóč, part., fiorente

cvrčáti, *im*, v. impf., stridere

cvénk, *cvę'nka*, m., il suono del metallo

Č

čàk, m., l'attesa

čàka, f., il mantello militare

čàkati, *am*, v. impf., aspettare

čàs, *čása*, m., il tempo

čàst, *î*, f., l'onore, la lode

častiti, *im*, v. impf., onorare, venerare

častivec, *vca*, m., il lodatore

čàša, f., il bicchiere

če, cong., se

čvbęla, f., l'ape

čę'da, f., la pulitezza

čèdàlje bòlj, avv., sempre più

čę'dvn, *dna*, agg., pulito

čę'dnost, f., la pulizia, la pulitezza

čeljûst, f., la mandibola

čélo, n., la fronte

čepę'ti, *im*, v. impf., accoccolarsi, accosciarsi

čestivec, *vca*, m., il lodatore, l'ammiratore

četvę́r, n. distr., quattro cavalli di rinforzo

čésati, *čę'šem*, v. impf., pettinare, diviluppare, stracciare

čę̀z, *črę̀z*, prep., oltre

čigáv, pron. poss., di chi?

čim, *tim*, cong., quanto, tanto

čislati, *am*, v. impf., considerare, contare, numerare

čist, *čista*, agg., netto

čístost, f., la nettezza, pulitezza

čitati, *am*, v. impf., leggere

člóvęk, *vę'ka*, m., l'uomo

človę'ški, agg. umano

čóln, m., la barca

čolníček, *čka dim*, m., la barchetta

črę'da, f., il gregge, la serie

črę'šnja, f., la ciliegia

čr'ka, f., la lettera dell'alfabeto

čr'n, agg., nero

čŕn, *î*, f., la nerezza

čŕn, m., la gonfiezza, l'infiammazione, l'arsura

rnogórski, agg., montenegrino

vŕst, čvr'sta, agg., forte

úden. dna, agg., meraviglioso

úditi se, čúdim se, v. impf.,
meravigliarsi

út, m., il sentore

úti, čújem, v. impf.. sentire

útje, n. coll., i sensi

D

là, cong., che, perchè, affinchè; interjez.

lajáti, dájem, v. impf., soler dare

láleč, avv., lontano

lálja, f., la lontananza

lálje (dálj), avv. comp., più
lontano

lán, dnęva, dnę, m., il
giorno

lán, i, f., il tributo

lan dánes, avv., oggidì

landšnji, agg., d'oggi. quo-
tidiano

lánes, avv., oggi

Danemárski, agg.. di Da-
nimarca

Dante, m.. Dante

dâr, dâra, darû, m., il dono

darováti, ûjem, v. impf.,
donare

dasirávno, cong., tuttavia

dáti, dám. v. perf., dare

dáven, vna, agg.. passato,
remoto

dávnọ, avv.. da un pezzo

débel, debę'la, agg., grosso

dę'blọ. m., fusto dell'albero

decę'mber, bra, m., dicem-
bre

déček, čka, m.. il fanciullo

dẹklẹ, ę'ta, n.. la fanciulla

dę'klica, f., la fanciulla

dęjáti. dêjem, v. impf.. fare

dęjànje, n., l'azione

dę'kla, f., la serva, la fanciulla

dę'l, m., la parte

dę'lati, dêlam. v. impf., lavorare

dę'lavec, vca, m., il lavoratore

dêlež, m., la quota

delitev, tve, f., la divisione

deliti, ím, v. impf.. dividere

dę'lọ, n., il lavoro

denár, rja, m., il denaro

denárec, rca, m. dim. *denar,*
il denaro

dẹ'lavec, vca, m., il lavoratore

dẹ'sen, sna, agg., diritto, retto

desẹ'ti, num., il decimo

desnica, f., la mano destra

dẹ'te, ẹ'ta, n., piccolo fanciullo, fanciulla

dẹ'ti, dénem, v. pf., porre

dẹ'ti, dêm, v. pf., porre, fare, dire

dẹ'va, f., la fanciulla

dẹvica, f., la fanciulla

dẹž, dẹžjà, m., la pioggia

dežela, ẹ, f., il paese

deževáti, ùje, v. impf., piovere con insistenza

dihati, diham, šem, v. impf., respirare

dimnikar, rja, m., lo spazzacamino

divji, agg., selvaggio

dò, prep., fino a, per

dộb, m., la quercia

dộb, 'i, f., il tempo, il modo

dọ'ber, dôbra, agg., buono

dobiček, čka, m., il guadagno

dobiti, im, v. impf., guadagnare, trovare

dobráva, f., la foresta

dọ'bro, avv., bene

dobróta, f., la bontà

dobrộtljiv, aggett., buono, compiacente

dobrovọ'ljen, ljna, agg., volonteroso

doiti, doidem, došel, v. pf., arrivare

doklêr, avv., finchè

dộl, m., la valle

dòl, avv., giù

dôlg, à, m., il debito

dôlg, dôlga, agg., lungo

dolgočásen, sna, agg., lungo, nojoso

dolina, f., la valle

dolọ'čen, čna, agg., preciso, puntuale, stabilito

dolžnộst, f., l'obligazione

dộm, f., la casa, la patria

domisliti, mislim, v. pf., imaginare

domovina, f., casa paterna, podere paterno, la patria

donẹ'ti, im, v. impf., risuonare

dopólniti, im, v. impf., riempire

dósti, avv., a bastanza, sufficientemente

dóstikrat, avv., molte volte, più volte

ovę'dęti se, vę'm se, v. pf., sospettare, essere consapevole

ovólj, avv., a bastanza, a sufficienza

ozdàj, avv., finora, fin qui

ozdéti se, zdım se, v. pf., sembrare

oznáti, ám, v. pf., acquistar conoscenza

ozorę'vatı, am, v. impf., maturare

ozvę'dęti, zvę'm, v. pf., palesare, informare

rág, drága, agg., caro

rága, solco, stanga

ragócen, cę'na, agg., caro, dispendioso

ražiti, im, v. ımpf., rincarare

ráziti, im, v. impf., eccitare

ręvộ, ęsa, n., l'albero

rę'vje, n. coll., gli alberi

róbęn, bna, agg., minuto

rûg, agg., l'altro

rûg, m., il compagno

rugáč, avv., altrimenti

rugám, avv., altrove (alio)

rûgdę, avv., altrove

rugę̇, avv. drugde

rugộd, avv., altrove

druzina, f., la famiglia

drúžıti, drûžına, v. impf., unıre, accompagnare

drvár, rja, m., lo spaccalegna, il falegname

držátı. ım. v. ımpf., tenere

dûh, dûha, m., lo spırıto

Dunaj, f., Vienna

dúša, f., l'anima

dušę'vęn, vna, agg., spırıtuale, anımato

dvâ, m., dvę̇, f. n., due

dvigati, dvîgam, v. ımpf., alzare

dvigniti, dvîgnem, v. impf., alzare

dvójčıč, m., il gemello

dvokolę̇snik, m., il biroccio

dvòr, dvóra, m., la corte

dvorišče, m., la corte, il cortıle

E

édęn, én, éna, éno, num., uno

edinost, f., unità, singolarità, solıtudine, bisogno

Egipt, m., l'Egitto

enák, agg., di una specie, uguale

ênkrat, avv., una volta

Everest, m., l'Everest

Evropa, f., Europa
evrópski, agg., europeo
Esop, m., Esopo

F

fantič, iča, m., il giovanotto
Farizej, m., Fariseo
Filip, m., Filippo
francóski, agg., francese
Friderik, m., Federico
Fruška gora, f., la catena montuosa cosi denominata

G

gáj, m., il bosco giovane, la boscaglia
gájiti, gâjim, v. impf., accrescere, destare, prosperare
ganiti, im, v. pf., ingannare
gàs, m., estinzione, materia con proprietà di spegnere, asciugare
gasiti, im, v. impf., spegnere
gásniti, gâsnem, v. impf., spegnere a poco a poco

gáziti, gâzim, v. impf., guadare, passare
ganiti, gánem, v. pf., muovere
genovéški, genovese
gibati, gibam, gibljem, v. impf., muovere, eccitare, smuovere
giniti, ginem, v. pf., commuovere, muovere, v. impf., consumarsi per
glàd, gláda, gladû, m., la fame
glàs, glàsa, glasû, m., la voce
glásvn, sna, agg., chiaro, manifesto
glasonǫ'svn, sna, agg., chiaro, sonoro
glasonǫ'ša, m., il messo, il messaggiero
glasoslǫ̂rje, n., la fonologia
gláva, glave, glavę̣, la testa
glavarica, f., la direttrice
gláven, vna, agg., capitale
gledališče, n., il panorama, il teatro
glę̇'dati, glę̂dam, v. impf., guardare
glèj, inter., guarda! ecco!
globočina, f., la profondità

ódati, *dam*, *jem*, v. impf., rodere, rosicchiare

ɪę'zdəce e *gnę'zdice*, n., il nidino

ɪę'zdo, n., il nido

γ'ba, f., il fungo

ɔdíti. *im*, v. impf., maturare, stagionare; *g. se*, accadere

ɪj, *gója*, m., cura, governo, disciplina

γ'ja, f., governo, amministrazione

γjíti, *im*, v. impf, coltivare

ɪl, *góla*, agg., calvo

ɪl, *i*. f., arbusto, legno giovane

ɔldínar, *rja*, m., il fiorino

ɔlǫb, m., il piccione, il colombo

ɔmɪzę'ti, *im*, v. impf., brulicare, formicolare

ɪniti. *gǫ'nim*, v. impf., condurre (detto di azione ripetuta)

ɪra, f., la montagna

ɔrę'čnost, f., lo zelo, l'ardore

ɔrę'ti, *im*, v. impf., ardere

ɔrję, n., il guajo; (inter.), guai!

górje, n. coll., catena di montagne

górski, agg., di montagna

gǫs, *gosí*, f., l'oca

gosę́nica, f., il bruco

gǫ'šča, f., la macchia folta, il bosco

gǫ'sli, f. pl., il violino

γospá, *ę́*, f., la signora, la donna

gospǫd, m., il signore

gospodár, *rja*, m., il padrone

gospodárstvo, n., la padronanza, la signoria, il dominio

gospodinja, f., la padrona

gospodováti, *újem*, v., impf., padroneggiare

gǫst, *gostú*, *gósta*, m., l'ospite

gǫst, *gǫ'sta*, agg., spesso, denso

gostí, f. pl., il banchetto, il convito

gostílna, f., *gostílnica*, f., l'osteria

gostíti, *im*, v. impf., addensare

gotòv, *ǫ'va*, agg., pronto, certo

gȯvor, m., il discorso

govoriti, im, v. impf., parlare: (*govoré*, parlano)

grȧblje, belj, f. pl., il rastrello

grȧd, grȧda, gradȗ, m., il castello

grȧiski, agg., del castello

gredę', avv., intanto, mentre

Grégor, m., Gregorio

grę'h, m., il peccato

grȇnvk, nka, agg., amaro

gréniti, grénem, v. impf., raschiare, rastrellare

greniti, im, v. impf., render amaro, addolorare, amareggiare

gréniti, grênem, v. impf., cacciare, spingere

grenkȯst, f., l'amarezza

grę'šnik, m., il peccatore

grę'ti, gréjem, v. impf., scaldare

grič, m., la collina

gričvk, čka, m. dim., *grič*, la collinetta

gristi, grizem, v. impf., rosicchiare, masticare

gr'lica, f., la tortorella

gr'lo, n., la gola

gȓm, m., lo sterpo, il cespuglio

grmę'ti, im, v. impf., tuonare

grȯb, grȯba, m., la tomba

grȯbvc, bca, m. dim., *grȯb*

grȯm, m., il tuono

grȯš, grȯša, m., il grosso

grȯza, f., il raccapriccio, l'orrore, il ribrezzo

grȯzvn, zna, agg., orribile

grȯzno, avv., molto

gr'ški, agg., greco

gȗmba, f., il bottone (detto anche di pianta)

Gvidon, m., Guittone

Gvidot, m., Guidotto

H

h, prep. = *k*

hȧsniti, nem, v. pf. e impf., giovare

hčę'r, hčeri = *hči, hčę́re*, f., la figlia

Héleno, f., Elena

Helenski, ag., elleno, greco

hȋp, m., l'istante, il momento

hipoma, avv., sull'istante

hirati, hiram, v. impf., languire, diminuire, intristire

hiša, f., la casa

hišen, *šna*, agg., di casa

hiter, *tra*, agg., rapido

hitę'ti, *im*, v. impf., affrettarsi

hititi, *hitim*, v. impf., gettare, scagliare

hitro, avv., presto

hlàpec, *pca*, m., il servo

hládvn, *dna*, agg., fresco

hladiti, *im*, v. impf., rin-
frescare

hlàstniti, *hlàstnem*, v. impf.,
acchiappare, cercar di
prendere

hòd, *hóda* ovv. *hǫ̀d*, *hodà*,
m., l'andare, l'andamento

hóditi, *hǫ'dim*, v. impf., andare

hòlm, *hólma*, m., la cima,
il cocuzzolo

hólmec, *hólmca*, m. dim.
holm

hǫ̀sta, f., la boscaglia

hotę'ti, *hǫ'čem*, *čém*, v.
impf., volere

hráber, *bra*, agg., coraggioso, eroico

hràm, *hráma*, m., l'edifizio,
la casa

hrániti, *im*, v. impf., risparmiare

hràst, m., la quercia

hràst, *i*, legna (Reisholz)

hrbvt, *btá*, m., la schiena

hrepenę̂nje, n., il desiderio,
la brama

hrepenę'ti, *im*, v. impf., ten-
dere a, desiderare

hrib, m., l'altura

hrûp, m., il tumulto

hùd, *húda*, agg., cattivo,
marcio

hudóba, f., la cattiveria

hudóben, *bna*, agg., perfido,
cattivo

hudóbnež, m., il malvagio

hudóbnost, f., la severità,
la malignità

hudodę̂lnik, m., il malfat-
tore, il delinquente

Húmbert, m., Umberto

hvála, f., la lode

hvalę'žen, *žna*, agg., grato

hváliti, *im*, v. impf., lodare

I

igráč, m., il giuocatore,
l'attore

igráča, f., il trastullo

igráti, *ám*, v. impf., giuo-
care, rappresentare

igrávec, vca, m., il giuocatore

imê, ęna, n., il nome

imenováti, újem, v. impf., nominare

imę'ti, imám, v. impf., avere

in, cong., e

ináki, agg., fatto altrimenti, eterogeneo

iskati, iščem, v. impf., cercare, creare, fare

Istrán, m., l'Istriano

išče = še, avv., ancora

iti. grę'm, grę'dem, idem, v. impf., andare

iz, prep., da, fuori da

Italia. f., Italia

italiánski, agg., italiano

izbrisati, brišem, v. pf., cancellare

izdę'lati, dęlam, v. pf., compire, finire

izdęlováti, újem, v. impf., fabbricare

izdihniti, dihnem, v. pf., spirare, sbadigliare

izginiti, ginem, v. pf., scomparire

izgovoriti, im, v. pf., pronunciare, esprimere

izgúba. f., la perdita

izgubiti, im. v. pf., perdere

izhòd, ho'da, m., l'uscita, il cammino, la marcia

izkúšati, am, v. impf., ricercare

izlę'sti, lę'zem, v. pf., sgusciare, uscire, strisciar fuori

izliti, lijem. v. pf., versare da

izmėd, prep., *izmėj = izmed*, fra

izmisliti, mislim. v. pf., ideare, immaginare

iznebiti se, im se, v. pf.. liberarsi

iznevę'riti vęrim, v. pf. tr., rendere incredulo, rifl., ribellarsi; intr., divenir incredulo. diffidare; tr., defraudare

izpiti, pijem, v. pf.. bere tutto, vuotare

izpòd, prep., di sotto, da

izpodbósti, bódem, v. pf., stimolare

izprázniti, práznim, v. pf., vuotare

izprehájati se, am se, v. impf., passeggiare, girare per

Izraélec, lca, m., Israelita

izrèk, rę'ka, m., la sen-

tenza, il decreto, il giudizio

izrẹ́ka, f., la pronunzia

izročiti, im, v. perf., consegnare, rimettere

iztẹ'pati, tépam, pljem, v.
impf., sbattere, stacciare

iztépsti, tépem, v. pf., battere, mandar fuori bat-
tendo (detto per es. della
polvere dai panni)

iztòk, tọ'ka, m., lo sbocco

izvirati, am, v. impf. sca-
turire, zampillare, uscir
fuori

izvîrati se, am se, v. impf.,
voltarsi qua e là, cur-
varsi

izvóliti, vọ'lim, v. pf., scegliere; *izvóljen*, ag.(part.),
scelto

izzá, prep., da, dietro

izmúzniti, múznem, v. pf.,
scortecciare, scorticare

J

jábolka, f. = *jabolko*

jábolko, n., la mela

jádrati, jádram, v. impf.,
veleggiare

jágnje, eta, n., l'agnello

jágoda, f., la fragola

jágodica, f. dim. = *jagoda*

jájce, n., l'uovo

jáma, f., la buca

járek, rka, m., il fosso

jásen, sna, agg., sereno

jasniti, nim, v. impf., ras-
serenare

jávor, m., l'acero

Jávornik, m. Javornik (monte), il Tabernik di Dante

jázbec, beca, m., il tasso

jẹ́, interjez., oh! ah! deh!

jẹ́č, m., il gemito

jẹ́ča, f. = *ječ*, la prigione

jẹ́ča, f., miscuglio di orzo
e segale

jẹ'čati, im, v. impf., dolersi

jẹčiti, im, v. impf., tener in
potere, in carcere

jẹd, î, f., il mangiare

jednọ'č, avv., una volta

jẹ́j, inter., ah!

jẹ́l, i, f., *jẹ́la*, f., l'abete

jélen, jelẹ'na, m., il cervo

jẹ'lọ, n., il mangiare, il cibo

jemáti, jémljem, v. impf.,
andar prendendo

Jerusalem, Gerusalemme

jẹ'sti, jẹ'm, v. impf., mangiare

je'ti, jámen, v. pf., incominciare

jetnik, m., il prigioniere

je'zditi. jézdim, v. impf., cavalcare

jézera, = *jezero, jézero,* n., il lago

je'zen. zna, agg., adirato. arrabbiato

jézik. ika, m.. la lingua

jeziti. im, v. impf.. arrabbiarsi

je'ž, m.. il riccio

je'ža, f., l'argine, il cavalcare

jiha, f., la burrasca

jo'kati, kam, čem, v. impf., piangere

júlij. m., luglio

junák. m., il giovanotto, l'eroe

junáški, agg., eroico

jutránji = *jútrnji, jutrę'nji,* agg., mattiniero, del mattino

jútri, avv., di mattina

jútro, n., il mattino

jútrov, agg.. orientale

K

k. prep., a

kàč, káča, m.. il serpente

káča, f., la serpe

kàdar, prep. cong.. quando. se ; avv. rel.. quale

kaditi, im, v. impf., fumare, profumare

kój, pr. intr., che ? indf., qualche cosa

kájti, cong. = *ker*

kák, pr. intr., quale ?

kakó, avv. intr., come ?; indf., in qualche modo

kàkor. avv. rel., come

kákoršen, šna, agg. rel., di qual fatta

kákšen, agg. I° pron. inter.. di qual fatta ? II° indef., III° relat., di una tal fatta

kám, avv. intr., dove ?

kam. avv. indef. dove

kámen. m., la pietra

kámenje, m. coll.. le pietre

kàr, pr. rel.. ciò che. tanto, *òd k.* cong., da che

Karol. m., Carlo

kàšljati. am, v. impf., tossire forte

katę'ri. pr., chi. il quale; quale ?

katóliški, agg., cattolico

káva, f., il caffè

kázati, žem. v. impf., mostrare, indicare

kaznováti, újem, v. impf., punire

kdáj, avv., quando. talora

kdọ', pr., chi?, un tale

kdọ'r, pr., chi, colui che

kẹ'r, pr., che, il quale; cong.. perchè

kedáj = *kdáj, kèdar* = *kàdar*

kedọ'r = *kdor*

ki, ka, ko = *kateri,* pron. relat.

kipẹ'ti, ím. v. impf., bollire

kita, f., la treccia

kjẹ', avv. inter.. dove?

kjẹ'r, avv. rel., dove

kládivo. m., il martello

klás. klása, klasû, m., la spiga

klásični, agg.. classico

kláti, kọ'ljem, v. impf.. mordere, pungere, ripungere

klatíti, im. v. impf., battere, batter giù

klẹ'cati, cam, čem, v. impf., inginocchiarsi

Klement. m., Clemente

klẹt, î, f., la cantina

klẹ'ti, kólnem, v. impf., imprecare

klicati. čem, v. impf., chiamare

klínast. agg., cuneiforme

ključálnica. f., la serratura

kljúka. f., il manubrio, la chiave = *ključ*

klobúk. m., il cappello

klòp. klópa, m.. la zecca (insetto) « *ixodes ricinus* »

klôp. î, f., la panca

kmáli, avv. = *kmalu*

kmálu, avv.. presto, un poco

kmẹ't, ẹ'ta, il contadino

knẹ́z, m., il principe

knjíga, f., il libro

kọ, avv., intr. = *kakò*; avv. rel. = *kàkor*; quando; cong., come che

kò, avv., soltanto

kobíla. f., la cavalla

kọ'd, avv.. dove

kój, kója, m., l'educazione, l'insegnamento, la razza, la specie

kòj. avv. (dial.), = *kò*

kój, avv., subito

kọ'kla, f.. la chioccia

kokljáti, àm, v. impf.. crocchiare, chiocciare

kokôš, f., la gallina

kôlik, pr. inter., quanto grande

kôlen, lna, agg., di ruota

kolę'no, il ginocchio

ko'li, avv., quantunque; sempre, anche

kôliti, ko'lim, v. impf., piantare i pali, impalare

kolô, ę'sa, la ruota

kolodvôr, dvôra, m., la stazione di ferrovia

kộmaj, avv., appena

komę'dija, f., la commedia

konĕáti, âm, v. pf., finire

kônec, nca, m., la fine

kônj, kónja, m., il cavallo

ko'njik, m., il soldato a cavallo

ko'njski, agg., di cavallo

kôpa, f., il mucchio

kôpati, pljem e *kopáti, pâm*, v. impf., vangare, scavare

kopitast, agg. da *kopito*, n., la forma delle scarpe

kopnę'ti, im, v. impf., fondere

korák, m., il passo

korákati, ákam, v. impf., marciare

korito, m., trogolo, vasca di pietra

kôs, m., il merlo

kộs, agg. indecl. (*kos biti*, esser in istato di...)

kosát, áta, agg., frondoso

kositi, im, v. impf., tagliare, spezzare

kộst, i, m., l'osso

kôšáti, âm, v. impf., battere per terra i covoni di saraceno

košek, škã, m., la gerla

kòt, cong., come, che

ko'tec, tca, m., il cantuccio

kovăč, m., il fabbro ferrajo

kováti, kŭjem, v. impf., interrare, fabbricare alla fucina

kozárec, rca, m. (dim. di *kozár*, vaso di corteccia) il bicchiere

ko'za, f., la pelle d'animali

ko'zji, agg., di capra

kozopr'sk, pr'ska, m., l'ottobre

kráj, krája, m., il luogo, il sito

kráj, prep., presso

králj, m., il re

kraljič, iča, dim., *králj*

kraljȩ'stvo, m., il dominio, il regno

krâljev, agg., reale

kraljevâti, ûjem, v. impf., reggere, governare

krânjski, agg., cragnolino

krâs, m., l'ornamento

krâsȩn, sna, agg., splendido, magnifico

krâsti, krâdem, v. impf., rubare

krât, m., la volta (una, due, molte, etc.)

krâtȩk, tka, agg., corto

krâva, f., la vacca

krdȩ'l, f., il gregge

krȩ̇gulj, gúlja, m., il nibbio, l'astore

krȩpâk, pkà, agg., saldo, tenace

krȩpọ̈st, f., la forza

Krez, m., Creso

krî, krvî, f., il sangue

krîlo, n., l'ala, il vanno, il seno

kristâl, m., il cristallo

Kristus, m., Cristo

Kristiân, m., Cristiano

Krištof Kolumb, m., Cristoforo Colombo

krîv, kriva, agg., ingiusto, falso

krívȩc, vca, m., il levante: il piede storpio

krıvičȩn, čna, agg., ingiusto

križ, m., la croce

križanȩc, nca, m., il crocifero

križanski, agg., il crociato

kr'm, kr'ma, m., la poppa delle navi, la prora

kr'ma, f., i viveri per le bestie

krọ̈g, m., il circolo

krȯg, avv., prep., intorno

krog in krog, prep., attorno, intorno

krȯgla, f., la palla, la sfera

krompir, pirja, m., la patata

kr'st, kr'sta, m., il battesimo

krùh, krúha, m., il pane

krvâv, vâva, agg., sanguinoso

krvavȩ'tı, im, v. impf., sanguinare

hrvoprelitje, la strage

ktéri, pron., = *katéri*

kúča, f., la ciocca, il ciuffo, il covone

kùčati, ım, v. impf., accoccolarsi, abbassarsi

kùkavica, f., il cuculo

kûp, m., la compera

kùp, kúpa, m., il mucchio

kúpa. f., il bicchiere; il dado

kupčija, f., il commercio

hupčijski, agg., commerciale

Kupido. m., Cupido

kúpiti, im, v. impf., comperare

kupováti, ûjem, v. impf., andar comperando

kùščar, rja. m., il ramarro

kvatérna, f., la quaderna

L

lačæn, čna, agg., affamato

ládija, f., la barca

láhek, hka, agg., leggiero

lahkomišljen, leggiero di tesia

làjati, iam, v. impf., abbajare

lákomnost, f., l'avidità

lákot. f., la fame

làs, lása, lasù, m., il capello

làst, i, f., il possesso, l'agiatezza

lásten, stna, agg., proprio

lastina, f., il dominio

lastnôst, f., la proprietà, la virtù

lástovka = lástovica, f., la rondine

latinski, latino

lávor, rja, m., il lauro

lávorjev. agg., d'alloro

lavorika, f. = *lavor*

láziti, làzim, v. impf., serpeggiare

lažnik, m., il bugiardo

lažniv, iva, agg., mendace

le, enclitica che si unisce ai pronomi

lè, avv., soltanto

lęd, lęda, ledù, m., il ghiaccio

ledôrje, n. coll., le masse di ghiaccio

ledœjé, i lombi

lę'ga, f., il giacere

lęj = glęj, inter., guarda

lękarica, f., la moglie dello speziale

lękár. rja, m., lo speziale

lę'n, lę'na, agg., pigro

lęnùh. m., il fannullone

lęp, lépa. agg., bello

lepǫ', avv., bene

lępóta. f., la bellezza

lęs, lésa, lęsù. m., il legno

lę'sa, f., il graticcio, la rosta

lęskətáti. ətàm.áčem(ę'čem) v. impf., splendere

lę'sti, lèzem, v. impf.. serpeggiare, insinuarsi

lę'tati, tam. v. impf., soler volare

léten, tna, agg., estivo, annuo

lę'to, n., l'estate, l'anno

lèv, m., la muda

lèv. lę'va. m., il leone

lèv, lę'va. agg.. sinistro

levica, f., la leonessa

lęvica, f., la sinistra (mano,

lę'vica. f., l'allodola

lę'vov, agg., di leone

lę'za, f.. l'arrampicarsi, il salire

léžati, im, v. impf, giacere

li = le

lice, n. la guancia

ličen, čna, agg., attenente a guancia

liki, cong., come

lina. f., apertura del tetto

linica. f. dim. di *lina,* apertura in genere

lipa, f., il tiglio

lipica. dim. di *lipa*

lipina, f., pampino di vite

liričen, čna, agg., lirico

lisica. f., la volpe

lisiěji, agg.. volpino

list, lista, listii, m.. il giornale

listje, n. coll.. le foglie

liti, lijem, v. impf., versare

lizati, ližem, v. impf.. leccare

ljub, ljuba. agg , caro, amato

ljubęzen. zni, f., l'affetto. l'amore

ljubezniv, iva, agg.. degno d'amore

ljubeznivost, f.. l'amabilità

ljubiti, im, v. impf., amare

Ljubljana. f.. Lubiana

ljubljenec. nca, m.. l'amante. il favorito

ljudję, dì. m. pl., gli uomini, le persone

ljudski, agg., umano

ljudstvo. m., il popolo

ločitev. tve, f., la separazione

ločiti, im. v. impf.. separare. spiegare

lóg, m.. il bosco (*lucus*)

lǫ'ka. f., valle paludosa

lómiti, im, v. impf. , rompere

lónec, nca, m., la pignatta

lọtiti se, im se, v. pf., impossessarsi

lóvec, vca, m., il cacciatore

loviti, im, v. impf., cacciare

lóvski, agg., da caccia

lộž, m., il giaciglio di una fiera

lọ'ža, f., fondo di fiori

lōša, f., la loggia

lóžiti, lọ'žim, v. pf., porre

lộžji = lažji, comp. di *lahek*

lûcati, am, v. impf., giacere (nella lingua dei fanciulli)

lúč, f., il lume

lúčati, am, v. impf., gettare, frombolare

lûknja, f., il buco, la tana

lúna, f., la luna

lúnin, agg., lunare

luzinjánski, agg., lusitano

M

máčeha, f., la matrigna

mâčka, f., la gatta, il gatto

madjárski, agg., magiaro

máh, máha, mahû, m., il muschio

máh, máha, m., l'oscillazione, il colpo

máhniti, máhnem, v. pf., oscillare; trans., dar un colpo

májati, jam, jem, v. impf., smuovere

mâjhen, hna, agg., piccolo

málič, m., il cibo, la pietanza

malik, m., l'idolo, il coboldo

máli, la, agg., piccolo

málokdọ', pron., qualcuno di rado

málokte'ri, pochi, un qualche raro

máma, f., la mamma

mâmica, f. dim. di *máma*

mâmika, f. dim. di *máma*

már, m. = *máranje*, n., la cura

márati, am, v. impf., occuparsi, curarsi di...

Marica, f. dim. di Maria

Marija, f., Maria

marljivost, f., lo zelo

márka, f., la marca

Marko, m., Marco

mársikák, un qualche

mársikate'ri, un qualche

mársikdọ', un qualche

máša, f., la messa

maščeváti. ijem. v. impf., vendicare

máti, tere, f.. la madre

mávra. f.. la vacca nera

mávrica, f. dim. di *mávra,* l'arcobaleno

mázati, mážem, v. impf.. ungere

měč, meča, m., la spada

męča, f., la polpa

meček. čka. agg. = *mehek*

měd, prep., fra

męd. męda, medú, m.. il miele

medsebǫ'jen, jna, agg.. reciproco

médvęd, ę'du, m.. l'orso

megla, ė, f., la nuvola

méhek. hka, agg., tenero. floscio

méja, f., il confine

menih, iha, m., il monaco

meniti, im, v. impf., campare

méniti. im, v. impf., pensare

mériti. mérim. v. impf., misurare

mêsec. seca, sca. m., la luna, il mese

mêsečen, čna, agg., mensile

mést, m., il mosto

mę'sto, n., la città. il luogo

métati, mę'čem, v. impf.. gettare

métlast, agg.. a forma di scopa

Metod, m., Metodio

Mezopotamia, f., la Mesopotamia

migati. migam, v. impf.. muoversi presto, far cenni cogli occhi, scintillare

migljáti, ám. v. pf., splendere

migniti. mignem, v. pf.. accennare

mík, m., l'attrattiva. il piacere, la vaghezza la grazia

míkati. kam, čem. v. impf. attirare, impressionare

mil. mila, agg., pietoso, triste

Milan, m., Milano

miloglásen, sna. agg., che parla dolcemente

milost, f., il favore, la pietà

milosr'enost. f., la compassione

milosten, tna, agg., favorevole, pietoso

miloščina, f., l'elemosina

mȋmọ, avv., distante, oltre

miníti, minem, v. pf., terminare, cessare, finire, passare

mir, mira, mirȗ, m., la pace

mirẹn, rna, agg., pacifico

mis, miši, f., il topo

misel, sli, f., il pensiero

misliti, míslim, v. impf., pensare

miza, f., la tavola

mizȃr, rja, m., il falegname

mizica, f., la tavoletta

mlȃd, mláda, agg., giovane

mladič, iča, m., il giovane

mladóst, f., la gioventù

mlẹ'ko, n., il latte

mlȋn, m., il mulino

mlinski, agg., del mulino

mnȏg, mnọ'ga, agg., molto

mnȏgi, avv., molto

mȍč, moči, f., la forza

mȍčen, čna, agg., forte

mọ'čẹn, čna, agg., bagnato, umido

mȍči, mọ'rem, v. impf., potere

mọ'dẹr, módra, ag., azzurro

mọ'dẹr dra, agg., savio, prudente

modróst, f., la saggezza

mogọ'č, ča agg., possibile

mogọ'čẹn, čna, agg., potente

mọ'j, mója, pron., mio

mọ'jster, tra, m., il maestro (operajo)

mokróta, f., l'umidità

mólčati, im. v. impf., tacere

molitẹv, tve, f., la preghiera

móliti, mọ'lim, v. impf., pregare

mȏr, agg., nero

mȍr, mọ'ra, f., la mortalità

móra, f., l'incubo

mọ'rati, am, v. impf., dovere

morebiti, avv., forse, può essere

moriti, im, v. impf., uccidere, tormentare

mórje, n., il mare

morda, avv., forse

mornȃr, rja, m., il marinajo

mȏst, mȏsta, m., il ponte

mọ'titi, im, v. impf., sconvolgere

mȏš, moža, m., l'uomo

mrȃk, mrȃka, mrakȗ, m., il crepuscolo, le tenebre

mráz, mráza, m., il freddo

múčiti, im, v. impf., martoriare

muhamedánski, agg., maomettano

múrnica, f., la salamoja

mužẹ́ven, vna, agg., pieno di sugo

N

na, prep., in, su

nabráti, bérem, v. impf., raccogliere

načúditi se, načúdim se, v., impf., meravigliarsi

náda, f., la giunta; la speranza

nàdjati se, am se, v. impf., aspettare, sperare

nadjáti, dẹ́nem, v. pf., sopraporre

nadlẹ́ga, f., il carico, il peso

nadlôga, f., la piaga, la tribolazione

nagájati, am, v. impf., irritare, vessare

nagajivec, vca, m., l'uomo irritante

nágloma, avv., in fretta e furia

nágniti, nem, v. pf., piegare, inclinare

nagníti, gnijem, v. impf., corrompersi

nagovárjati, am, v. impf., cercar di persuadere, indurre

nâj, cong., sia, che

nájti, jdem, v. pf., trovare

najvèč, avv. sup., il più

nakupávati, am, v. impf., comperare

nalẹzljiv, iva, agg., contagioso

naloviti, im, v pf., prendere cacciando in quantità

namẹ́sto, prep., invece di

Nanos, m., il Nanos

nanósiti, nọ́sim, v. pf., portar insieme

naoblačiti, im, v. pf., annuvolarsi

nàpak, avv., ingiustamente

napiti, pijem se, v. pf., bere a sazietà

Napoleon, m., Napoleone

napólniti, im, v. pf., riempire

napọ́sled, agg., finale

napóvẹdən, dna, agg., annunziato

napráviti, právim, v. pf., fare, approntare

naprédən, dna, agg., che avanza

napredováti, újem, v.impf., avanzare

naprèj, avv., avanti

napré'sti, pré'dem. v. pf., filare in quantità

napróti, avv., di contro

napuhnjen, agg., altero, orgoglioso

nárav, f., la natura

naráva, f., la natura

naráven, vna, agg., naturale

naravnáti, âm, v. pf., ordinare

nare'čje, n., il dialetto

narediti, im. v. pf., fare

národ, ró'da, m., il popolo, la nazione

nasaditi, im, v. pf., collocare, porre, piantare

nasájati, am, v. impf., trapiantare, collocare

nasédnik, m., l'abitante

naslédnik, m., il successore

nastópiti. stópim. v. pf., entrare

nàš, náša, pr., nostro

našopiriti, irim, v. pf., rizzare, abbellire

natánčen, čna. agg., puntuale, preciso

natóčiti, tǫ'čim, v. pf., spillare

naváda, f., l'usanza

navádən, dna, agg., usitato

navádno, avv, di solito

navdàjati.jam.jem, v.impf. andar colmando

navdáti, dám, v. pf., colmare

náuk, náuka, naúka, m., l'istruzione. l'educazione

nazadováti, újem, v. pf., indietreggiare

nè, part.. non

nebę'sən, sna, agg., celestiale

nebę'ški. agg., celeste

nebó, n., il cielo

*nečimərnost, f. e ničèmarnost, f.. la vanità

nedęlę'šən, šna. agg., non partecipe

nedę'lja, f., la domenica

nedòlžen, žna, agg., innocente

nę̂dro, n., il seno

nę̂go, cong., che

nehvalę̂šnik, m., l'ingrato

nehvalę́žnost, f., l'ingratitudine

neizrečèn, éna, agg., non
detto

neizmę́ren, rna, agg., smi-
surato

neižréčen, čna, agg., da non
dirsi

nę́kaj, pr., qualchecosa

nę́kak, pron., un certo

nékdaj, avv., una volta

nękdánji, agg., di una volta

nę́ki, nę́ka, pr., un certo

nękôlık, agg., alquanto

nękię́ri. pr., un qualche

nę́m. nę́ma. agg., muto

némar. m., la trascuratezza

Némec. m., Tedesco

nę́mec, m., il muto

nemil, mila, agg., senza
affetto, senza pieta

némški, agg., tedesco

nepozván, agg., non chiamato

neprenêhoma, avv., di continuo

neprijátelj, m., il nemico

neróden, dna. agg., non
fruttifero

nerǫ́den, dna, agg., tra-
scurato

nerǫ́dnik. m., il dappoco,
il disordinato

Neron, m., Nerone

nespámeten. agg., sconsi-
derato

nesrę́ča. f., la sfortuna

nesrę́čen, čna, agg., sfor-
tunato, infelice

nesrę̂čnež, m., lo sfortu-
nato

nestanoviten, ına, agg., in-
costante

nésti, nésem, v. impf., portare

neúmen, mna. agg., matto,
incomprensibile

neusmiljen, agg., non pietoso

nevę́rnik, m., l'incredulo

nevihta, f., la burrasca

nevǫ́lja. m., la non volontà

nevoščljivost, f., l'invidia,
l'astio

nevréme, mę́na, m., la tempesta, la burrasca

nezmagljiv, ıva, agg., in-
vincıbile

neznan, nána, agg., scono-
sciuto

ni, cong., e, non

nič, ničę́sar, pr, niente

nihèè, *nikógar*, pr., nessuno

nikdo, *nikoga*, pr., nessuno

nikję́r, avv., in nessun luogo

nikǫ́der, avv.. in nessun luogo

nikǫ́garšen, *šna*, agg., appartenente a nessuno

nikòli, avv., giammai

nimam (vedi *imeti*) *nèimèti*, v. impf., non avere

nit, *nîti*, f., il filo

nižati, *am*, v. impf., abbassare

nižava, f., la bassura, valle

nję́n, pr., suo

njiva, f., il campo

nobéden, *nobéna*. pr., nessuno

nòč, *noči*, f., la notte

nóčen, *čna*, agg., notturno

nóga, f., la gamba

Norvéški, agg., norvegese

nós, *nòsa*, *nosâ*, *nosú*, m., il naso

nǫ'sa, f., il vestimento

nósen, *sna*, agg., che porta

nósiti, *nósim*, v. impf., portare

nósna, f., incinta

nǫ́tranji, agg., interno

novica. f., la novità

nòv, *nóva*, agg., nuovo

nòž, *nóža*, m.. il coltello

O

ó, inter., oh, ah !

ò, prep., = *ob*

òb, prep.. circa, intorno

obdęlováti, *ûjem*, v. impf., lavorare

obę́t, *ę'ta*, m.. la promessa

obétati, *ètam*, *èčem*, v. impf., promettere

obirati, *biram*, v. impf., raccogliere da

obitelj, f., la famiglia

objémati, *mam*. *mljem*, v. impf., abbracciare

obję́sti. *ję́m*, v. pf., finir di mangiare

obję́ti, *jámem*, v. pf., abbracciare

objǫ́k, m., il compiangere

objǫ'kati, *kam*, *čem*, v. pf., piangere; *objǫ'kan*, cogli occhi rossi di pianto

oblačilo, m., il vestito

oblák, m., la nuvola

oblást. f., il potere

obláčen, čna, agg.. nuvo-
loso

oblę'č, lę'ča, (dial.) m., il vestito

oblę'či, lę'čem. v. pf., ve-
stire

odlędę'ti, im, v. pf., divenir
pallido

obléka, f., il vestito

oblèt, lę'ta, m., la fuga

oblę'tati. oblètam, v. impf.,
sfuggire

obletę'ti, im, v. impf., inva-
dere

obležénje, n., l'assedio

oblik, m., lo splendore della
pulitura

oblivati, am, v. impf., bagnare intorno

obljúba, f.. la promessa

obogátiti se, gatim se. v.
impf.. arricchirsi

obǫk, m., la volta, l'arco

obráčati, am. v. impf., voltare

obráščati, am, v. impf., crescere intorno

obràz, ráza, m., il volto

obrêst, f., il guadagno, il
vantaggio

obr'niti, nem, v. pf., voltare

obrópati, am, v. pf., deru-
bare

obsaditi, im, v. pf., piantare intorno

obuditi, im, v. pf., destare

obzidati, am, v. pf., mu-
rare

óča, m.. il padre

očę'diti, čędim, v. pf.. nettare

očistiti, čistim, v. pf., pulire

očitati, tam, v. impf., rim-
proverare, gettare in-
nanzi

očitati, tam, v. impf., rive-
lare, manifestare

ód, prep., da; cong., che

odgnáti. žénem, v. pf., cacciar via

odgôvor, m., la risposta

odgovoriti, im, v. pf., ri-
spondere

oditi, idem, v. pf., andar
via

odję'njati, am, v. pf., tra-
lasciare, cedere

odkriti, ijem, v. pf., sco-
perchiare

odkúpiti, im, v. pf., redimere

odlágati, am, v. impf., rimettere

odlǫ'čen, čna. agg., critico, decisivo

odmę'vati, am, v. impf., risuonare

odpirati, am, v. impf., aprire

odpovę'dati, povę'm, v. pf., disdire, ricusare

odprȧviti, prȧvim, v. pf., spedire, mandare

odprę'ti, prȇm, v. pf., aprire

odpustiti, im, v. pf., lasciar andare

odpušćénje, n., il perdono, la concessione

odręšnik, m., il liberatore

odrę'ti, odȇrem v. pf., toglier la pelle, squartare

odskóčiti, skóčim, allontanarsi saltando

odtéči, téčem, v. pf., scorrer via

odvȇtnik, m., il difensore

odvzę'ti, vzȧmem, v. pf., togliere

odzdrȧvljati, am, v. impf., corrispondere al saluto

ǫ̇gel, gla, m., il carbone; l'angolo

ógenj, gnja, m., il fuoco

ogibati, gibam, bljem, v. impf., piegare

ogniti, ǫ'gnem, v. pf., evitare

ogovȧrjati, am, v. impf., arringare, parlare

ograditi, im, v. pf., assiepare

ogrȧja, f., la siepe

óh, interjez., ah!

ohrȧniti, im, v. pf., risparmiare

ohromiti, im, v. pf., storpiare

okȋnčati, am, v. pf., decorare

okó, čę̇sa. m., l'occhio

okóli. avv., intorno

okólica, f., la contrada, i dintorni

ókno, n, la finestra

okólnost, f., la circostanza

okǫ'ren, rna, agg., rigido

okrepčáti, ȧm, v. pf., render forte, saldo

okrǫ'gel, gla, agg., rotondo

oltȧr, ȧrja, m., l'altare

omȧra, f., l'armadio

omędlę'ti, im, v. impf., cadere in deliquio, perder le forze

ón, óna. óno. pron., quello

óndi, avv., là

opásati, pášam, v. pf.. cingere di cintura

opazováti, ùjem. v. impf., osservare, notare

ópera, f., l'opera

opéra, f., il sostegno

ópica, f.. la scimmia

opondšati, am, v. impf., rinfacciare

opráti, pérem, v. pf., lavare pulito

opravičiti, ičim, v. pf., giustificare

oprávoiti. právim, v. pf., operare, eseguire

opr'titi. přtim, v. pf., addossare

opustiti, im, v. pf., abbandonare

oráti, orám, órjem, v. impf., arare

órja, f., l'arare

orják, m., il gigante

orkán, m., l'uragano

orlica, f., l'aquila

oródje, n., l'istrumento

oroslán, m., il leone

oro'žen, žna, agg, armato

orôžje, n., l'armi

ós, ι, f., l'asse; il taglio

ósa, f., la vespa

osében. bna, ag., personale

ósel, sla, m.. l'asino

ósla, f.. la cote

osladiti, im, v. pf., addolcire

oslepé'ti. im. v. pf.. divenir cieco, acciecare

osóda, f.. il destino, la sorte

ostája, f., il rimanere, il soggiorno

ostánek, nka, m., il resto, l'avanzo

ostáti. stánem, v. pf., restare

o'ster, óstra, agg.. acuto, acuminato

ostrúpiti, strúpim. v. pf., avvelenare

osúpel, pla, agg., sorpreso, attonito

osvojiti, im. v. pf.. impadronirsi

ošáben, bna agg., orgoglioso

ótec. tea. m., il padre

oté'ti, otmèm, v. pf., liberare, salvare

otók, tǫ'ka, m.. l'isola

otǫ'šnost, f., la tristezza

otróba, f., le viscere

otróbi, m. pl., la crusca

otróbov, agg., di crusca

otrók, róka, m., il fanciullo

ováditi, vádim, v. pf., denunziare, tradire

óvca, f., la pecora

óven, vna, m., il montone

ové'niti, nem, v. pf., appassire

ovíjati, am, v. impf., avvolgere

ozdrávljati, am, v. impf., curare, risanare

ozírati se, am se, v. impf., guardarsi attorno

označeváti, újem, v. impf., definire, caratterizzare

ozré'ti se, zrém se, v. pf., guardarsi intorno, mirare

P

pa, cong., e

páč, avv., pure, si

páh, m., il vapore

pálica, f., il bastone

pámet, f., il senno, il giudizio

pámeten, tna, agg., giudizioso

pápež, m., il papa

parka, f., la parca

pásji, agg., canino

pásti, pádem, v. pf., cadere

pásti, pásem, v. impf., pascolare

pastír, rja, m., il pastore

pastírstvo, n., la pastorizia

pástorek, rka, m., il figliastro

pástorka, f., la figliastra

páša, f., il pascolo

péč, i, f., la stufa

péči, péčem, v. impf., arrostire, cuocere, scottare

pekel, klà, m., la pece, l'inferno

péljati, pé'ljem, v. impf., condurre

pé'na, f., la schiuma

pé'niti, pênim, v. impf., schiumare

pé'rje, n. coll., le penne, le foglie

peró, êsa, la penna

perùt, f., l'ala

pes, psà, m., il cane

pésem, smi, f., la canzone

pésenca, f., la canzonetta

pésništvo, n., l'arte poetica, la poesia

pést, i, f., il pugno

peščén, agg., sabbioso

pešče'nec. nca, m.. l'are-
naria

petélin, ina, m.. il gallo

Peter, m., Pietro

pe'ti, num., quinto

Petrarha, m., il Petrarca'

pe'ti, pójem, v. impf.. cantare

pe'tje, n.. il canto

pe'vec, vca, m., il poeta, il
cantore

pévski, agg.. cantabile. poetico

pihljáti, ám. v. impf.. spirare, soffiare

pikati, pikam, v. impf.,
pungere, battere col pic-
cone

pijáča, f.. la bevanda

pisán, ána, agg., canino

pisár, rja, m., lo scrittore

pisati, pišem, v. impf., scrivere

pismo, n., lo scritto

pismonôsec. sca, m.. il por-
talettere

pismono'ša = pismonosec

piščál, li, f., il flauto

piščé, e'ta, n., il pollo giovane

pitati. pitam, v. impf., ingrassare; domandare

piti. píjem, v. impf., bere

pizanski. agg., pisano

pláčati, am. v. impf., pagare

plačilo, n., il pagamento

plákati, kam, čem, v. impf.,
piangere, dolersi

plámen, e'na, m., la fiamma

plamene'ti. im, v. impf.,
fiammeggiare

planét, m., il pianeta

planina, f.. l'alpe

pláninkinja, agg., abita-
trice dell'Alpe

planinski, agg., alpino

plávati, plávam. v. impf.,
nuotare

pléče, n., la spalla

pléme. e'na, n., il genere,
la stirpe

plén. m., il bottino

ple'n, ple'na, m., la sfal-
datura

pleniti, im, v. impf., pre-
dare

ple'niti se, nim se, v. impf.,
sfaldarsi

plenkáti, ám, v. impf., vi-
brare

ple'sati, šem, v. impf., bal
lare

plésti, *plétem*, v. impf., intrecciare

plę'šati, *im*, v. impf., divenir calvo

plę'ti, *plę'vem*, v. impf., sarchiare

pletilo, n., l'intrecciare

plę'va f., la spiga, la pula

plin, m., il gas

pljúča, f., il polmone

plóskati, *plóskam*, v. impf., schioccare, dare un tonfo

plót, *plóta*, *plotú*, m., il graticcio, la rosta

pò, avv. distrib., a (a due a due); prep., dopo

pobę'gniti, *nem*, v. pf., sfuggire, ritirarsi

pobę'liti, *im*, v. pf., imbiancare

pobíti, *bijem*, v. pf., ammazzare insieme

pobǫ'žɐn, *žna*, agg., pio

pobrátiti se, *brátim se*, v. pf., affratellarsi

počási, avv., adagio

počastiti, *im*, v. pf., onorare

počę'lo, n., l'origine

počéniti, *čę'nem*, v. pf., accovacciarsi

počę'ti, *počnèm*, v. pf., incominciare

počíti, *číjem*, v. pf., riposare

počivati, *am*, v. impf., riposare

podariti, *im*, v. impf., regalare

podáti, *dám*, v. pf., dare: *p. se*, darsi

podírati, *am*, v. impf., abbattere

poditi, *im*, v. impf., cacciar via

podkládati, *am*, v. impf., sottoporre

podǫ́ba, f., l'immagine

podǫ'bɐn, *bna*, agg., simile

podrę'ti, *dérem*, v. pf., distruggere

poét, m., il poeta

poginiti, *ginem*, v. pf., perire

poglèd, *glę'da*, masch., lo sguardo

poglę'dati, *glę́dam*, v. pf., riguardare

pognáti, *žénem*, v. pf., spingere

pogódba, f., la condizione

pogorę'ti, *im*, v. pf., ardere

pogórski, agg., montanino

pogǫ'stɐn, *stna*, agg., frequente

pogộstọ, avv., spesso

pogrę'šatı, am, v. impf., venir meno, mancare

pogrę'zniti, grę'znem, v. pf., affondare

pogúmɐn, mna, agg., coraggioso

pohvála, f., la lode

poiskati, ščem, v. pf., cercare

poję'sti, ję'm, v. pf., mangiar tutto

pọ'jiti, pộjdem, v. pf., andare

pọ'kati, pộkam, v. impf., schioccare, scoppiare

pokázati, žem, v. pf., mostrare

pokládati, am, v. impf., porre

poklę'kniti, klę́knem, v. pf., inginocchiarsi

poklicati, klíčem, v. pf., chiamare; *poklican* part., chiamato

pókoj, kọ'ja, m., la pace

pokončɐváti, ûjem, v. impf., finire

poklóniti, klọ'nim, v. pf., offrire

pokópati, kọ'pljem-kopáti,

ám, v. pf., sotterrare, seppelire

pokọ'pati, pljem, v. pf., bagnarsi un po'

pokriti, krî̂jem, v. pf., scoprire

poleg, avv., presso

polę'tɐn, tna, agg., estivo

polêtje, n., l'estate

politik, m., il politico

pộlje, n., la campagna

pộljskı, agg., campestre

poljúbıti, im, v. pf., cominciare ad amare, piacere, carezzare

pộln, agg., pieno

polovica, f., la metà

položiti, im, v. pf., porre

polộžje, n., la posizione

polséstra, f., la sorellastra

pomágati, am, v. impf., aiutare

pomákati, am, čem, v. impf., intingere, tuffare

pomázatı, mážem, v. pf. ungere

pomlád, f., la primavera

pọ'mniti, pộmnim, v. impf., ricordare

pomộč, f., l'aiuto

ponižɐn, žna, agg., umile

ponóčen, čna, agg., notturno

popóldne, avv., dopo mezzogiorno

popótnik, m., il viandante

poprášati, am, v. pf., domandare

poprêd, avv., dinanzi, dirimpetto

poprêj = popred, dinanzi, prima

porábljati, am, v. impf., usare, consumare

poréči, réčem, v. pf., essere per dire

poriniti, rînem, v. pf., spingere, urtare

posében, bna, agg., singolare

posékati, sékam, v. pf., tagliare colla scure

posejáti, sêjem, v. pf., seminare

poséstriti, im, v. pf., farsi sorella

pošiljati, am, v. impf., mandare

posiliti, sîlim, v. pf., domare

poslédnji, agg., ultimo

poslédnjič, avv., da ultimo

poslúšati, am, v. impf., ascoltare

posóda, f., la botte, il vasellame; il prestito

posréčiti, srêčim, v. pf., divenir felice

postáva, f., la corporatura; il collocamento; la legge

pòstelja, f., il letto

postiljati, am, v. impf., fare il letto

pòstiti, pò'stim, v. impf., digiunare

postrêžba, la cura, il servizio

posvečeváti, újem, v. impf., santificare

posrêt, éta, il consiglio

pošten, šténa, agg., onorato

poštenják, m., il galantuomo

pòt, f. e m., la strada

potéči, téčem, v. pf., correre un po', scorrere

potém, avv., poscia

potisniti, tisnem, v. pf., spingere un po'

potiti, im, v. impf., far sudare; p. se, sudare

pótlej, avv., dopo

pótok, tò'ka, m., il ruscello

potolášiti, ažim. v. pf., consolare

potóniti, tǫ'nem, v. pf., affondare

potovánje, n., il viaggiare

potrében, bna, agg., bisognoso, conveniente

potrébnik, m., l'indigente

potrebováti, ūjem, v. impf., abbisognare

potre'sti, tre'sem, v. pf., scuotere, tremare

potrpljénje, n., la pazienza

potrpžljiv, iva, agg., paziente

poúk, m, l'educazione, insegnamento

poved̦ati, pove'm, v. pf., raccontare

povést, f, il racconto

pove'šati, am, v. impf., chinare, abbassare

potóden, dni, agg., di acqua

povsôd, avv., dapertutto

pozábiti, im, v. pf., dimenticare

pozabljivost, f., la dimenticanza, la smemoraggine

pozdráviti, zdrávim, v. pf., salutare; risanare (trans. e riflessivo)

pózen, zna, agg., tardo

poznáti, znam, v. impf., conoscere

požerüh, il ghiottone, uomo vorace

požigati, am, v. impf., abbruciare

prág, prága, m., la soglia

práskati, am, v. impf., graffiare

prásniti, prásnem, v. pf., scalfire, precipitare

prášati, am, v. impf., domandare

prašen, šna, agg., polveroso, incolto (detto di campo)

práti, pérem, v. impf., lavare

práv, agg., retto, giusto

právda, f., la lite, processo

pravica, f., il diritto

pravičen, cna, agg., giusto, equo

pravičnost, f., la giustizia, l'equità

práviti, právim, v. impf., dire, raccontare

pravljica, f., la favola

prázen, zna, agg., vuoto

prázniti, im, v. impf., vuotare

praznóta, f., la vacuità

praznováti, *ũjem*, v. impf., festeggiare

prè, avv., come si dice, supposto

pre, avv. (prefisso). troppo

prebiti, *bijem*, v. pf., sfondare, rompere

prebivati, *am*, v. impf., dimorare, trattenersi

prebiválišče. n., la dimora

prebuditi. *im*, v. pf.. destare, svegliare

precvėsti. *cvetėm*, v. pf., rifiorire, schiudersi

prèd, avv. e prep., dinanzi

prėden, cong., prima che

prėdno = *prėden*

prė'dnost, f., il primato

predrę'ti. *dėrem*. *drėm*, v. pf., rompere. trapassare con coltello

pregániti, *em*, v. pf., piegare, smuovere

pregánjati, *am*. v. impf., cacciare attraverso, inseguire

pregôvor. m., la sentenza

pregrėšek. *ška*. m.. il fallo

prėj, avv., prima

preklę'ti, *kólnem*, v. pf., maledire

prekrásen, *sna*. agg., mirabile

prelivati, *am*, v. impf.. versare

preljubezniv, *iva*, agg., degno d'amore

premágati, *am*. v. pf., vincere

premėmba. f.. il mutamento. il cambio

premęniti. *im*. v. pf., cambiare

premísliti, *mislim*. v. pf.. considerare

premnôg, *mnô'ga*. ag., moltissimo

premošénje, n., il potere

preq'stur, *óstra*. ag.. aguzzo

prepeljeváti. *ũjem*, v. impf.. condurre a traverso, trasportare

prepę'vati, *am*. v. impf.. cantare melodie, canzoni

prepirati se, *am se*, v. impf.. contendere

preprósiti. *prô'sim*. v. pf.. muovere con preghiera

prėrok. *rô'ka*. m. (*próroh*. *rọ'ka*, m.), il profeta

prerokováti, *ũjem*, v. impf.. predire

presę'či, sę'žem, v. pf.. comprendere, superare

prestánek. nka, m., la pausa. posa

prestávljati, am, v. impf., tradurre

prę'sti, prę'dem, v. impf.. filare

prestọ'pen. pna, agg. mobile, bisestile

Prešeren, m., Prešeren

prešę'ren, rna, agg., dissoluto, arrogante

preštę'ti, stéjem, v. pf., enumerare

pretęsen. sná. agg., troppo stretto

pretežek, žká, agg., molto difficile

pretę'žen. žna, agg.. preponderante, minaccioso

pretrpę'ti. im. v. pf.. soffrire, sopportare

preudarek, rka. m., la tassa, la valuta

previden, dna. agg.. prudente, saggio

previdnost, f., la cautela, la precauzione

prevzę'tnost, f.. l'albagia, la protervia

pri, prep., presso; *p. nas,* presso di noi

približati, am, v. pf., avvicinare

priča, f, il testimonio, la testimonianza

pričdkati, am, v. pf., aspettare

prid, prida, m., l'utilità

priden, dna, agg., utile

priditi, prîdim, v. impf.. portar utile; rovinare

pridrúžiti, drúžim, v. pf., accompagnarsi

prigôdba, l'avvenimento

prihájati, am, v. impf., venire

prihôd, họ'da. m.. la venuta

prihôditi, họ'dim, v. pf., camminare

prihộdnji, agg., futuro

prihọ'dnost. f.. il futuro

prijátelj, m , l'amico

prijáteljstvọ, n., l'amicizia

prijáteljica, f., l'amica

prijdzen. zna, agg., amichevole

prijáznost, f.. l'affabilità

prijêmati, mam, mljem, v. impf., prendere

priję'ten, tna, ag.. piacevole

prikázati, šem, v. pf., mostrare, esporre

prikázen, zni, f., la fantasmagoria, dimostrazione

priklóniti, klǫ'nim, v. pf., avvicinare, inclinare, favorire

prikúpiti, im, v. pf., comperare; *p. se*, cattivarsi

prilę'sti, lézem, v. pf., venir serpeggiando, venir adagio

priljúbljen, agg. (part.), amato, diletto

primèriti, mèrim, v. pf., prender la misura; *p. se*, accadere

primož, il manico

primožiti, im, v. pf., guadagnare per via di matrimonio

prinášati, am, v. impf., apportare

prinésti, nésem, v. pf., apportare

pripéljati, pę'ljem, v. pf., condurre; *p. se*, giungere in carrozza

pripę'ti, pném, v. pf., attaccare

pripę'ti, pójem, v. pf., venire cantando, guadagnar col canto

pripláuati, plávam, v. pf., passar, venir nuotando

pripomóči, mǫ'rem, v. pf., aiutare

pripomogljiv, iva, agg., giovevole

pripovę'dati, povę'm, v. pf., raccontare

pripráva, f., l'apparecchio

pripráuiti, právim, v. pf., apparecchiare

pripráuljati, am, v. impf., apparecchiare

prisèžen, žna, agg., giurato

prisílen, lna, agg., necessario, indispensabile

prisíliti, sílim, v. pf., costringere

prisólnce, m., luogo aprico

prisópsti, sópem, v. pf., venir ansando

prišíti, šíjem, v. pf., cucire

prištę'vati, am, v. impf. annoverare

príti, prídem, v. pf., arrivare

priváditi, vádim, v. pf., avezzare

prodáti, dám, v. pf., vendere

proizvod, vǫ'da, m., il prodotto

prorǫ'kinja, f.. la profetessa

*prorokovanje,*n ,la profezia

prorokovdti. iijem, v. impf , profetizzare

prósiti, prǫ'sim, v. impf.. pregare

prosǫ̂, n., il miglio

pròst, prósta, agg.. libero, ordinario

próstor, ǫ'ra, m., lo spazio

próšnja. f , la supplica, la preghiera

próti. avv , di contro

*pr's*i, f. pl., il petto

pr't, pr'ia, m., la tovaglia

pšenica, f., il frumento

ptič, ptiča, m.. l'uccello

ptûj, ptúja, agg., forestiero

pustiti, im, v. pf., lasciare

puščáva, f.. il deserto

puščávnik, in., l'eremita

pûšeh , ška. m. dial., il bacio

pûška, f., il fucile

R

rád, ráda, agg., contento

radóst, f.. la contentezzà, l'allegria

ráhel, hla, agg.. molle, debole

ráhla, f., la stanga, la pertica

rájski, agg.. paradisiaco

rákev, kve, f., la bara, il feretro

ráme. ena. n.. la spalla

ràn, rána, agg., presto

rána. f., la ferita

rániti, ránim, v. pf., ferire

rást, i, f., la vegetazione

rásti, em, v. impf., crescere

rastlina, f., la pianta

ráven, vna, agg., diritto, piano

ravnánje, n.. il costruire

ravnáti, ám, v. impf.. costruire, fare

ravnina, f., la pianura

razbiti, bijem, v. pf., spezzare, infrangere

razbráti, bérem, v. pf., scegliere, raccogliere

rázen, zna, agg., vario

rázenj, žnja, m., lo spiedo

razglásiti, im, v. pf., render noto, diffondere

razjárjen, agg. (part.), adirato

razjásniti, im v. pf., chiarire

razlę'gati se, lę'gam se, v. impf., risuonare, echeggiare

različen, čna, agg., vario, diverso

razliti. lijem, v. pf., versare dappertutto

razločevàti, ùjem, v. impf. = *razlǫ'čiti. im,* v. pf., separare

raznovr'stnost, f., eterogeneità

raznovr'sten, agg., eterogeneo

razpàsti, pàdem, v. pf., cadere a pezzi

razpę'niti, pęnim, v. pf., schiumare

razplésti, étem, v. pf., dispiegare

razpoditi, im, v. pf., scacciare, dissipare

razpǫ't, pǫ'ta, m., il bivio

razpr'titi, pŕtim, v. pf., alleviare

razsàjati, am, v. impf., trapiantare; imperversare

razsǫ'diti, im, v. impf., separare

raztr'gati, trgam, v. pf., sbranare

razveseliti, im, v. pf., rallegrare

razveseljevàti. ùjem, v. impf., rallegrare

razvętljevàti, ùjem, v. impf., illuminare

razumę'ti, ęjem, v. pf., capire

razvezovàti, ùjem, v. impf., slegare. sciogliere

razviti, vijem v. pf., dispiegare, sciogliere

razžaljénje, n., offesa, malattia

rezgetàti, etàm, v. impf., nitrire

réči, réčem, v. pf., dire

rédek, dka, agg., raro

rediti, im, v. impf., nutrire, ordinare

réka, f., il fiume

rék, réka, m., il detto

Remul, m., Remo

rép, répa, m., la coda

rès, avv., vero

rę'šiti, im, v. pf., liberare, dispegnare, redimere

resnica, f., la verità

rèva, f., la miseria, il bisogno

réven, vna, agg., povero, misero

rezàni, m. pl., le lasagne

rézanec, nca, m., il castrato

rę'zati, rêžem, v. impf., tagliare

reziánski, agg., resiano, di Resia

riba, f., il pesce

ríbič, m., il pescatore

Rihard, m., Riccardo

Rim, Roma

Rimljánje, m., i Romani

rimljánski, agg., romano

rísarski, agg., del disegnatore

rjúti, rjóvem, rjújem, v. impf., urlare, mugghiare

ród, róda, rodú, m., il parto, l'origine, la generazione

rǫ'd, rǫ'da, agg., rude, ruvido

ród, agg. = róden, fruttifero

róden, ródna, agg., natalizio, fruttifero

roditi, im, v. impf. e pf., generare

róditi, rǫ'dim, v. impf., preoccuparsi

rodoviten, tna, agg., fruttifero

róg, róga, rogú, m., il corno

roják, m., il compaesano

rók, rǫ'ka, m., il termine

róka, f., la mano

róža, f., la rosa

Romul, m., Romolo

romúnski, agg., rumeno

rópati, am, v. impf., depredare

rudečebrádec, dca, m., barbarossa

rumén, éna, agg., giallo

rumenják, m., il tuorlo d'uovo

S

s, prep., con

sáblja, f., la sciabola

sád, sáda, sadú, m., il frutto

sádež, m., la piantagione, il piantare

sádje, n. coll., le frutta

sáj, avv., sì, pure

Sahara, Sahara

Saladin, m., Saladino

sám, sáma, agg. (pr.), solo

samopridnost, f., l'egoismo

sánja, f., il sogno

sánjati, am, v. impf., sognare

Sava, la Sava

sè, dial. avv., qua

sè, pron., sè

sę'či, sę'čem, v. impf., tagliare

sę'či, sę'žem, v. pf., allungare il braccio. fornire ad alcuno qualchecosa

sedàj, avv., ora

sedẹ'ti, *im*, v. impf., sedere

sedláti, *àm*, v. impf., in-sellare

sédlọ, n., la sella

sẹ'gati, *àm*, v. impf., por-gere, prendere, arrivare

sẹkúlja, f., il coltello, l'ac-cetta

sẹkulja, dial. f., la « rana temporaria »

sèl, *slà*, m., il messaggiero

sẹ'me, *ena*, n., il seme

semenj, *semnjà*, m., la festa, il mercato, l'adu-nanza

sénca, f., l'ombra

sèstra, f., la sorella

sétev, *tve*, f., la semina-tura

sẹ'veren, *rna*, agg., nor-dico

shrániti, *im*, v. pf., metter via, risparmiare

sicèr, avv., altrimenti

sijáti, sijem, v. impf., splen-dere

sila, f., la forza, la neces-sità

sim, avv., qua

sin, sina, sinû, m., il figlio

sínko, n., il figlio, il figliuo-letto

sino'či, avv., ieri sera

sino'čnji, agg., di ieri sera

Sirija, f., la Siria

siromák, m., il misero, il povero

siróta, f., l'orfanello, un po-veretto

sit, m., il giunco

sit, sita, agg., sazio

siv, siva, agg., grigio, ca-nuto

skákati, kam, čem, v. impf., saltare

skakljáti, àm, v. impf., sal-tellare

skála, f., la rupe

skaliti, im, v. pf., intorbi-dare, germogliare, raf-freddare

skálen, lna, agg., pietroso

skásati, šem, v. pf., dimo-strare, mostrare

skóbec, bca, m., lo spar-viere

skóčiti, skóčim, v. pf., sal-tare

skòk, skóka, m., il salto

skončáti, àm, v. pf., finire, approntare

skopúh, m., l'avaro

skóro = skoraj, avv., tosto, subito, quasi

skôz, skôzi, avv. prep., a traverso, per

skȓb, i, f., la premura, la cura

skr'ben, na, agg., premuroso

skr'hati, am, v. pf., intaccare, guastare

skrinja, f., l'armadio

skriti, skríjem, v. pf., nascondere; *skrit,* agg., (part.) nascosto

skúšati, am, v. impf. = *izkúšati, am,* v. impf., ricercare

slàb, slàba, agg., debole, cattivo

slabiti, im, v. impf., indebolirsi

slȧdek, dka, agg., dolce

slade'ti, im, v. impf., saper di dolce

sladiti, im, v. impf., render dolce

sladkȏr, rja, m., lo zucchero, il dolciume

slámnat, agg., di paglia

slàp, slàpa, slapú, m., la cascata

slast, i, f., il sapore

sláva, f., la gloria

slávec, vca, m., l'usignuolo

slávček, čka, dim. m., di *slávec*

slàven, vna, agg., glorioso

slaviti, im, v. impf., pregiare, onorare

slédìti, im, v. impf., seguir l'orme

slêp, slę'pa, agg., cieco

slę'pec, pca, m., il cieco

slika, f., l'imagine

slišati, slišim, v. impf., sentire

slòg, slóga, m., l'ajuola, lo stile

slôga, f., la concordia

slónìti, slǫ'nim, v. impf., appoggiare

Slovan, m., sloveno

slovanski, agg., sloveno

Slovénec, m., sloveno

slóvó, ę'sa, m. f., il congedo

slúžba, f., il servizio

slúžìti, im, v. impf., servire

smę'jati se, smę'jem se, v. impf., ridere

smȏjka, f., la rapa arrostita

smr't, smȓti, f., la morte

GUYON.   18

snêg, snêga, snẹgâ, m., la neve

snẹ'sti, snẹ'm, v. pf., consumare, mangiare

snẹžník, m., il monte nevoso

snȯp, snȯpa, m., il fascio, il covone

snováti, snújem, (dial.) v. impf., fondare, tramare

snováti, snújem, v. impf., sognare = *sanjati*

snubáč, m., sensale, compagno di matrimonio

snúbiti, im, v. impf., cercare in matrimonio

sȯba, f., la stanza

sọ'd, m., il giudizio

sȯd, m., la botte; agg., diritto; avv., da qua

sȯdba, f., il giudizio, la sentenza

sọl, solî, f., il sale

sȯlnce, n., il sole

sȯlnčẹn, čna, agg., solare

sȯlza, f., la lagrima

sọ'sẹd, sẹ'da, m., il vicino

sosédnji, agg., del vicino

sóva, f., il gufo

sovrážiti, vrážim, v. impf., essere nemico, odiare

sovrážnik, m., il nemico

spàk, spáka, m., qualche cosa di sformato

spáka, f., deformità

spakováti se, ûjem se, v. impf., far smorfie

spáti, spim, v. impf., dormire

spávati, am, v. impf., dormire, soler dormire

spẹt, avv., di nuovo

spẹ'ti, spẹjem, spêm, v. impf., affrettarsi

splȯh, avv., generalmente

spodbȯsti = izpodbȯsti

spoditi, im, v. pf., cacciare

spodọ'bẹn, bna, agg., decente

spodọ'biti se, dọbim se, v. impf., convenirsi, adattarsi

spólniti, im, v. pf., riempire, soddisfare, osservare

spomín, m., la significazione, il ricordo

spomlad, f., la primavera

spȯmniti, im, v. pf., ricordare

sporočiti, izporočiti, im v., impf., informare

spoštováti, ûjem, v. impf., considerare, tenere in

onore

spoznáti, znám, v. pf.. riconoscere

sprava, f.. la riconciliazione, l'espiazione

správıti, právim, v. pf, riconciliarsi, accingersi

sprázniti, v. *izprázniti*

spréd. prep. avv.,=*izpred.* dinanzi, via da

spré'daj, avv., dinanzi

sprehájati = *izprehájati*

sprejémati, am, v. impf.. a *sprejeti*

spreję́tı. spré'jmem. v. pf., ricevere

spremeniti = *izpremęniti.* *im.* v. pf., cambiare

sprę'miti, im, v. pf., accompagnare

spre'mljati, am, v. impf., accompagnare

sprę'ten, tna. agg.. adatto

spúščati, am, v. impf., lasciare andar fuori

sramóta, f., la vergogna

sramóten. tna. agg.. vergognoso

sramováti, újem, v. impf.. vergognarsi

sr̄ć, m., il cuore

sr̄čen, čna, agg., di cuore

sr̄e'ča. f., la fortuna

sre'čati, sr̄ęčam, v. pf., incontrare

srę'čen, čna, agg.. fortunato

sre'di, prep., in mezzo

srę'diti, im, v. impf., concentrare

srédnji, agg., di mezzo

sréš, m.. cremor di tartaro

sréšev, agg., di tartaro

sr'na, f., il capriolo

sr'p, m., la roncola, il falcetto

sr'p, sr'pa, agg., acuto, pungente

stán. stána, stanú, m.. l'edificio, la condizione

stanováti, újem, v. impf., abitare

stár, stára. agg., vecchio

staršina, m., il vegliardo

stárček, čka, m., il canuto

stárvc. rca, m., il vecchio

staręjšina, m., il vegliardo

stárka, f.. la vecchia

stárost, f., la vecchiaja

státi, stojim, v. impf., stare

stę'gati, gam, žem, v. impf., distendere

stegávati. vam, v. impf., stendere

stę'kel, kla, agg., furioso,
rabbioso

stekkina, f., l'idrofobia

stę'na. f., la parete

stênj. m.. il lucignolo, lo
stoppino

stę'ti se, stámem, stmèm se,
v. pf. coagularsi

stirati, am, v. impf., tritu-
rare, v. pf., cacciar via,
riunire

stiskati, am, v. impf., pre-
mere insieme

stisniti.tisnem, v. pf., stringere

stòl, stóla, m . la sedia

stopinja, f . il passo, l'orma

stǫ'piti, stǫpim, v. pf., salire, far un passo

storiti, storim. v. pf, fare

stotinka, f., la centesima
parte

stráh. stráha, strahû, m.,
la paura

stran, i. f., la parte

stráŝen, ŝna, agg., pauroso.
terribile

stráŝiti, stráŝim, v. impf..
spaventare

stráẑa, f., la guardia

strę'ha, f., il tetto

strę'ljati, am, v. impf.. sparare

str'gati, tr'gam, v. pf.. la-
cerare

str'gati, tr'gam, ẑem, v.
impf., raschiare

stric, m.. lo zio

striĉi, striẑem, v. impf.,
tosare

str'm, i. f., l'ertezza, la ri-
pidezza

str'm, agg., erto

strmę'ti. im, v. impf.. levar
su, essere attonito

strupęn, agg., velenoso

stvár, i, f., la creazione. la
creatura

stvárnica, f., la creatrice

sûh. súha, agg., secco

súkati, kam, ĉem. v. impf.,
volgere

suknja. f., l'abito dell'uomo

súltan, m., il sultano

suŝa. f., la siccità

súŝec. ŝca. m., il mese di
marzo: il torrente

suŝiti, im, v impf., asciugare

svariti. im. v. impf.. rim-
proverare

svat, m, il compagno di
nozze

scêst, i, f., la conoscenza

svęstiti se, im se, v. impf., aspettar con fiducia, confidare

svêt, svętà, m., il mondo

svet, svę'ta, m., il consiglio

svệt, svę'ta, agg., santo

svę'titi, im, v. impf., illuminare

svetiti. im, v. impf., consacrare

svętlóba, f., il lume, lo splendore

svit, m., lo splendore

svitel, tla, agg., splendente

svobóden, dna, agg., libero, indipendente

svòd, svǫ'da, m., il confronto, l'arco

svǫ'j, svója, pron., suo

Š

šápa, f., la zappa, l'artiglio

šála, f., lo scherzo

ščinkovec, vca, m., il fringuello

šė, avv., ancora

šéga, f., l'uso, il costume

šegáv, áva, agg., prudente, avveduto

šepetáti, etám, ečem, v. impf., susurrare

šệst, num., sei

širjáva, f., la larghezza, estensione

šivati, am, v. impf., cucire; muoversi rapidamente

škodljiv, iva, agg., dannoso

škǫ'dovati ujem, v. impf., danneggiare

škrjánec, nca, m., il passero

šòp, šópa, m., la ciocca

šóla, f., la scuola; l'enfiagione mascellare

šólski, agg., scolaresco

štę'ti, štêjem, v. impf., contare, raccogliere

Špartánec, nca, m., Spartano

štrija, dial. f., la strega

švédski, agg., svevo

šúmen, mna, agg., rumoroso

šumę'ti, im, v. impf., rumoreggiare

T

táber, bra, m., la fortezza

tajiti, im, v. impf., mentire

tajnocvêta, f., la crittogama

ták, agg., tale

takò, avv., così

takràt, avv., allora

támbor, *rja*, m., il tamburino

tàmkajšnji, agg., di quel luogo

tíra, f., la pena, l'angoscia

tárati, *am*, v. impf., martoriare

tàst, m., il suocero

tàt, *a*, *ủ*, m., il ladro

tę'čen, *čna*, agg., salutare, prospero

téči, *téčem*, v. impf., correre, scorrere

tedàj, avv., allora, poi

tę'den, *dna*, m., la settimana

tėdnik, m., il giornale settimanale, l'ebdomadario

téga, pron., di quello, di quella cosa

tę'kati, *tékam*, *čem*, v. impf., scorrere

téle, *ę'ta*, n., il vitello

telò, *ęsa*, n., il corpo (vivente

temà, f., l'oscurità

tę'me, *tę'mena*, n., la cima

temen, *mnà*, agg., oscuro

temína, f., l'oscurità

tenek, *nkà*, agg., sottile

tépsti, *tépem*, v. impf., battere

ter, cong., e

téžek, *žka*, agg., pesante

težáva, f., la difficoltà

težáven, *vna*, agg., difficile

téžko, avv., difficile

ti, pron., tu

Tiberiada, f., Tiberiade

tih, *tíha*, agg., zitto

tim, pron., a questi

Tir, m., Tiro

tísti, pron., lo stesso

tje, avv., là

tlà, *tal*, n. pl., il terreno

tlàk, *tláka*, m., il lastricato, il *trottoir*

tláka, f., lavoro di obligo, la servitù

tmà, f., l'oscurità

tǫ'ča, f., la tempesta

todà, cong., pure, ma

tolážiti, *àžim*, v. impf., consolare

tolmáč, m., l'interprete

tòlst, *tólsta*, agg., grasso, pingue

tópel, *tópla*, agg., caldo

topíti, *im*, v. impf., tuffare, immergere, riscaldare

tǫ'rba, f., la borsa, valigia

tovărıš. m., il compagno

tovarišica, f., la compagna

tovarıšija. f., la compagnia

tǫ'žiti. *im*, v. impf., lagnarsi, querelarsi

tràk, tràka. trakū, m., il nastro

tráva, f., l'erba

tráven, vna, agg., erboso, *mali t.,* il mese di aprile. *velıki t.,* il maggio

tr'ĕiti, tr'ĕim, v. pf., toccare

tr'd, tr'da, agg., duro

tr'den, dna, agg., saldo, forte

trdẹ'ti. im, v. impf., rendersi duro, forte

tr'dıtı. im, v. impf.; assicurare, render duro

trẹ'ba, f., la pulitura

trẹ'ba, avv., *treba je,* bisogna

trẹ'bıti. im, v. impf., pulire

trenǫtje, n., il momento

trepetáti, etàm, ẹ'ĕem, v. impf., tremare

trèsk, m., la folgore, il fulmine

trẹ'skati, trềskam, v. impf., spaccare

trẹ'sti, trẹ'sem, v. impf., scuotere

tr'g, m., il mercato

trgátev, tve, f., la vendemmia

tr'gati, tr'gam, v. impf.. stracciare, tırar vıa, cogliere

tr'n, m., la spina

tr'njev, agg., di spina

trpẹ'ti, im, v. impf., patire

trpljénje, n., il patimento

Triglav, m., il Terglou

tr'ta, f., verga; *vinska t.,* n., il sermento

trúden, dna, agg.. stanco

trûp, m., il tronco

túdi, avv., anche

tugováti, ıjem, v. impf., lamentarsi

túj, túja, agg., forestiero

tûkaj, avv., qui

Turek, rka, m. Turco

tûžen, žna, agg., triste

U

ubẹ'žati, im, v. pf., sfuggire

ubiti, ubijem, v. pf., uccidere

ubóg, agg., povero

ubógati. am, v. impf. (perf.), ubbidire

ubôžec, žca, agg., il povero

učénec, nca, m., lo scolaro

učítelj, m., l'insegnante

učíti, im, v. impf., insegnare

úd, m., il membro, la parte

udáriti, dárim, v. pf., colpire

ugeniti, gánem, v. pf., indovinare

uglę'dati, ględam, v. pf., scorgere

ugonobiti, im, v. pf., rovinare

ugrę'ti, gréjem, v. pf., riscaldare

uhó, ušę'sa. n., l'orecchio

uiti, uidem, v. pf., attraversare, sfuggire

ukazati, žem, v. pf., comandare

ukrotiti, im, v. pf., domare

umázati. mážem, v. pf., sporcare; *umázan,* part., sporco

umę'sti, mę'tem, v. pf., far il burro

umę'ten, tna agg., abile

umę'ti, éjem. ém, v. impf., intendere

umę'tnost, m., l'arte, l'abilità

umik, ika, m., il retrocedere

umikati, mikam, čem. v. impf., voltar via, retrocedere

umiti, mîjem, v. pf., lavare

umrę'ti. mrėm. mr'jem, v. pf., morire

ûp, m., la speranza

ûpanje, n., la speranza

ûpati, am, v. impf., sperare, attendere

úra, f.. l'ora

usáhniti, nem, v. pf., = *usehniti*

usehniti, usáhnem, v. pf., seccarsi, inaridire

usę'ti se, usédem se, v. pf., sedersi

uslišati, slîšim, v. pf., esaudire

usmíliti se, smílim se, v. pf., aver compassione, pietà

usmiljenje, f., compassione, pietà

*úsnjat, ata, agg., di cuojo

ústa. f., la bocca

ustáviti, stávim, v. pf., fermare, arrestare

ustrẹliti, im, v. pf.. sparare

utóniti. tǫ'nem. v. pf, sommergersi, annegare

utopiti, im, v. pf., sommergere, annegare

utr'niti, nem, v. pf., divenir attonito, irrigidito, venir meno

užitek, tka. m., l'utilità

V

v prep., in

vábiti, im, v. impf., attirare

vábljenje, n., l'allettamento

vaditi, im, v. impf., affumicare

váditi, vádim. v. impf., esercitare, usare, indicare, tirar fuori

váditi se, vádim se, v. impf., concludere; *vájen,* agg. part., usato, avezzo

vájin. pron., di voi due

val, vála, valú, m., l'onda

valiti, im, v. impf., voltolare

váren, na, agg., sicuro

várovati, ujem, v. impf., guardare

váruh. m., il custode

vas, i, f., il villaggio

váš, váša, pron., vostro

včási, avv., talora

věę'raj. avv., ieri

vdôva, f., la vedova

věč, avv., più

věčen, čna, agg., potente, forte

večę́r, m., la sera

večę́ren, rna, agg., serotino, occidentale

večę́rja. f., la cena

večinoma, avv., la maggior parte

věčkrat, avv., più volte, spesso

vę'dęti, vę'm, v. impf., sapere

vę'dęnje, n., il sapere

vę'dər, védra, vedró, agg., sereno

vę'dno, avv., sempre

vę'dnost, f., la conoscenza

vę'dro, n., la secchia

véja. f., le palpebre

véjati, jam, jem, v. impf., ventilare

véje, n. coll., i ramoscelli

věk, m., la forza

vę'ka. f., il coperchio

véle, avv., subito

vele, pref. avv., molto

velę'ti. im. v. impf., comandare, dire

vélik, velika, agg., grande

ènčati, am. v. impf., in-
  coronare

ę'ndar, avv., pure, tuttavia

ę'nnc, nca, m., la ghir-
  landa

ę'niti, nem, v. impf., appassire

ę'ra, f., la fede

erję'ti, verjámem, v. impf.,
  credere

ę'rovati, vę'rujem, v. impf.,
  credere

es, vsà, vsè, agg., tutto

esęl, ęla, agg., allegro

eseliti, im, v. impf., rallegrare

esélje, n., la gioia

èst, i, il sapere

èsti, vèdem, v. impf., condurre, riuscire, giovare

ęšč, vę'šča, agg., pratico

ètɘr, tra, m., il vento

ètrič, dim. di *veter*

ę'zati, vę'žem, v. impf.,
  legare

ezę'ti, im, v. impf., esser
  fisso

idęti, vidim, v. impf. (perf.),
  vedere

ihár, rja, m., la burrasca

ihtę'ti, im, v. impf., bran-
  dire

vijóla, f., la viola, la vio-
  letta

vijólica, dim. di *vijola*

vila, f., ninfa, vila

vinár, rja, m., il vinaio

vinar, rja, m., il centesimo

vinọ, n., il vino

vinọ'grad, m., la vigna

vir, m., la sorgente

visę'ti, im, v. impf., pendere

visiti, im, v. impf., innal-
  zare

visòk, sóka, agg., alto

višáva, f., l'altezza

višek, ška, m., l'altezza

viteški, agg., cavalleresco

vję'ti, vjámem = uję'ti, v.
  pf., prendere

vláda, f., il regime

vladár, rja, m., il gover-
  natore

vládati, am, v. impf., reggere, governare

vladɘn, dna, agg., del governo

vlák, m., il treno, il traino

vlę'sti, vlèžem, v. pf., serpeggiare dentro, inol-
  trarsi

vnúk, m., il nipote

vóda, f., acqua

voditv, ive, f., la condotta

vóditi, vọ'dim, v. impf., condurre

vójna, f., la guerra

vójska, f., l'esercito, la guerra

vojskováti, újem, v. impf., guerreggiare

vojskovòd, vọ'da, m., il duce

vójvoda, m., il comandante

vól, vóla, m., il bue

vôlk, m., il lupo

vọ'lja, f., la voglia

vọl, la, m., la birra

volkodlák, dláka, m., lupo mannaro

vólna, f., la lana

vọ'tel, tla, agg., cavo, vuoto

votlína, f., la cavità

vôz, á, m., il carro

vọz, i, f., il nastro

vóziti, vọ'zim, v. impf., condurre col carro

vpiti, vpijem, v. impf., gridare

vpiti, vpijem, v. pf., (term. tec.), assorbire

vprášati, am, v. pf., domandare

vráta, f., la porta

vráža, f., la superstizione

vr'ba, f., il salice

vrè, avv. = *že*

vrẹ'či, vr'žem, v. pf., gettare

vréd, avv., a tempo opportuno, subito, insieme

vrẹ'd, vrẹ'da, m., il trivello, l'ulcera

vrẹ'den, dna, agg, degno

vrél, vréla, agg., bollente

vréme, ẹ'na, n., il tempo

vr'h, vrhà, m., la cima; al di sopra, avv.

vrẹmẹ'nski, agg., del tempo

vr'niti, nem, v. pf., ritornare

vróč, vrọ'ča, agg., caldo

vročína, f., il caldo

vrstíti, im, v. impf., metter in fila

vr'šati, im, v. impf., spirare

vr't, vr'ta, m., l'orto

vr'ten, tna, agg., dell'orto

vrtẹ'ti, im, v. impf., voltare, girare

vrtinve, nca, m, il vortice

vsák, agg., ciascuno

vsákdo, pron., ognuno

všéč, agg. indecl., piacente

vsélej, avv., ogni volta

vseučilišče, m., l'università

vstáti, vstánem, v. impf., alzarsi

vstáviti, stávim, v. pf., stabilire

vstǫ'piti, stǫ́pim. v. pf.. entrare

vùn, avv.. fuori

vzdigniti, dignem, v. pf.. alzare

vzdigováti. újem, v. impf., alzare

vzę'ti, vzámem, v. pf.. prendere

vzgled, vzglę'da, m.. l'esempio

vzhájati, am, v. impf., salire, sorgere, ascendere

vzkipę'ti, im, v. pf., bollire

vzrę'ti, rèm. v. pf., guardar intorno

vzrók, rǫ'ka. m., la cagione; l'impalmare, lo stringersi la mano

vzvísiti, visim, v. pf., alzare, eccellere; *vzvišen.* part., elevato

vzvišati, am. v. pf., = *vzvísiti*

vžigati se, am se, v. impf., infiammarsi

Z

z, prep. = *s.* con

zá, prep., dietro per

zábiti, im, v. pf., dimenticare

zabiti. bíjem, v. pf., batter dentro

začásen, sna, agg., provvisorio

začę'ti, záčnem, v. pf.. incominciare; *začet,* part.. incominciato

začúti, čújem, v. pf., intendere. sentire

zádi, avv.. dietro

zádnji, agg.. ultimo

zádnjič, avv., da ultimo

zadonę'ti. im. v. pf., risuonare, rintronare

zadósti, avv.. a bastanza

zadovǫ'ljen, ljna, agg.. contento

zaglę'dati, glédam, v. pf.. scorgere, osservare

zagroziti, im, v. pf., minacciare

zahájati, am. v. impf.. andar sotto

zaiti. zaidem. v. pf.. tramontare

zajec, jca, m., la lepre

zakáj, avv.. perchè?

zaklád, kláda. m., il tesoro, il bene di fortuna, il pegno *zákon, kǫ'na,* m., la legge

zakováti, kújem, v. pf., inferrare

zakričati.im, v. pf.. gridare

zakriti, krijem, v. pf.. coprire

zalezóvati, újem, v. impf., spiare, insidiare

zali, zála, agg., triste, cattivo; bello, elegante

zamę'riti,mę̌rim, v. pf , misurar male, aver a male

zamóči, mǫ'rem, v. pf., potere

zanesljiv, iva, agg., indulgente

zaničeváti, újem, v. impf., disprezzare

zapę'ti, pójem, v. pf., incominciare a cantare

zapę'ti, pném, v. pf., legare, attaccare

zaplákati, kam, čem. v. pf., incominciare a piangere

zapǫred, avv., di seguito

zapovę'dati, vém. v. pf., ordinare

zaprę'či, prę̌žem, v. pf.. attaccare

zapustiti, im, v. pf., trascurare

zárja, f., rossore del cielo, crepuscolo

zarjúti, rjóvem. v. pf., gridare, urlare

zarudę'ti, im. v. pf., arrossire

zaslánjati. am, v. impf., coprire

zaslišati, slišim, v. pf., apprendere, sentire

zastáva, f., la bandiera, l'insegna

zaslǫ'nj, avv.. inutilmente

zatirati, am, v. impf., distruggere

zató, avv.. perció

zatón, tǫ'na, m., il tramonto

zatǫ'rej, avver., perció, quindi

zatrę'ti. trém. v. pf.. sterminare

zaúpati, am. v. pf., affidare

zaviti, vijem, v. pf., avvolgere

zavist. f., l'invidia

zavisten, stna, agg, invidioso

zavój, ója, m., avviluppamento

zavóziti, vǫ'zim, v. pf.. errare, fuorviare

zažigati, am, v. impf., caccendere

zažúgati. žúgam. v., manifestare una minaccia

zbádati, am, v. impf., andar pungendo

zbírati, bíram. v. impf., raccogliere insieme

zbòr, zbóra, m., il concilio

zbósti, zbódem. v. pf., pungere

zbuditi, im, v. pf., destare

zdáj, avv., ora

zdánji, agg.. d'ora

zdę'ti se, zdim se, v. impf., sembrare

zdihováti, újem, v. impf., sospirare

zdráv, zdráva, agg., sano

zdrávje, m.. la salute

zdraviti. zdravim, v. impf., sanare, curare

zdrávje, n.. la salute

zę'bsti, zę'be, v. impf., gelare

zę'lje, m., il cavolo, le erbe

zelen, éna, agg., verde

*zelenjád, f.. gli erbaggi, la verdura

zelęnkast, agg., verdastro, verdiccio

zẹlò, avv., molto

zémlja, f., la terra

zemljíca, f. dim. di *zémlja*

zę'mɐljski, agg., terreno

zginiti, gînem, v. pf.. cessare, svanire, dileguare

zgɺdaj. avv., presto, di buon mattino

zgoditi, im, v. pf., accadere

zgorę'ti, im. v. pf., abbruciare, ardere

zgr'biti. gr'bim, v. pf., torcere, piegare

zgúbiti, gúbim, v. pf., piegare insieme

zgubiti = izgubiti

zíbati, bam, bljem, v. impf., cullare

zîd, zida. zidû, m.. il muro

zidár, rja, m.. il muratore

zídati, am, v. impf., far un muro

zijáti, jám, v. impf., tener aperta la bocca, mugghiare

zima, f., l'inverno

zimski. agg., invernale

zíniti, zinem, v pf., aprire la bocca

zjútraj, avv., di buon mattino

zlágati se, zlášem se, v. impf., mentire

zlâsti, avv., specialmente

zlàt, m., pezzo d'oro, ducato

zlàt, *zlâta*, agg., d'oro, aureo

zlatiti, *im*, v. impf., indorare

zlató, m., l'oro

zlę' avv. = *zlô*

zlę́ga, f., l'accomodamento

zletę́ti, *im*, v. pf., sfuggire, volar via

zlivati, *am*, v. impf., sgorgare

zlô, *zlâ*, n., malanno

zlô, avv., molto

zmagljiv, *iva*, agg., vittorioso

zmagovít, agg., vittorioso

zmóčiti, *smóčim*, v. pf., bagnare

zmr'zniti, *zmr'znem*, v. pf., gelare

znabiti, avv., forse

známenje, n., la cognizione

znášati, *am*, v. impf., portar insieme, alzar d'attorno

znáti, *znâm*, v. impf., sapere; *znán*, part., edotto, sapiente

zôb, *zôba*, *zobâ*, m., il dente

zópet, avv., di nuovo

zôr, *zóra*, m., lo splendore, il crepuscolo

zóren, *rna*, agg., mattutino

zoriti, *im*, v. impf., maturare

zóv, *zóva*, f., la chiamata, il grido

zráčen, *čna*, agg., aereo

zrâk, m., l'aria

zráven, avv. prep., da vicino, vicino, presso

zrèl, *zrêla*, agg., maturo

zvábiti, *im*, v. pf., attirare con lusinghe

zvaliti, *im*, v. pf., rotolar giú

zvečę́r, avv., di sera

zveličati, *am*, v. pf., santificare; *zveličan*, agg. (part.), beato

zvę́r, *î*, f., la belva

zverina, f., la bestia feroce

zvêst, *i*, f., la coscienza, la fede

zvêst, agg., fedele

zvêsti, *zvédem*, v. pf., dar via, vendere, ridurre

zvęstóba, f., la fedeltá

zvézda, f., la stella

zvę'zdica, f. dim. di *zvezda*

zvijáča, f., l'astuzia

zvit, ag., attortigliato, scaltro

zviti, zvijem, v. pf, avvoltolarsi

zvonik. m., il campanile

zvr'niti, nem, v. pf., buttar giù

Ž

šaliti, im, v. impf., soffrire, patire

šalost, f., dolore

šalosten. stna, agg., addolorato

šalováti, újem, v. impf. (*po kom*), dolersi

šámet, m.. il velluto

šar, m. = *šarek*

šaréč, part., ardente

šárek, rka, m., il raggio di sole

šárek, rka. agg., lucente

šaré'ti, im. v. impf.. splendere, esser rovente

šč, avv., già

šé'ja, f., la sete

šé'jen, jna, agg., assetato

žele'ti, im, v. impf., desiderare

žele'žen, žna. agg.. di ferro

žele'zo, m.. il ferro

žélja, f., il desiderio

žélod, q'da, f., la ghianda

žéna, f., la donna

ženitev. tve, f.. lo sposalizio

žéniti, že'nim, v. impf., sposare

že'nska. f., femmina (dispreg.)

že'nski, agg., di donna

žêtev, tve, f., la mietitura

žéti, žánjem. v. impf., tagliare col falcetto

žihljáti, ám, v. impf., fregare

žila, f., la vena

žiten, tna, agg., di biade

žito, n., le biade, i grani

živ, živa, agg., vivo

žival, li. f., la bestia, la fiera

žive'ti, im, v. impf., vivere

živež, m., i viveri

življénje,n.. la vita, il vivere

žlahta, f., la parentela

žrebè, e'ta, n., il puledro

žuborénje. n., il rumore

žulj, m., il callo

žrenketanje, n., il tintinnio

žvižgati. am, v. impf., fischiare

VOCABOLARIO ITALIANO-SLOVENO

A

a, *na, v,* prep.

abbastanza, *dósti*

abbattere, *podrę'ti, dérem,*
v. pf.

abbisognare, *potrębováti,
újem.* v. impf. col genit.

abete, *hója, jéla* f.

abitante, *prebivâvec, vea,* m.

abitare, *prebivati. am,* v.
impf.; *stanováti, újem,*
v. impf.

abituare, *navádíti, vádim,*
v. pf. col dat. di cosa

abnegazione, *zatajevánje,*
n.

accadere, *zgoditi se, im se,*
v. pf.

accendere, *prižgáti, žgèm,*
v. pf.

accomodare, *poravnáti,
àm,* v. pf.

Achille, *Ahilej,* m.

acido, *kisel, sela,* agg.

acino, *vinska jágoda,* f.

acqua, *vóda,* f.

adagio, *po málo,* avv.; *pri-
góvor,* m.

adattare, *napráviti, právim,* v. pf.

additare, *pokázati, žem.* v.
pf.

adorare, *móliti, mǫ'lim,* v.
impf.

adriatico. *adrijánski,* agg.

affaticare, *utrúditi, trúdim,*
v. pf.

affetto. *strást, i*, f.; *zani-manje*, n.

afflitto, *ždlosten, stna*, agg.

affilamento, *ostróst,* f.

affondare, *gréznem, po-gré'zniti*, v. pf.

agile, *hiter, tra*, agg.

agitarsi, *tré'sti se, tré'sem se*, v. impf.

ago, *igla*, f.

agricoltore, *poljedélec, lca*, m.

albero, *drevô, ęsa*, m.

alimentare, *živiti. im*, v. impf.

allegro, *vesęl, ęla*, agg.

Alessandro, *Aleksander*, m.

allora, *tedáj*, avv.

alpe, *planína*, f.

alto, *visók. sóka*, agg.

altro, *drûg*, agg.

altro (per), *drugáč*

altura, *višína*, f.

alzarsi, *vstáti, vstánem*, v. pf.

amare, *ljúbiti, ım*, v. impf.

amato, *ljúbljen. ena*, agg. (part.)

amico, *prijátelj*, m.

ammirare, *občudováti, û-jem*, v. impf.

ammonire, *svariti, im*, v. impf.

amore, *ljubęzen*, f.

anche, *tûdı*, avv.

ancora, *šé*

andare, *iti, gré'm. idem*, v. impf.

Andromaca, *Andromaka*, f.

anemia, *brezkr'vnost*, f.

· anima, *dúša*, f.

animale, *živína*, f., *žival, li*, f.

animare, *oživíti, im*, v. pf.

animoso, *ják, jáka*, agg.

anno, *lę'to*, n.

antico, *starínski*, agg.

ape, *čebęla*, f.

apostolo, *apóstelj, tlja. (teljna)*, m.

appena, *kômaj; téžkoda.* avv.

appetito, *slà*, f.

appieno, *popólnoma*

apprezzare, *cę'niti. im.* v. impf.; *čislati, am*, v. impf.

aprire, *odprę'ti, prém.* v. impf.

Aquileja, *Akvileja*, f.

aratro, *drevô, ęsa*, n.

ardente. *gorę'č.* agg.

ardere, *gorę'ti, im*, v. impf.

argomento. *sklép, sklę'pa,*
m.; *dokáz, káza.* m.

aria, *zrák.* m.

arrendersi, *podáti se, dám
se,* v pf.

arte, *umę'tnost,* f.

artiglio, *krę'mpelj, plja,*
m

artista, *umĕtnik,* m.

artritico, *protînast.* agg.

assaltare, *plánıtı, plánem,*
v. pf., (*na,* coll'acc.)

asse, *deská, ė,* f., *ǫs, î,* f.

asserire, *tr'diti, im,* v.impf.

Assıro, *Asirec, rca,* m.

attaccare, *pripę'ti, pnĕm,*
v. pf.

attendere, *čákati, am,* v.
impf.; *skrbę'ti, im, (za).*
v. impf.

attendibile, *važen, zna,* ag.

attingere, *zajĕmati. mam,
mljen,* v. impf.; *zvę'dęti,
zvę'm,* v. pf.

attraversare, *skôz iti,* v.
impf.

attraverso, *skôz,* avv. e pr.

augurare, *čestitati, am,* v.
impf. (*komu na čem*)

aumento, *množénje,* n.

Austria, *Avstrıja,* f.

autunno, *jesę̂n.* f.

avanzare, *naprędováti, ú-
jem,* v. ımpf.

avaro, *skǫ'pec. pca,* m.

avere, *ımę'tı, imám,* v.ımpf.
imĕnje, n.

B

bagnare, *móčitı. mǫ'čim.*
v. impf.

bagno, *kópel, pĕli*

ballare, *plę'sati, šem,* v.
ımpf.

balcanico, *balkánski,* agg.

bambino, *dę'te, ę'ta,* n.

banchetto, *gostovánje,* n.

barba, *bráda,* f.

bastare, *dósti biti*

battere, *tépsti, tépem,* v.
impf.; *biti, bîjem,* v. impf.

bello, *lêp, lę'pa,* agg.

bene, *dóbrǫ,* n.

bene (far), *dobrôto ská-
zatı, žem (komú),* v.ımpf.

bestiame, *žıvína,* f., *živád,*
f. coll.

bere, *píti, pîjem,* v. impf.

bısogno, *potrêba,* f.

bocca, *ústa,* n. pl.

Boemo, *Čę̂h, a; čéškı,* agg.

olgia, *jáma*, f.

ollire, *vrę'ti vrém*, v. impf.

osco, *lọ́g. m., hǫ́sta, f.*

reve, *kratek, tka.* agg.

rigantaggio, *rôparstvo*, n.

rutto, *gr'd, gr'da*, agg.

ulgaro, *búlgarski*, agg.

uono, *dǫ'ber, dóbra*, agg.

urro, *sirǫ́vo máslọ*

C

adere, *pásti, pádem*, v. pf.

affè, *káva*, f.

agionare, *vzrǫ́čiti, rǫ́čim*, v. impf.

agnolino, *psíček, čka*, m.

alabrone, *sr'šen, šę'na*, m.

ampagna, *pôlje*, n.

ampo, *njíva*, f.

anale, *vodotók, tǫ'ka.* m.

andore, *svętlà bęlôst*, f.

ane. *pes, psà*, m.

ánone, *pravílọ*, n.

antare, *pę'ti, pójem*, v. impf.

antatore, *pę'vec, vca*, m.

anto, *pę'tje*, n.

anzone, *pésem, smi*, f.

apello, *lás, lása, lasú*, m.

capitano, *stǫ́tnik.* m.

capo, *gláva*, f.

Caporetto, *Kobaríd*, m.

cappello, *klobúk*, m.

cappone, *kopún*, m.

capra. *kóza*, f.

capretto, *kozlìč, íča*, m.

carme, *pêsem, smi.* m.

cardinale, *kardinäl*

carne, *mesô*, n.

carrozza, *kóčja*, f.

caro, *drâg, drága*, agg.

carro, *vôz, â*, m.

casa, *hiša*, f.

cascata, *pád, páda*, m.; *sláp, slápa, slapú*, m.

caso, *prigódek, dka*, m.

castello, *grád, gráda, gradú*, m.

categoria. *razrèd, rę'da*, m.

catino, *umiválnica*, f.

cattedrale, *stólna cę'rkev*, fem.

cattivo, *hudoben, bna*, agg.

cavaliere, *vîtez.* m.

cavallo, *kònj, kónja*, m.

celebre, *sláven, vna*, agg.

centesimo, *vinar, rja*, m.

certo, *gotóv, tǫ'va.* agg.; un c., *néke.* pron.

che, *kı, ktę'ri,* pron; *ko,*
cong.

chi, *kdǫ',* pron.

chiamare, *klícati, kličem,*
v. impf.

chiamarsi, *ımenovati se,*
újem se, v. impf.

chiaro. *čıst, čista; jásɐn,*
sna, agg.

chiesa, *cę'rkɐv, kɐe,* f.

chiudere (lımitare), *mejítı,*
im, na, v. impf.

cielo, *nebô. n.; nebę'sa,* n.
pl.

cigno, *labǫd,* m.

cima, *ɐr'h, ɐrha, ɐrhȧ,* m.

cintura. *pás, pȧsa, pasû,* m.

cioccolatta. *čokolȧda,* f.

cırco. *okóli,* avv. e prep.

cırılliano, *cırilıski,* agg.

cıttȧ, *mę'sto*

cıttadino. *męšȧn, ȧna,* m.

civiltȧ, *ɐljúdnost,* f.

classe, v. categoria

classico, *klȧsıčɐn, čna,* agg.

cogliere, *brȧtı, bérem,* v.
ımpf.

colombo, *golǫb,* m.

colossale, *velikȧnski,* agg.

colpo, *mȧh, mȧha,* m.

coltivare, *obdę'latı. dḗlam,*
v. pf.

comandare, *ukȧzatı, žem,*
v. pf.

combattere *ɔjevȧti, újem,*
vı ımpf.

come, *kǫ', kȧkor,* avv.

commento. *opômba,* f.

cɔmmercio, *trgovina,* f.

commoventemente, *užȧ-*
ljeno, avv.

compagnia, *drûžba,* f., in c
v. insieme

competente, *prȧvi.* agg.

comporsi. trad. avere

comune, *ǫ'bčina,* f.; *ǫ'bčin-*
ski, agg.

con, s. *z,* prep.

concepıre, *umę'ti, éjem, ém,*
v. ımpf.; *míslıti,* ᵣⁱˢlim,
v. impf.

concorde, *soglȧsɐn, sna,*
agg.

condannare, *obsódıti. im,*
v. pf. (*ɐ, k, na*)

condottıero, *vodník,* m.

condurre, *vózíti, vǫ'zim,* v.
ımpf., *péljati, pę'ljem,* v.
ımpf.

confinc, *méja.* f.

confortare, *tolȧžiti. ȧšim,*
v. ımpf.

conforto, *tolȧžba,* f.

conoscere, *poznáti, znâm*, v. impf.

consegnare, *izročiti, im*, v. pf.

consiglio, *svęt, svę'ta*, m.; *zbôr, zbóra*, m.

contadino, *kmèt, ę'ta*, m.

contare, *štę'ti, štéjem*, v. impf.; *praviti, pràvim*, v. impf.

contro, *próti*, avv.

convento, *samostán*, m:

coppiere, *natóčnik*, m.

coraggioso, *pogùmen, mna*, agg.

coricarsi, *lę'či, lèžem* v. pf. (*na*)

coro, *kór*, m.; in c., *vkùp*, avv.

corona, *króna*, f.

correre, *letę'ti, im*, v. impf.

corte, *dvòr, dróra*, m.

cortesia, *dvorljivost*, f.

cortile, *drorišče*, n.

corto, *krátek, tka*, agg.

cosa, *réč, i*, f.

coscienza, *rêst, i*, f.

così, *takó*, avv.

costume, *šéga*, f.

cotesto, v. questo

Cragno, *Kranjsko*, m.

Cragnolino, *Kranjec*, m.; *Kranjski*, agg.

creare, *ustváriti, stvárim*, v. pf.

credere, *verję'ti, verjámem*, v. impf.

credito, *ùpanje*, n.; ac., *na u.*

crema (di latte), *smę'tana*. f.

crescere, *rásti, rástem*, v. impf.

cristiano, *kristján*, m.; *kristjánski*, agg.

criterio, *mę'na*, f.

criticare,

Croato, *Hrvàt*, m.; *hrváski*, agg.

Croazia, *Hrvásko*, n.

croce, *križ*

crociato, *križánec, nca*, m.: *križanski*, agg.

cultura, *izobráženost*, f.

cuna, *zibęl, ę'li*, m.

cuore, *srcę́*, n.

cura, *skrb, i*, f.

D

da, *òd*, prep.

Dacia, *Dacija*, f.

dabbene, *dọ'bɐr, dóbra*; agg., *priden, dna*, agg.

dacchè, *odkar,* cong.

Dalmazia, *Dalmacija,* f.

danno, *škǫ'da,* f.

Dante, *Dante,* m.

dantesco, *dántejev,* agg.

Danubio, *Dónova,* f.

dare, *dáti, dám,* v. pf.

Dečebala, *Dečebala,* m.

denaro, *denár, rja,* m.

dente molare, *kǫ́čnik,* m.

deporre, *lóžiti, lǫ'žim,* v. pf. (*v, na*)

desiderare, *želę'ti, im,* v. impf.

desiderio, *žélja,* f.

destare, *zbudíti, im,* v. pf.

destino, *osǫ́da,* f.

devoto, *pobǫ'žen, žna,* agg.

dietro, *zà,* prep.; di d., *vzádi,* avv.

difendere, *bránīti, im,* v. impf. (*b. koga komu e česa*)

difficile, *téžek, žka,* agg.

digiunare, *póstīti, pǫ'stim,* v. impf.

dignità, *čast, i,* f.; *dostǫ'j-nost,* f.

dimostrare, *dokázati, žem,* v. pf.

dinanzi, *prèd*

Dio, *bǫg, bógà,* m.

dipendere, *izhájati, am;* *izvirati am,* v. pf.

dire, *réči, rečem,* v. pf. (si dice, *právijo;* si dirà, *porekó*)

diritto, *právda,* f.; *rávun, vna,* agg.

discendente, *potǫ́mek, mka,* m.

dissodare, *kr'čiti, im,* v. impf.

distare, *oddáljen biti,* v. pf.

dito, *pŕst,* m.

divertirsi, *razveselíti se, im se (koga, česa),* v. pf.

dividere, *delīti, im,* v. impf.

divinità, *bóžânstvo,* n.

Doge, *dóž,* m.

dolore, *bolečina,* f., *žálost,* f.

doloroso, *bolę'čen, čna,* agg.

domandare, *vprášati, am,* v. pf.

domestico, *domáč, áča,* ag.

donna, *žéna,* f.

dopo, *pótlę,* avv.; *zà,* prep.

dormire, *spáti, spím,* v. impf.

dosso, *hrbet, btà,* m.

dove, *kję'?; kjęr, kám,* avv.

dovere, *dolžnôst,* f.

dovere, *môrati, am,* v. impf.

ducato, *zlát*, m.

duce, *vodnik*, m.

Duino, *Duin*, m.

durare, *trájati*, *jam*, v. impf.

E

e, *in*

ebreo, *jùd*, *júda*, m.

eccellente, *predọ'bvr*, *dó-bra*, agg.

educare, *gojiti, im*, v. impf.

educato, *odgojèn*, agg. (part.)

educazione, *gojitvv, ive*, f.

egregio, *izvr'stvn*, *stna*, agg.

elementare, *elementārvn*, *rna*, agg.

eleggere, *izvóliti*, *vọ'lim*, v. pf.

eletto, *izrọ'ljen*, agg. (part.)

elevato, *visòk*, *óka; rišeš-nji*, agg.

eloquente, *zgovọ'rvn*, *rna*, agg.

Enea, *Enèj*, m.

entrare, *vstọ'piti*, *stọ̀pim* (*v sobo, v službo*), v. pf.

entrata, *vstòp*, *stọ'pa*, m.; *dohọ̀dvk*, *dka*, m.

equo, *spodọ'bvn*, *bna*, agg.

eredità, *dēdiščina*, f.

ereditare, *prijẹ'ti*, *primem*, v. pf.

eroe, *vitez*, *junák*, m.

esausto, *izpráznjen*, agg.

escire, *iziti*, *izidem*, v. pf.

esempio, *izglèd*, *glẹ'da*, m.

esercito, *vójska*, f.

essere, *biti*, *svm*, v. impf.

estate, *lẹ'to*, n.

estendere, *raztẹ'gniti*, *nem* v. pf.

esule, *pregnánvc*, *nca*, m.

età, *dóba*, f.

etnico, *àjd*, *págan*, m.

Etrusco, *Etrusk*, m.

Ettore, *Hektor*

Eugenio di Savoja, *Eugen Savojski*, m.

Europa, *Evropa*, f.

Evo medio, *srẹ̀dnji vẹ̀k*, m.

F

faccenda, *oprávvk*, *vka*, m.

faccia, *obràz*, *ráza*, m.

facilmente, *láhko*

faggio, *búkov*, *kve*, f.

fama, *glás*, *glása*, *glasù*, m.

fame, *glàd*, *gláda*, *gladù*, m.

famiglia, *družina*, f.

fanciulla, *dêcla, devôjka*, f.

fanciullo, *dêček, čka*, m.

fare, *dę'lati, dêlam*, v. impf., *storiti, storim*, v. pf.

fatica, *trûd*, m.

fatto, *čin,* m.; *dejânje* n.

favorire. *docóliti, vǫ'lim,* v. pf.

fede, *vę'ra*, f.

felice, *sréčen, čna*, agg.

felicità, *srę'čnost*, f.

fermo, *tr'dni*, agg.

ferrovia, *želêznica*, f.

fiato, *sápa*

figlia, *hčî, hčę̂re*, f.

figlio, *sin, â, û*, m.

figura, *figūra*, f.

filare, *prę'sti, prę'dem*, v. impf.

finchè, *doklę̂r*, cong.

finire, *končáti, ám*, v. pf.

fino, *tánek, nka;* (*nráven, vna,* morale)*, agg.; — dò,* prep. c. gent.

fino dal, *ód*, prep. c. gent.

fiore, *cvtlíca*, f.

fiorentino, *florentinski,* ag.

fiorire, *cvésti, cvétem*, v. impf.

Firenze, *Florencija*, m.

fiume. *rę'ka*, f.

foce, *iztòk, tǫ'ka*, m.

focoso, *ognję̂n*, agg.

fluente, *tekóč,* agg. (part.)

fluire, *têči, têčem*, v. impf.

foglia, *lîst, lista, listû*, m.

folla, *stiska*, f.

fonte, *vir.* m.

formola, *pravilǫ*, n.

forno, *pę̂č, î*, f.

forte, *jâk, jáka; móčen, čna.* agg.

fortuna, *srę'ča*, f.

forza *môč, moči.* f.

forza di (a). *s, z.* prep.

forza (per), *iz moči*

fra, *mêd*, prep.

freddo, *mráz, mráza,* m.; *mrázen, zna,* agg

freddo (far), gelare, *zébsti, zę'be,* v. impf.

freno, *br'zda*, f.

fretta (in), *nágloma,* avv.

furia (a), *c, z.* prep.

fuoco, *ógenj, gnja,* m.

fuori (dar), *pogánjati, am,* v. impf.; *iz,* prep.

G

gabella, *mîta*, f.

gamba, *nóga*, f.

garofano, *klinčèk, čka*, m.; *nágelj, nágeljna*, m.

generale, *generàl*, m.; *vójvoda*, m.; *splošen. šna,* agg.

genero, *zèt, zę'ta*, m.

gente, *ljudję̀*, m. pl.

ghiaccio, *lę̀d, lę̀da, ledù*

ghianda, *žélod, ǫ'da,* m.

Giano, *Jan,* m.

gioia, *vesélje*, n.

giardino, *vrt,* m.

giornale, *dnę̀vnik,* m.

giorno, *dàn, dnę̀va, dnę̀,* m.

giorno per giorno, *dàn na dan,* fr. avv.; di g., *čęz dàn*

giovane, *mlàd, mláda,* agg.; — *mladę̀'nič, iča,* m.

giovanotto. *junák,* m.

giovenca, *telica,* f.

giù, *dòl,* avv.

giudicare (se, so, di), *sǫ'diti, im,* v. impf., *(s. o kom (čem), s. koga, s. po, s.)*

giudice, *sodnik,* m.

giulio (agg.), *júlijski,* agg.

giuridico, *právden, dna,* agg.

gloria, *sláva,* f.

glorioso, *slávcn, vna,* agg.

gomito, *láhet, hta,* m.

gonfio, *otę̀'kel, tékla,* agg.

governare, *vládati, am,* v. impf.

grado, *stopnica,* f.; Grado, *Gradež,* m.

grande, *vélik. velika,* agg.

grandezza, *velikóst,* f.

grasso. *tólšča,* f.

greco, *gr'ški,* agg.

Greco. *Gr'ki,* m.

gridare, *vrę̀'ščati, im,* v. impf.

grido, *vrę̀šč,* m., *glàs, glása, glasù,* m.

grosso, *débel, debę̀'la,* agg.

grotta, *dùplja,* f.

gruppo, *grùča,* f.

guardare, *glę̀'dati, glę̀dam.* v. impf.

guardo, *poglèd, glę̀'da,* m.

guastare. *iskaziti. im.* v. pf.

guerra, *vójska,* f., *bòj, bója,* m.

guerra (far). *vojskováti, ù-jem,* v. impf.

guerriero, *vójščàr,* m.

guidare, *péljati, pę̀'ljem,* v. impf.

guisa, *način, čina,* m. (a g.
  = *na ta n*)

gusto, *dopádanje,* n.

I

idea, *idēja,* f.. *misvl, sli,* f.

ideale, *ideālvn, lna,* agg

ideare, *mislíti, mislim,* v.
  impf.

ignorare, *ne vę'dęti, cę'm,*
  v. impf.

illustre, *slávvn, vna,* agg.

imbandire, *jedi priprávíti,
  právim,* v. pf. (*za mízo*)

imbelle, *plášvn,* agg.

immagine, *podǫ́ba,* f.

immaginare, *domislíti, mislim.* v. pf.

impaccio, *zmotnjava,* f.

imparare, *učíti se, im se,*
  v. impf.

imperatore, *césar, árja,*
  m.

imperiali, *cesárski,* agg.

impero, *cesarsivo,* n.

impeto, *sílovitost.* f.; *farí,
  prehráti, hrújem,* v. pf.

importante, *vážvn, šna,*
  agg.

imprecazione, *klę́tvv, tve,* f.

in, *v*

incamminare, *na pǫ'titi.
  im,* v. pf. (*p. koga*)

incivilire, *izobrázíti, ra-
  zim,* v. pf.

incivilito, v. educato

incominciare, *začę'ti, zač-
  nèm,* v. pf.

incontrare. *srę'čati. srę́čam*
  v. pf.

indigenza, *rêva, rę'vnost,* f.

indispensabile, *neodpu-
  stljıv, iva,* agg.

indizio, *známenje,* n.

indurre, *napéljati, pę'ljem.*
  v. pf. (*na*)

ineguale, *nerávvn, vna,*
  agg.

inesauribile, *neizpraznır,
  iva,* agg.

inferno, *pvkvl, klá.* m.

infilzare, *natvkniti, ták-
  nem,* v. pf.

informazione, *naznanilǫ.* n·

ingrassare, *pítatı, pitam.*
  v. impf.

innamorarsi, *zaljúbıtı se,
  ım se,* v. pf.

insieme, *vkúp,* avv.

insistere, *obstáti, stojim.
  (o, v, čem),* v. pf.

insofferenza, *nepotrpešlji-
  vost,* f.

intanto, *med tém*

intelligente, *razúmen, mna,* agg.

intendere, *razumę'ti, ęm,* v. pf.

intenditore, *razúmnik*, m.

interessare, *zadę'vati, am,* v. impf.

intonare, *zapę'ti, pòjem,* v. pf.

interno, *okóli*, prep. e avv.

invernale, *zimski,* agg.

inverno, *zíma,* f.

invincibile, *nepremagljiv, iva,* agg.

ira, *ję'za,* f.

irrompere, *prihrúti, hrú-jem,* v. pf.

iscrizione, *napis, pisa,* m.

ispirarsi, *navdušiti se (s čim)*

isola, *otòk, tǫ'ka,* m.

Isonzo, *Sóča,* f.

Italia, *Italija*

italiano, *italijánski,* agg.

L

labbro, *ústnica,* f.

laborioso, *dę'laven, vna,* agg.

lacuna, *presledek, dka,*

ladro, *tàt, táta, tatù,* m.

lama, *plǫ'šča,* f.

lapide, *nagroben kámen,* m.

lardo, *špèh, éha* m.

largo, *širòk, óka,* agg.

lasciare, *pustiti, im,* v. pf.

latino, *latinski*

latte, *mlę'kǫ,* n.

lavorare, *dę'lati, dèlam,* v. impf.

lavoratore, *dę'lavec, vca,* m.

lavoro, *dę'lo,* n.

legge, *postáva,* f.

leggenda, *legénda,* f.

leggere, *bráti, bérem,* v. impf.

legno, *hlǫ'd,* m.; di legno, *lesę'n, ęna,* agg.

Leopoldo, *Leopold,* m.

lepre, *zájec, jca,* m.

lettera, *pismo,* m.

levare, *vzdigniti, dignem,* v. pf.

libero, *scobóden, dna,* agg.

libertà, *scobóda,* f.

lido, *morski brèg,* m.

lingua, linguaggio, *jésik, ika,* m.

lodare, *hváliti, im,* v. impf.

lode, *hvála,* f.,

lontano, *dáleč*, avv.

loro, v. paragr. 31

lotta, *bój, bója*, m.

luminoso, *svetel, tlà*, agg.

lunga (di gran), *mnǫgi*, avv.

lungo, *dôlg, dólga*, agg.

lungo (a) *dólgo (časa)*

luogo, *me'stǫ*, n., *kràj, krája*, m.

lupo, *vôlk*. m.

lusso, *potrâta*, f.

M

ma, *pà*. cong.

macchia, *mádež*, m.

macchina (da cucire), *šiválnica*, f.

maceria, *posip, sipa*, m.

macina, *mlinski kámen*, m.

macinare, *mlę'ti, mę'ljem*, v. impf.

madre, *máti, tere*, f.

maggiore, *vę̀či*, agg. comp.

Magiaro, *Madžar*. m.

mai, *kadaj, nikôli*

maiale, *prasè, ę'ta*, m.

male, *zlô, zlà*, n.

male (far), *hudodę'liti, dę̂lim*, v. impf.

mancamento, *mánjkanje*, sost. verb.

mangiare, *ję'sti, ję'm*, v. impf.

mano, *róka*, m.

mantenere, *žíviti, im*, v. impf.; *zdr'žati, im*, v. impf.

mantenimento, *žírež*, m.

mare, *morję̂*, n.

Marco, *Marko*, m.

marinaio, *mornár, rja*, n.

marittimo, *pomôrski*, agg.

martire, *mučę'nec, nca*. m.

massaia, *hiševávka*, f.

mattino, *jútro*, n.

maturo, *zrêl, zrêla*, agg.

medesimo, *rávnótisti*, pr.

mediante, *s*, prep.

medicinale, *zdravilo*, n.; *zdravilen, ena*, agg.

Medio Evo, *srêdnji vêk*, m.

membra, *úd*, m.

meno, *menj*, avv.

mente, *úm*. m.

mentre *doklę̂r*, avv.

meraviglia, *čúdo, esa*, n.

meravigliar(si), *čúditi se, čúdim se*, v. impf.

meraviglioso, *čúden, dna*, agg.

merenda, *mala júžina*, f.

messaggero, *poslanik*, m.

metà, *polovica*. f.

metter via, v. risparmiare

mettere, *položiti. im*, v. pf.

mezzo (per), *pô*, prep.

mezzogiorno, *pôldan*. m.

militare, *voják*, m.; — *voj-
niški*, agg.

milizia, *vojništvo*. f.

minutamente , *natánčno* ,
avv.

mirabilmente, *čudovitno*,
avv.

miseria, *revščina*, f.

misterioso , *skrivnósten* ,
stna, agg.

mitologia, *basnoslôvje*, n.

modello, *izgled. glę'da*, m.

modo, *način, ina*, m.

moglie, *žéna*, f.

molto. *mnôgi*, avv. col gen.

mondo, *svêt, svetá*, m.

montagna, *pogôrje*, n.; — di
m.. *pogôrski*, agg.

montanaro, *gorján, ána*,
m.

monte. *góra*, f.

Montenegrino, *Črnogorec,
rca*, m.

Montenegro, *Čr'nagóra*. f.

monumento, *spomínek, nka*
m.

morire, *umrę'ti. mrêm*, v.
pf.

morto, *mr'tev, tva*. agg.

mosaico, *mozaîka*. f.

mulino, *málin, lina; mlin*,
m.

muoversi, *geniti se, gán em
se*, v. pf.

N

nascere. *roditi se, im se*,
v. impf. e pf.; *zgoditi se,
im se*, v. pf.

nascondere, *skriti, krijem*.
v. pf.

naso, *nôs, nòsa, nosú*, m.

Natale, *Božič. božiča*, m.

nausea (con). *gabljénje*. n.

nè, *nè*, cong.

necessario, *potrę'ben. bna*,
agg.

necessario (essere). *potrębováti. újem*. v. impf.

necessità, *potréba*, f.

nemico , *neprijátelj* , so-
vrážnik. m.

nero, *čr'n*. agg.

nessuno, *nihčè. nikôgar*.

nettare, *nēktar, rja,* m.

nettare, *čistiti, čistim,* v. impf.

no, *nė,* avv.

nome, *imę̂, ę́na,* m.

norma, *vộdba,* f.

nostro, *nȧ̀š, nȧ́ša,* pron.

notte, *nȏč, nočí.* f.

nulla, *nič*

numero, *štęvilọ,* m.

nuovo, *nȯ̀v, nȯ́va,* agg.

nutrire, *pitatı, pítam,* v. impf. (*p. s čím*)

nuvola, *oblȧ̀k,* m.

O

obligazione, *obligácija.* f.

oca, *gȏs, gosȋ,* f.

occasione, *prilọ̇̀žnost.* f.

occhio, *okȏ, očę̂sa,* n.

occidentale, *zahọ̇̀dẹn, dnȧ; zapȧ́dẹn, dna.* agg.

occorrere, *zgoditı se, im se,* v. pf., *potrębováti, û-jem,* v. impf.

Oceano, *veliko morję̂*

oggidi, *dȧ́n, danȧ́šnji,* avv.

ogni, *vsȧ̀k,* agg.

ognuno, *vsaktę̇́ri,* pron.

Omero, *Homer,* m

onorare. *častiti, im,* v. impf.

opera, *dę̇́lọ.* n.; *pevoígra,* f.

operoso, *dę̇́lavẹn, vna.* agg.

ora, *úra,* f.; *zdȧ́j,* avv.

ordine, *rę̂d, ȋ,* f.; *ukȧ̀z, kȧ́za,* m.

orecchio, *uhȏ, ušę̇́sa.* n.

oro (di), *zlȧ́tẹn, tna,* (golden); *zlatę̂n* (aureo, goldig), agg.

orribile, *grozovitẹn, tna,* agg.

ospitale, *gostoljúbẹn, bna,* agg.

ospite, *gȏst, gostȗ, gȯ́sta,* m.

osteria, *gostȋlnica,* f.

Ottocaro, *Otokar,* m.

P

padre, *óča,* gent. *očę̇́ta,* m.

padrone, *gospodȧ́r, rja,* m.

paese, *dežéla, ę̂,* f.

pagamento, *plačilo,* n.

pagare, *plȧ́čati, am,* v. pf.; *plačeváti, ûjem,* v. impf.

palazzo, *palȧ́ča,* f.

pallore, *blẹdȏst,* f.

palude, *mlȧ́ka,* f.

pane. *krȗh, krȗha,* m.

Pannonia, *Panonija*, f.

Paolo Diacono, *Pavel Dia-
kon*, m.

Paolo (S.), *S. Pavel*, m.

parecchio, *mnôg, mnǫ'ga*,
agg.

parere, *zdę'ti se, zdim se.*
v. impf.; *misel, slí*, f.

Paride, *Parid*

parlare, *govoriti, im*, v.
impf.

parola, *besêda*, f.

parte, *strán, í*, f.

parte (gran), *večinoma*,
avv.

partire, *oditi, idem*, v.
pf.

partito, *način, čina*, m.
(modo); *odlóčenje*, m. (ri-
soluzione); *strán, i*, f.
(parte)

passaggio. *prehòd, hǫ'da*,
m.

passare, *prehâjati, am*, v.
impf. (od...*na*)

passeggiata, *sprehòd, hǫ'da*.
m.

pastore. *pastir, rja*, m.

paterno, *očę'tvn, tna*, agg.

patetico, *patētičvn, čna*,
agg.

patimento, *trpljénje*, n.

patria, *domovina*, f.

patteggiare, *pogoditi se, im
se*, v. pf.

paura, *stráh, stráha. strahû*, m.

peccato, *grę'h*, m.

pecora, *óvca*, f.

pellegrinaggio. *popotová-
nje, rǫ̂manje*, n.

pena, *pokóra*, f.

Penelope, *Penelopa*, f.

pensare, *misliti, mislim*. v.
impf. (m. *na koga, na
kaj*)

pensiero, *misel, sli*, f.

pentirsi, *kesáti se, ám se.*
v. impf. (*k. se zavoljo
česa*)

per, *skôz, za*, avv., prep.

pera, *hrúška*, f.

perchè, *zakáj?, kėr, zakàj*,
avv.

perfettamente, *popôlnoma*,
avv.

persona, *osę̂ba*, f.

piacere, *dopásti. pádem*. v.
impf.; *radòst*, f.

piacere, *radòst*, f.,; *vesélje*,
n.

pianta. *rastlika*, f.

pianura, *ravnina*, f.

piccolo, *màli, la*. agg.

piegarsi. *šiniti se, šinem se,*
v. pf. (*pred*)

pietà, *pobǫ'žnost,* f.; *usmiljenje.* n.

pietra, *kámen,* m.

pietra (di). *kamnén.* agg.

Pietro (S.), *S. Peter,* m.

pioggia, *dež, dežjà,* n.

Pisano, *Pizan,* m.

Pistoja, *Pistoja,* f.

pittore. *málar, rja,* m.

più, *véč,* avv.

più (al), *največ.* avv.

poco, *málo,* avv.

poesia. *pěsništvo, pę'vstvo.*
n.

poeta, *pěsnik,* m.

poetico, *pę'vski.* agg.

poichè. *kėr,* avv.

polacco, *póljski,* agg.

polemica, *prepir,* m.

Polje (di), *Poljanec,* agg.

polledro, *žrębė. ę'ta,* m.

pollice, *pálec. lca,* m.

poltrone, *lęnúh,* m.

polvere. *práh,* agg.

pomeriggio,*popóldne,*avv..
sost. n. indecl.

pomo, *jábolkǫ,* n.

pompiere, *ognjegásec, sca.*
m.

ponte, *môst, môsta, mostú,*
m.

popolare. *národen, dna,*
agg.

popolazione, *ljúdstvǫ,* n.

popolo, *ljúd,* m.

porre. *položiti. im,* v. pf.

porta, *vráta,* f.

portare, *nósiti, nǫ'sim,* v.
impf.

porto, *pristanišče,* n.

posare, *dòlu položiti, im,* v.
pf.; *lěžati, im.* v. impf.,
sę'sti. sédem, v. pf.

possedere. *posę'sti, sédem
kaj,* v. pf.

posta, *pôšta.* f.

posteri (posterità), *zárod,
rǫ'da,* m.

potentemente, *móčno,* avv.

potenza, *oblást,* f.

potere, *móči, mǫ'rem,* v.
impf.

povero. *ubǫg,* agg.

pratico (esser), *zvę'deti,
zvę'm,* v. pf. (col gent.)

pratico, *zvéden, dna,* agg.
(part.)

Prato, *Prato,* m.

prato, *trávnik,* m.

preda, *rôp,* m.

pregare, *móliti, mọ'lim*;
  prósiti, prọ'sim. v. impf.

preghiera, *molîtɐv, tve*, f.

preporre, *postáviti, stávim
  prêd*, v. pf.

presentarsi, *izkázati se,
  žem se*, v. pf.

presenza (in), v. dinanzi

presso, *pri*, prep.; *blízu*,
  prep. e avv.

presto. *hitɐr. tra*; *br'z. br'za*,
  agg.

prestamente, *hitro*, *br'ž*,
  avv.

prima, *prêd*, avv.

primavera, *spomlâd*, f.

primitivo, *pr'vɐnji*, agg.

primo, *pr'vi*, agg.

principe, *knệz*, m.

principio, *začệ'tɐk, tka*,
  m.

privo (essere). *ob kàj biti*

profeta, *prérok, rọ'ka*, m.

profumare, *kaditi, im*, v.
  impf.

pronunzia, *izrèk, rệ'ka*, m.

proporre, *predložiti. im*, v.
  pf.

proprio, *svọ'j, svója*, pron.

prosciugare, *sušiti. im*, v.
  impf.

provincia, *dežéla*, f.

puledro, *žrẹbẹ̀. ệ'ta*. n.

pungere, *bósti, bódem*, v.
  impf.

pure, *šẹ̀, vèndar, lè*, avv.

puro, *čist, čista*, agg.

Q

qua (di), *tâkraj*, prep. col
  gent.

quadro, *podộbščina*, f.

qualchecosa. *nẹ'kaj*, pron.

quale. *kakọ'v*, agg.; *kákšen*
  agg.. pron. int. e indef.

quando, *kɐdaj?*; *kɐdar*

Quarnaro, *Kvarnér, rja*, m.

quasi, *skóro*, avv.

quello, *tîsti*, pron.

questi, *o, tâ, tâ, tọ'*, pron.

qui. *tù*, avv.

quivi, *tûkaj*, avv.

R

raddoppiare. *podvojiti, im*,
  v. pf.

raccomandazione. *pripo-
  ročénje*, n.

Raffaello, *Rafael*, m.

raffreddare, *prehladiti, im*,

raffreddore. *náhod, na-
  họda*. m.

ragazza, *dękle, ę'ta,* n.
ragazzo. *dêčøk, čka,* m.
ragno. *pájėk, jka,* m.
rallegrare, *razveseliti. im,* v. pf.
raro, *rédøk, dka.* agg.
re, *králj,* m.
religione, *veroùk, úka,* m.
religioso, *veroùčøn. čna,* agg.
reparto, *razdėl, dę'la.* m.
restare, *ostáti. stánem,* v. pf.
riaversi, *ukrepiti se, im se,* v. pf.
ribelle, *púntar, rja,* m.
ricchezza, *bogatîja,* f.
ricco, *bogát, áta,* agg.
ricerca, *raziskávanje,* n.
ricercare (esigere). *têrjati, am,* v. impf., (*t. koga. za kaj*)
ricevere, *priję'ti, primem,* v. pf.
riconoscere, *spoznáti, z-nám,* v. pf.
ricordare, *omę'niti, im,* v. pf.
ricordarsi. *spômniti se, nim se.* v. pf. (*s. se koga, česa*)

ridurre, *nazáj pėljati, pę'-ljem.* v. impf.
riescire. *povésti se, védem se,* v. pf.
rimpiangere. *razjǫ'kati se. am se.* v. pf. (*nad čem*)
rinnegare, *odstǫ'piti, stó-pim od,* v. pf.
risparmiare, *prihrániti, im,* v. pf.
rispettare, *spoštováti, u-jem,* v. pf.
rivolgere, *obr'niti, nem.* v. pf.
roba. *blagó.* n.
rodersi, *ję'sti se, ję'm se,* v. impf.
Roma, *Rim,* f.
romano. *rimljan; rimlján-ski.* agg.
romanzo, *román,* m.
romeo, *rǫmar, rja,* m.
rosso, *rdéč. ę'ča,* agg.
rossore, *rdečica,* f.
roteare. *krǫ'žiti, im,* v. impf.
rotolare, *váljati, am,* v. impf. (*v. kaj po, iz*)
rovina, *razsip, sipa,* m.
Rumeni, *Rumani*
rumore. *ropotánje*
ruota, *kolǫ, ę'sa,* n.

ruba (mandare a...), *rópati,*
  am, v. impf.
Russia, *Rusija,* f.
russo, *rúski,* agg.

S

sabato, *sobǫ'ta.* f.
sacerdote, *mášnik,* m.
sacrificare, *darovàti, ûjem,*
  v. impf.
sale. *sól, solí,* f.
saltellare, *poskakovàti, û-*
  jem, v. impf.
salvia, *šájbəlj, blja (bəljna),*
  m.
salvo, *zdráv, zdráva,* agg.;
  rázun, prep. c. gent.
sangue, *kri, krvi,* f.
santificare. *posvečevàti, û-*
  jem, v. impf.
sapere, *vę'dęti. vę'm,* v. impf.
sapiente, *modriján,* m.; *mǫ'-*
  dər, dra, agg.
sasso. *kámən.* m.
scegliere, *izbìrati, biram,*
  v. impf.
schiera, *játa,* f.
sconforto, *obúpnost,* f.
scoppiare, *pǫ'kniti, pǫ̂k-*
  nem, v. pf.
scorza, *skǫ'rja,* f.

scritto, *písmǫ,* n.
scrittore, *pisár, rja,* m.
scrittura, *pisánje,* n.
scrittura corsiva, *nágnjeno*
  pisánje. n.
scrivere, *pisati. šem,* v. impf.
scuola, *šóla,* f.
sdrucciolare, *zdrkovàti, û-*
  jem, v. impf.
se, *čȅ,* cong.
secchio, *škáf, škáfa,* m.
secolo. *stolétje,* n.
secondo, *drûg,* agg. num.
secondo che, *kakor je.* m.
  avv.
secondo. *pȍ,* prep., (s. me,
  pomoji pameti)
sede, *kráj, krája,* m.
segnare, *zaznámiti. zná-*
  mim, v. pf.
segregazione, *odločitev,*
  tve, f.
sella, *sédlǫ.* n.
sempre, *zmirom,* avv.
Senofonte, *Ksenofont.* m.
sentimento, *ûm, ûma,* m.;
  občutljivost. f.
sentire, *čúti, čújem,* v. impf.
senza, *brȅz,* prep.
separazione, *ločitev, tve.* f.
sepolcrale, *gróbən, bna,*
  agg.

sepolcro. *gròb, gróba,* m

sera, *večę̑r,* m.

serbare, *ohrániti, im,* v. pf.

Serbo, *Sr'bın,* m.

Serbo, *Srbski,* agg.

sfrenato. *razvzdán,* agg.

significato, *pomèn. mę'na,* n.

signore, *gospôd,* m.

silenzio, *tihóta,* f.; in s., *tiho,* avv.

sinistro, *lêv. lę'va,* agg.

situare, *pòložiti, im,* v. pf.

Slavo. *Slovan,* m.

Sloveno, *Slovénec.* m.; *slovénski,* agg.

sociale, *drúžvn, žna,* agg.

soffrire, *pihati. ham,* v. impf.; *trpę'ti, im,* v. impf.

soldato, *voják.* m.

solere, *navádo imę'ti,* v. impf.

solito (di), *navádno,* avv.

solitudine, *samóta,* f.

solo, *sâm, sáma,* agg.

solo, *samô,* avv.

somma. *mnǫ̑štvo,* n.

sommo, *najvišji*

sonno, *spánje,* n.

sǫntuoso. *dragocę'n, cę'na,* agg.

sopra, *nà, nàd,* prep.

sorgente, *vîr,* m.

sorgere, *vstáti, vstánem,* v. pf.

sorriso, *posmêh,* m.

sospirare, *izdihati, díham,* v. pf.

sotto (di...) *spòdaj,* avv.; prep. *pòd*

sottomettere, *premágati. am,* v. pf.

spada, *mèč, méča,* m.

spalla, *pléče,* n.

spaventare, *strášiti, strášim,* v. impf.

speciale, *posę̑ven, bna,* agg.

spegnere, *ugásniti. gásnem.* v. pf.

spesa, *trǫ̑šek, ška.* m.

spesso, *gǫ̑st, gǫ'sta.* agg.; *pogǫ̑stoma,* avv.

spiedo, *rážęnj, žnja,* m. *súlıca* f

spinta, *na gib, giba,* m.

spirito, *dûh. díha,* m.

spirituale, *duhǫ'nik,* m.

spontaneo, *prostovǫ'ljen. ljna,* agg.

sposalizıo. *zarǫ́ka,* f.

sposarsi, *žénıti se, žę'nim se,* v. impf.

spuntare. *kliti, klijem,* v. impf. (*k: iz*)

stabilire, *postáviti se. stárim se,* v. pf.

staccare, *odlǫ'čiti. im,* v. pf.

stanco, *trúden. dna,* agg.

stanza (da bagno), *izba kopélna,* f.

stato, *stán, stána, stanú,* m.

stella, *zvę'zda.* f.

stento (a), *kómaj,* avv.

sterile, *neródoviten, tna,* agg.

storia, *zgodovina,* f.

strada, *pǫ't,* f. e m.

strage (far), *pobiti. bíjem,* v. pf.

straordinariamente, *nenavádno.* avv.

strepitare, *ropotáti. otám,* v. impf.

stento, *strádanje,* n.

stento (a), *kómaj,* avv.

stesso (lo), *le tisti,* pron.

stirpe, *rodovina,* f.

strumento, *orǫ́dje,* n.; mus. *nastrój, strója,* m.

studiare, *učiti se, im se,* v. impf.

studio. *úk,* m.; a bello, s., *nalášč,* avv.

stufa, *pę́č, i,* f.

stupendamente, *čudovitno,* avv.

su, *gòr,* avv.; *na,* prep.

subito, *spǫ́toma.* avv.

succedere, (accadere), *zgoditi se, im se.* v. pf.

successo. *prigǫ́dba.* f.

suo, *svǫ'j, svója,* pron.

suocero, *tást,* m.

suonare, *gǫ'sti, gǫ'dem,* v. impf.

suonatore, *gǫ'dec, dca,* m.

superare. *presę'či, sę'žem,* v. pf.

supremo. *najvíšji,* agg.

T

tagliare, *rę'zati, rézem,* v. impf.

tale, *ták,* agg.

talora, *včásih.* avv.

tanto, *tǫ'lik,* agg.; *tǫ'liko,* avv.

tardi, *pózno.* avv.

tassare, *cę'niti, im,* v. impf.

tavola, *míza,* f.

tazza, *čáša,* f.

teatro, *gledališče,* n.

tempio, *témpelj, plja (pe-ljna).* m.

tempo (in), *čàs, čàsa,* m.; *dim,* t. v., antico

temporale. *nevihta,* f.

tenere,, *držàti, im.* v. impf.

termine, *grânica.* f.

Terglou, *Triglav,* m,

terra, *zémlja,* f.

terribile, *strâšen. šna,* agg.; *zmagovît.* agg.

territorio, *okrájina,* f.

terrorista. *strašîvec, vca,* m.

testa, *glâva,* f.

testa (mettersi in), *kópati, kǫ'pljem.* v. impf., *(k. sı skrbi na glavo)*

testimoniare, *pričati, prî-čam,* v. impf.

tirarsi in parte. *se umekni-ti, se umâknem na strân,* v. impf.

titolo, *naslòv, slǫ'va,* m.

Tolmino, *Tolmın.* m.

tomo, *dę'l bukev,* m.

tortuoso. *krîv, kriva.* agg.

traccia, *slêd, slêda, slędû,* m.; senza lasciar t., *brèz slędû)*

tradizione, *ústno sporočil-lo,* n. f.

Trajano, *Trajan,* m.

tranquillità, *mirnost*

tramonto, *zahod, hǫ'da,* m.

tranquillo. *miren, rna,* ag.

trarre. *vlę'či, vlę'čem.* v. impf.

travaglio, *težâva,* f.

traverso, *po čėz* prep.

tribunale, *sodnija,* f.

Troja, *Troja,* f.

Trojano, *Trojan,* m.; *tro-janski,* agg.

trono, *prestǫlje,* n.

troppo, *prevėč.* avv.; pur t., *sevę'da,* avv.

trovare, *nâjti, nâjdem,* v. pf.

tumulto, *hrútje.* n., *pún-tanje.* n.

Turco, *Turek. rka.* m.

tutto, *ves, vsà, vsé,* agg.; (intiero), *cę'l, cę'la,* agg.

U

uccello. *ptič. ptiča,* m.

Ulisse, *Uliks,* m.

umidità, *vlâžnost,* f.

ungherese, *Ǫ'ger,* m.

unguento, *mazilo,* n.

unire, *zjediniti, înim.* v. pf.

uomo, *mǫ̂ž. možâ,* m.

urna, *vr'č, vr'ča,* m.

usare, *váditi, vádim*, v. impf.

utile, *koristen, stna*, agg.

uva, *grózd, grózda*, m.

V

valere, *veljáti, ám*, v. impf.

valle, *dolina*. f.

valore, *vrę'dnost*, f.; *krepôst*, f.

valutare, *cę'niti, im*, v. impf.

vario, *rázen, zna*, agg.

vasto, *prostǫ'ren, rna*, agg.

Vaticano, *Vatikanski*, agg.

vecchio, *stàr, stára*, agg.

vedere, *vidęti, vîdim*, v. impf.

vegetazione, *rástje*, n.

Venezia, *Benédke*

veneziano, *Benečan*, agg.

venir (innanzi), *priti, pridem (prèd)*, v. pf.

vento, *véter, tra*, m.

verecondia, *sramežljivost*, fem.

verde, *zelén, éna*, agg.

vergogna, *sramóta*, f.

vergognarsi, *sramováti se, újem se*, v. impf.

verità, *ręsnica*, f.

vero, (*práv*), *právi; ręsníčen, čna*, agg.

versare, *izliti, líjem*, v. pf.

verso, *prǫ'ti*. prep.

veste, *oblêka*, f.

vi, *tám, tà, tà*, avv.

via, *pǫ't*, f. e m. (per v., *po póti*)

vicenda, *premêmba*, f.

vicino, *sǫ'sęd, sę'da*, m.; *bližnji*, agg.

vietare, *prepovę'dati, vę'm*, v. pf.

vincere, *premágati, am*, v. pf.

viola, *viólica*, f.

violino, *violina*, f.

Virgilio, *Virgil*, m.

visita, *obútev, tve*, f.

viso, *obráz, ráza*, m.

vita, *življénje*, n.

vite, *tr's, tr'sa*, m.

vitello, *téle, ę'ta*, n.

vittoria, *zmága*, f.

vivere, *živę'ti, im*, v. impf.

vivo, *živ, živa*, agg.

voce, *glás, glása, glasú*, m.

volare, *zletę'ti, im*. v. pf.

volentieri, *ràd, ráda*, agg. e avv.

volere, *hotę'ti, hǫ'čem,* v.
  impf.
volgere, *obr'niti, nem,* v.
  pf.
volontà, *vǫ'lja,* f.
volta, *kràt (kràta),* m.
voltarsi, *obr'niti se, nem se,*

v. pf.; *obràčàti, am,* v.
  impf.

Z

zecca. *denàrnica,* f.
zecchino. *zlàt,* m.
zingaro, *cigàn, àna,* m.

700
MANUALI HOEPLI

Ministero dell' Istruzione
Gabinetto
del Sottosegretario di Stato

Roma, 3 nov. 1900.

Ill.mo Signore
Comm. Ulrico Hoepli
Editore
MILANO.

La collezione dei Manuali Hoepli, ricca ormai di quasi 700 volumi, forma la più vasta enciclopedia di scienze, lettere ed arti finora apparsa in Italia. Meritano lode certamente e gli autori, che in forma lucida e breve hanno preparato così valido ausilio alla gioventù studiosa, e l'editore che ha saputo scegliere, tra le varie discipline, quelle che meglio valgono a formare un complesso di cognizioni indispensabili alla cultura moderna.

firmato:

ENRICO PANZACCHI.

*Sotto Segretario di Stato
al Ministero della Pubbl. Istruzione.*

Il Ministro
per l'Agricoltura, l'Industria
e il Commercio

Roma, 25 ott. 1900.

Ill. sig. Comm. U. Hoepli,
Milano.

La larga accoglienza fatta alla collezione dei manuali, editi dalla Sua benemerita Casa, deve certo formare la migliore e più ambita ricompensa per la S. V. Ill.ma, che con intelligente cura ne dirige la pubblicazione.

Questo Ministero ha avuto più volte occasione di fermare la sua attenzione sui lavori che più direttamente riguardano l'agricoltura, la zootecnia e le industrie ad esse attinenti, trovandoli rispondenti allo scopo, che la S. V. Ill.ma si propone di conseguire.

Mi torna quindi gradito di esprimerne a Lei il mio sincero compiacimento, mentre Le auguro che sempre maggior favore abbia ad incontrare codesta Sua utile raccolta

firmato: CARCANO.

Min. dell'Agr., Ind. e Comm.

AVVERTENZA

Tutti i MANUALI HOEPLI sono elegantemente legati in tela e si spediscono *franco di porto* nel Regno. — Chi desidera ricevere i volumi raccomandati, onde evitare lo smarrimento, è pregato di aggiungere la sopratassa di raccomandazione.

☞ **I libri, non raccomandati, viaggiano a rischio e pericolo del committente.** ☜

700 - MANUALI HOEPLI - 700

Pubblicati sino all'Agosto 1901.

L. c.

Abitazioni. — *vedi* Fabbricati civili.
Abitazioni degli animali domestici, del Dott. U.
BARPI, di pag. XVI-372, con 168 incisioni . . . . . 4 —
Abbreviature latine ed italiane. — *vedi* Dizionario.
Abiti. — *vedi* Confezioni d'abiti — Biancheria.
Acetilene (L'), del Dott. L. CASTELLANI, di p. XVI-125. 2 —
— *vedi anche* Gaz — Incandescenza.
**Acido solforico, Acido nitrico, Solfato sodico,
Acido muriatico** (Fabbricazione dell'), del Dott. V.
VENDER, di pag. VIII-312, con 107 inc. e molte tabelle. 3 50
**Acque (Le) minerali e termali del Regno d'I-
talia,** di LUIGI TIOLI. Topografia — Analisi — Elenchi
— Denominazione delle acque — Malattie per le quali
si prescrivono — Comuni in cui scaturiscono — Sta-
bilimenti e loro proprietarî — Acque e fanghi in com-
mercio — Negozianti d'acque minerali. di pag. XXII-552. 5 50
Acque pubbliche. — *vedi* Ingegneria legale.
Acustica. — *vedi* Luce e suono.
Adulterazione e falsificazione degli alimenti,
del Dott. Prof. L. GABBA. è in lavoro la 2ª edizione
Agricoltore. — *vedi* Prontuario.
Agricoltura. — *vedi* Agrumi — Computisteria agraria —
Cooperative rurali — Estimo — Igiene rurale — Legislazione rurale — Macchine agricole — Malattie
crittogamiche — Mezzeria — Orticol. — Prodotti agri-
coli — Selvicoltura.
Agronomia, del Prof. CAREGA DI MURICCE, 3ª ediz.
riveduta ed ampliata dall'autore, di pag. XII-210 . . 1 50
Agronomia e agricoltura moderna, di G. SOL-
DANI, 2ª ed. di pag. VIII-416 con 134 inc. e 2 tav. crom. 3 50
— *vedi anche* Prontuario dell'agricoltore.
Agrumi (Coltivazione, malattie e commercio degli),
di A ALOI, con 22 incis. e 5 tav. cromolit., p. XII-238 3 50

L. c.

Alcool (Fabbricazione e materie prime), di F. CANTA-
MESSA, di pag. XII-307, con 24 incisioni . . . . 3 —
— *vedi anche* Cognac — Liquorista.

Algebra complementare, del Prof. S. PINCHERLE:
Parte I. *Analisi algebrica,* di pag. VIII-174 . . . 1 50
Parte II. *Teoria delle equazioni,* p. IV-169 con 4 inc. 1 50

Algebra elementare, del Prof. S. PINCHERLE, 7ª edizione, di pag. VIII-210 . . . . 1 50
— *vedi anche* Determinanti — Esercizi di algebra —
Formulario scolastico di matematica.

Alighieri (Dante). — *vedi* Dantologia.

Alimentazione, di G. STRAFFORELLO, di pag. VIII-122. 2 —
— *vedi anche* Adulterazione alimenti — Analisi di sostanze alimentari — Conserve alimentari — Frumento
e mais — Funghi mangerecci — Latte, burro e cacio
— Panificazione razionale — Tartufi e funghi.

Alimentazione del bestiame, dei Proff. MENOZZI
E NICCOLI, di pag. XVI-400 con molte tabelle. . . . 4 —
— *vedi anche* Bestiame.

Allattamento. — *vedi* Nutrizione del bambino.

Alligazione per l'oro e per l'argento. — *vedi* Tavole.

Alluminio (L'), di C. FORMENTI, di pag. XXVIII-324 . 3 50
— *vedi anche* Leghe metalliche — Galvanoplastica —
Galvanostegia — Metallocromia.

Aloè. — *vedi* Prodotti agricoli.

Alpi (Le), di J. BALL, trad. di I. CREMONA, pag. VI-120. 1 50

Alpinismo, di G. BROCHEREL, di pag. VIII-312 . . . 3 —
— *vedi anche* Dizionario alpino — Infortunii di mont. —
Prealpi bergamasche.

Amalgame. — *vedi* Leghe metalliche.

Amarico. — *vedi* Dizionario eritreo — Lingue dell'Africa.

Amatore di armi antiche. — *vedi* Armi antiche.

Amatore d'Autografi — *vedi* Autografi.

Amatore (L') **di Maioliche e Porcellane,** di
L. DE MAURI, illustrato da splendide incisioni in nero,
da 12 superbe tavole a colori e da 3000 marche. —
Contiene: Tecnica della fabbricazione — Sguardo generale sulla storia delle Ceramiche dai primi tempi
fino ai giorni nostri — Cenni Storici ed Artistici su
tutte le Fabbriche — Raccolta di 3000 marche corredate
ognuna di notizie relative, e coordinate ai Cenni Storici in modo che le ricerche riescano di *esito immediato*
— Dizionario di termini Artistici aventi relazione col-
l'Arte Ceramica e di oggetti Ceramici speciali, coi prezzi
correnti. Bibliografia ceramica, indici vari, di p. XII-650. 12 50

Amatore (L') **di oggetti d'arte e di curiosità,**
di L. DE MAURI, di 600 pag. adorno di numerose incisioni e marche. Contiene le materie seguenti: Pittura — Incisione — Scoltura in avorio — Piccola

L. .

scoltura — Vetri — Mobili — Smalti — Ventagli — Tabacchiere — Orologi — Vasellame di stagno — Armi ed armature — Dizionario complementare di altri infiniti oggetti d'arte e di curiosità, di pag. XII-580. 6 50

Amministrazione. — *vedi* Computisteria — Contabilità — Diritto amministrativo — Ragioneria.

Anagrammi. — *vedi* Enimmistica.

Analisi chimica qualitativa di sostanze minerali ed organiche e ricerche tossicologiche, ad uso dei laboratori di chimica in genere e in particolare delle scuole di Farmacia, del Prof. P. E. ALESSANDRI. 2ª ediz. intieramente rifatta, di pag. XII-384, con 14 inc. numerose tabelle e 5 tavole cromolitografiche . . . . 5 —

Analisi di sostanze alimentari. — *vedi* Chimica applicata all' Igiene.

Analisi delle Urine. — *vedi* Chimica clinica.

Analisi del vino, ad uso dei chimici e dei legali, del Dott. M. BARTH, traduzione del Prof. E. COMBONI, 2ª edizione italiana interamente riveduta ed ampliata dal traduttore, di pag. XVI-140, con 8 inc. intercalate nel testo . . . . 2 —
— *vedi anche* Enologia — Vini.

Analisi matematica — *v. ai* Repertorio.

Analisi volumetrica applicata ai prodotti commerciali e industriali, del Prof. P. E. ALESSANDRI, di pag. X-342, con 52 incisioni 4 50

Ananas. — *vedi* Prodotti agricoli.

Anatomia e fisiologia comparate, del Prof. R. BESTA, di pag. VII-218 con 34 incisioni 1 50

Anatomia microscopica (Tecnica di), del Prof. D. CARAZZI, di pag. XI-211, con 5 incisioni 1 50
— *vedi anche* Microscopio.

Anatomia pittorica, del Prof. A. LOMBARDINI, 2ª ediz. riveduta ι ampliata, di pag. VIII-168, con 53 inc. 2 —

Anatomia topografica, del Dott. Prof. C. FALCONE, di pag. XV-395, con 30 incisioni . . . . 3 —

Anatomia vegetale, del Dottor A. TOGNINI, di pagine XVI-274 con 141 incisioni . . . . 3 —

Animali da cortile, del Prof. P. BONIZZI, di pagine XIV-238 con 39 incisioni. (La 2ª ediz. è in preparazione)
— *vedi anche* Abitazioni animali — Cane — Colombi — Coniglicoltura — Majale — Pollicoltura.

Animali domestici. — *vedi* Abitazioni — Alimentazione del bestiame — Bestiame — Cane — Cavallo

Animali (Gli) parassiti dell'uomo, del Prof. F. MERCANTI, di pag. IV-179, con 33 incisioni 1 50
— *vedi anche* Zoonosi.

Antichità assira, babilonese, egiziana e fenicia. — *v.* Mitol. orient.

L. c.

Antichità greche, del Prof. V. INAMA. (In lavoro).
— *vedi anche* Mitologia greca.

Antichita private dei romani, del Prof. W. KOPP,
traduzione con note ed aggiunte del Prof. N. MO-
RESCHI. 2ª edizione, di pagine XII-130 . . . . . 1 50
— *vedi anche* Amatore d'oggetti d'arte e di curiosità
— Amat. di Maiol. e Porcell. — Archeol. — Armi ant.
Antisettici. — *vedi* Medicatura antisettica.

Antropologia, del Prof. G. CANESTRINI, 3ª edizione,
di pag. VI-239, con 21 incisioni 1 50
— *vedi anche* Etnografia — Paleoetnologia.

Antropometria di R. LIVI, di p. VIII-237 con 33 inc. 2 50

Apicoltura del Prof. G. CANESTRINI, 3ª edizione riveduta di pag. IV-215, con 43 incisioni . . . . . 2 —
Appalti. — *vedi* Ingegneria legale.

Arabo parlato (L') in Egitto. Grammatica, frasi,
dialoghi e raccolta di oltre 6000 vocaboli del Prof. A.
NALLINO. (Nuova edizione dell' *Arabo volgare* di
DE STERLICH e DIB KHADDAG) di pag. XXVIII-386 . 4 —

Araldica (Grammatica), di F. TRIBOLATI, 4ª edizione
rifatta da G. DI CROLLALANZA. (In lavoro).
— *vedi anche* Vocabolario araldico.
Aranci. — *vedi* Agrumi.

Arte greca del Prof. I. GENTILE: Atlante di 149 tavole 4 —
Il volume di testo rifatto dal Prof. S. RICCI è in lavoro.

Archeologia e Storia dell'arte, Italica Etrusca e
Romana 3ª ediz. interamente rifatta con introduzioni
bibliografiche ed appendici sulle ultime scoperte e questioni archeologiche illustrato con 96 tavole nel testo
dal prof. S. RICCI 5 50

Atlante complementare di 79 Tavole a illustra-
zione del Trattato generale di Archeologia e Storia
dell'Arte Italica, Etrusca e Romana del Prof. IGINIO
GENTILE ora interam, rifatto dal Prof. Dott. S. RICCI. 2 —
— *vedi anche* Antichita privata dei romani.

Architettura (Manuale di) **italiana,** antica e moderna di A. MELANI, 3ª edizione rifatta con 131 inc.
e 70 tavole di pag. XXVIII-460 . . . . 6 —
Argentatura. — *vedi* Galvanoplastica — Galvanostegia —
Metalli preziosi — Piccole industrie.

Aritmetica pratica, del Prof. Dott. F. PANIZZA,
2ª edizione riveduta, di pag. VIII-188 . . . . . . 1 50

Aritmetica razionale, del Prof. Dott. F. PANIZZA,
3ª ediz. riveduta di pag. XII-210 . . . . 1 50

Aritmetica (L') **e la Geometria dell'operaio,**
di EZIO GIORLI, di pag. XII-183, con 74 figure . . 2 —
— *vedi anche* Esercizi di aritmetica razionale — Formulario scolastico di matematica.

L s

Armi antiche (Guida del raccoglitore e dell'amatore
di) di J. GELLI, di p. VIII-388. con 9 tavole fuori testo,
432 incisioni nel testo e 14 tavole di marche 6 50
— *vedi anche* Amatore d'oggetti d'arte e di curiosità —
Storia dell'arte militare.

Armonia (Manuale di), del Prof. G. BERNARDI, con
prefazione di E. ROSSI, di pag. XII-288 . . . . 3 50
— *vedi anche* Chitarra — Mandolinista — Musica da
camera — Pianista — Storia della mus — Strumentaz.

Arte antica. — *vedi* Amatore d'oggetti d'arte e di curiosità — Amatore di Maioliche e porcellane — Archeologia — Architettura — Armi antiche — Decorazione
e industrie — Pittura — Restaurat. dipinti — Scoltura.

Arte del dire (L'). di D. FERRARI. Manuale di retorica
per lo studente delle Scuole secondarie. 5ª ediz. corr.,
(10, 11 e 12º migliaio), pag. XVI-350 e quadri sinottici . 1 50
— *vedi anche* Rettorica — Ritmica — Stilistica.

Arte della memoria (L'), sua storia e teoria (parte
scientifica). Mnemotecnia Triforme (parte pratica) del
Generale B. PLEBANI, di pag. XXXII-224 con 13 illustr. 2 50

Arte militare. — *vedi* Armi antiche — Storia dell'arte mil.

Arte mineraria, dell'Ing. Prof. V. ZOPPETTI. di pagine IV-192. con 112 fig. in 14 tav. (La 2ª ediz. è in lav.).

Arti (Le) grafiche fotomeccaniche ossia la Elio-
grafia nelle diverse applicaz. (Fotozincotipia, fotozinco-
grafia. fotocromolitografia, otolitografia, fotocollografia,
fotosilografia tricromia, fotocollocromia, elioincisione,
ecc. secondo i metodi più recenti), con un Dizionarietto
tecnico e un cenno storico sulle arti grafiche; 3ª ediz.
corretta, accresciuta, ed in parte rifatta, con molte illustrazioni, di pag. XVI-238 . . . . 2 —
— *vedi anche* Carte fotografiche — Dizionario fotografico — Fotografia per dilettanti — Fotografia industriale — Fotocromatografia — Fotografia ortocromatica — Litografia — Processi fotomeccanici —
Proiezioni — Ricettario fotografico

Asfalto (L'), fabbricazione, applicazione, dell'Ing. E.
RIGHETTI, con 22 incisioni, di pag. VIII-152 . . . . 2 —

Assicurazione in generale, di U. GOBBI, di p. XII-308. 3 —

Assicurazione sulla vita, di C. PAGANI. di p. VI-151. 1 50

**Assistenza degli infermi nell'ospedale ed in
famiglia.** del Dott. C. CALLIANO. 2ª ed., p. XXIV-448, 7 tav. 4 50

Assicurazioni e la stima dei danni (Le) nelle a-
ziende rurali, con appendice sui mezzi contro la grandine, del D.ʳ A. CAPILUPI di pag. VIII-284. 17 incis. . 2 50

**Assistenza dei pazzi nel Manicomio e nella
famiglia**, del dott. A. PIERACCINI, e prefazione del
prof. E. MORSELLI. di pag. 250 . . . . 2 50
— *vedi anche* Igiene — Impiego ipodermico — Materia

L. c.

medica — Medicatura antisettica — Organoterapia — Raggi Röntgen — Semeiotica — Sieroterapia — Soccorsi d'urgenza — Tisici.

Astronomia, di J. N. LOCKYER, nuova versione libera con note ed aggiunte del Prof. G. CELORIA, 4ª ediz., di pagine XI-258 con 51 incisioni 1 50
   vedi anche Cosmografia — Gnomonica — Gravitazione — Ottica — Spettroscopio.

Astronomia nautica, del Prof. G. NACCARI, di pagine XVI-320, con 46 inc. e tav. numeriche . . . . . 3 —

Atene, di S. AMBROSOLI, con molte illustraz. (In lav.).

Atlante geografico-storico dell'Italia, del Dott. G. GAROLLO, 24 tav. con pag. VIII-67 di testo e un'appen. 2 —

Atlante geografico universale, di KIEPERT, con notizie geografiche e statistiche del Dott. G. GAROLLO, 9ª ediz. (dalla 81000 alla 90000 copia), con 26 carte, testo e indice alfabetico . . . . 2 —
— *vedi anche* Dizionario geografico.

Atmosfera. — *vedi* Igroscopi e igrometri.

Attrezzatura, manovra delle navi e segnalazioni marittime, di F. IMPERATO, 2ª edizione ampliata, di p. XXVIII-594, con 305 inc. e 24 tav. in cromolit. riproducenti le bandiere marittime di tutte le nazioni. 6 —
— *vedi* Nautica.

Autografi (L'Amatore d') del conte E. Budan con 361 facsimili di pag. XIV-426 . . . . 4 50

Autografi (Raccolte e raccoglit. di) in Italia di C. VANBIANCHI, di pag. XVI-376, 102 tav. di facsimili d'aut. e ritr. 6 50

Automobilista (Manuale dell') **e guida del meccanico conduttore d'automobili.** Trattato sulla costruzione dei veicoli semoventi, dedicato agli automobilisti italiani, agli amatori d'automobilismo in genere, agli inventori, ai dilettanti di meccanica ciclistica, ecc., di G. PEDRETTI, di pag. XXIV-480, 191 incis. 5 50

Avicoltura. — c. Anim. da cortile — Colombi — Pollicolt.

Avvelenamenti. — *vedi* Veleni.

Bachi da seta, del Prof. F. NENCI. 3ª ediz. con note ed aggiunte, di pag. XII-300, con 47 incis. e 2 tav. . 2 50
— *vedi anche* Gelsicoltura — Industria della seta — — Tintura della seta.

Balistica. — *vedi* Armi antiche — Esplodenti — Pirotecnia — Storia dell'arte militare — Telemetria.

Ballo (Manuale del) di F. GAVINA, di pag. VIII-239, con 99 figure. Contiene: Storia della danza. Balli girati. Cotillon. Danze locali. Feste di ballo. Igiene del ballo. 2 50

Banano. — *vedi* Prodotti agricoli.

Bambini. — *vedi* Nutriz. dei — Ortofrenia — Terapia — Sordomuto.

Barbabietola da zucchero. — *vedi* Industria dello zucchero.

L. c.

Batteriologia, dei Professori G. e R. CANESTRINI, 2ᵃ ediz. in gran parte rifatta, di pag. x-274 con 37 inc. 1 50
— *vedi anche* Anatomia microscopica — Animali parassiti — Microscopio -. Protistologia — Tecnica protistologica — Zoonosi.

Beneficenza (Man. della), del dott. L. CASTIGLIONI, con appendice sulle contabilità delle istituzioni di pubblica beneficenza, del Rag. G. ROTA, di pag. xvi-340 . . 3 50

Bestiame (Il) e l'agricoltura in Italia, del Prof. F. ALBERTI, di pag. viii-312, con 22 zincotipie . . . 2 50
— *vedi* Abitazioni animale — Alimentazione del bestiame — Cavallo — Igiene veterinaria — Zootecnia.

Biancheria. — *vedi* Confez d'abiti — Disegno, taglio econ fez. di biancheria — Macchine da cucire — Monogr.

Bibbia (Man. della), di G. M. ZAMPINI, di pag. xii-308. 2 50

Bibliografia, di G. OTTINO, 2ᵃ ediz., riveduta di pagine iv-166, con 17 incisioni . . . . 2 —
— *vedi anche* Dizionario bibliografico.

Bibliotecario (Manuale del), di G. PETZHOLDT, tradotto sulla 3ᵃ edizione tedesca, con un'appendice originale di note illustrative, di norme legislative e amministrative e con un elenco delle pubbliche biblioteche italiane e straniere, per cura di G. BIAGI e G. FUMAGALLI, di pa . xx-364-ccxiii. . . 7 50
— *vedi anche* Bibliografia — Dizionario bibliografico.

Biliardo (Il giuoco del), del Comm. J. GELLI, di pagine xv-179, con 79 illustrazioni 2 50

Biografia. — *vedi* Cristoforo Colombo — Dantologia — Manzoni — Napoleone I — Omero — Shakespeare.

Biologia animale (Zoologia generale e speciale) per Naturalisti, Medici e Veterinarii del Dott. G. COLLAMARINI, di pag. x-426 con 23 tavole . . . . . . 3 —
— *vedi anche* Naturalista — Zoologia

Bitume. — *vedi* Asfalto.
Bocca. — *vedi* Igiene della bocca.
Bollo. — *vedi* Codice del bollo — Leggi registro e bollo.
Bonifiche. — *vedi* Ingegneria legale.
Borsa (Operaz di). — *vedi* Debito pubb. — Valori pubb.
Boschi. — *vedi* Selvicoltura.

Botanica, del Prof. I. D. HOOKER, traduzione del Prof. N. PEDICINO, 4ᵃ ediz., di pag. viii-134, con 68 inc. 1 50
— *vedi anche* Anatomia vegetale — Fisiologia vegetale — Funghi mangerecci — Malattie crittogamiche — Tabacco — Tartufi e funghi.

Botti. — *vedi* Enologia.
Box. — *vedi* Pugilato.
Bronzatura. — *vedi* Metallocromia.
Bronzo. — *vedi* Leghe metalliche.

Buddismo, di E. PAVOLINI, di pag. xvi-164 . . . . 1 50
— *vedi anche* Religioni e lingue dell'India inglese.

L. c.

completa per la riduzione del peso degli spiriti, ed
un'Appendice sulla produzione e commercio del vino
in Italia, di pag. XVI-256 . . . . 2 —
— vedi anche Enologia — Vino.
Carburo di calcio. — vedi Acetilene.
Carta. — vedi L'industria della.
Carte fotografiche. Preparazione e trattamento, del
Dott. L. Sassi, di pag. XII-353 . . . . 3 50
Carte geografiche. — vedi Atlante.
Cartografia (Manuale teorico-pratico della), con un
sunto sulla storia della Cartografia, del Prof. E. Gelcich, di pag. VI-257, con 37 illustrazioni . . . . . 2 —
— vedi anche Celerimensura — Disegno topografico
— Telemetria — Triangolazione.
Case coloniche. — vedi Economia fabbricati rurali.
Caseificio, di L. Manetti, 3ª ediz. nuovamente ampliata dal Prof. G. Sartori, di pag. VIII-256 con 40 incis. 2 —
vedi anche Bestiame — Latte, burro e cacio.
Catasto (Il nuovo) **italiano,** dell'Avv. E. Bruni, di
pag. VII-346. . . . . 3 —
— vedi anche Esattore com. — Imposte dirette — Ingegneria legale — Ipoteche — Ricchezza mobile.
Cavallo (Il), del Colonnello C. Volpini, 2ª edizione
riveduta ed ampliata di pag. VI-165, con 8 tavole . . 2 50
— v. anche Dizionario termini delle corse — Proverbi.
Cavi telegrafici sottomarini. Costruzione, immer-
sione, riparazione, dell'Ing. E. Jona, di pag. XVI-338,
188 fig. e 1 carta delle comunicaz. telegraf. sottomarine. 5 50
— vedi anche Telegrafia.
Cedri. — vedi Agrumi.
Celerimensura e tavole logaritmiche a quattro deci-
mali dell'Ing. F. Borletti. di pag. VI-148 con 29 inc. 8 50
Celerimensura (Manuale e tavole di), dell'Ing. G. Or-
landi, di p. 1200 con quadro generale d'interpolazioni. 18—
Cementazione. — vedi Tempera.
Cementi armati. — vedi Calci e cem. — Costr. in calcestr.
Ceralacca. — vedi Vernici e lacche.
Ceramiche. — vedi Amatore di Maioliche e Porcellane —
Fotosmaltografia.
Chimica, del Prof. H. E. Roscoe. 5ª edizione rifatta
da E. Ricci, di pag. XII-228 con 47 incisioni . . . 1 50
— vedi anche Acetilene — Acido solforico — Analisi
chimica — Chimico — Gaz illuminante — Incande-
scenza a gaz — Latte, burro e calcio — Tintore —
Tintura della seta.
Chimica agraria, di A. Aducco, p. VIII-328. 2ª ed. (in lav).
— vedi anche Concimi — Humus.
Chimica analitica, di G. Ostwald-Bolis (in lavoro).
Chimica applicata all'Igiene. Guida pratica ad
uso degli Ufficiali sanitarii, Medici, Farmacisti-Com-

L. c.

mercianti. Laboratori d'igiene di merciologia. ecc. di
P. E. ALESSANDRI, di pag. xx-515, con 49 inc. e 2 tav. 5 50
Chimica clinica del Prof. R. SUPINO (in lavoro).
Chimico (Manuale del) **e dell'industriale.** Raccolta
di tabelle, di dati fisici e chimici e di processi d'analisi tecnica ad uso dei chimici analitici e tecnici, dei
direttori di fabbriche, dei fabbricanti di prodotti chimici, degli studenti di chimica, ecc., ecc., del Dottor
L. GABBA, 2ª ediz. ampliata ed arricchita delle tavole
analitiche di H. WILL, di pag. xvi-442, con 12 tabelle. 5 50
Chirurgia operativa (Man. di), dei D.ri R. STECCHI
e A. GARDINI, di pag. viii-322, con 118 incisioni . 3 —
Chitarra (Man. pratico per lo studio della), di A. PISANI,
di pag. xvi-116, con 36 figure e 25 esempi di musica . 2 —
— vedi anche Mandolinista.
Ciclista, di I. GHERSI. 2ª ediz. complet. rifatta del "Ma-
nuale del Ciclista,, di A. GALANTE, di p. 244, 147 inc. 2 50
Cimiteri. — vedi Ingegneria legale.
Classific. delle scienze, di C. TRIVERO, p. xvi-292. 3 —
Climatologia, di L. DE MARCHI, di p. x-204, e 6 carte. 1 50
— vedi Geografia fisica — Igroscopi — Meteorologia.
Cloruro di sodio. — vedi Sale.
Coca. — vedi Prodotti agricoli.
Cocco. — vedi Prodotti agricoli.
Codice cavalleresco italiano (Tecnica del duello),
opera premiata con medaglia d'oro, del Comm. J. GELLI,
9ª ediz. rifatta di pag. xvi-283 . . . . 2 50
— vedi anche Duellante — Pugilato — Scherma italiana.
Codice del bollo (Il). Nuovo testo unico commentato
colle risoluzioni amministrative e le massime di giurisprudenza, ecc., di E. CORSI, di pag. c-564. . . . 4 50
Codice civile del Regno d'Italia, accuratamente
riscontrato sul testo ufficiale, corredato di richiami e
coordinato dal Prof. Avv. L. FRANCHI, di pag. iv-216, 1 50
Codice di commercio, accuratamente riscontrato
sul testo ufficiale, corredato di richiami e coordinato
dal Prof. Avv. L. FRANCHI, 2ª ediz. di pag. iv-158 . 1 50
**Codice doganale italiano con commento e
note,** dell'Avv. E. BRUNI, di pag. xx-1078 con 4 inc. 6 50
— vedi anche Trasporti e tariffe.
Codice di Marina Mercantile, secondo il testo
ufficiale, corredato di richiami e coordinato dal Prof.
Avv. L. FRANCHI, seconda edizione, di pag. iv-290 . 1 50
Codice metrico internazionale. — vedi Metrologia.
Codice penale e di procedura penale, secondo
il testo ufficiale, corredato di richiami e coordinato dal
Prof. Avv. L. FRANCHI, 2ª edizione, di pag. iv-230 . 1 50

L. c.

Codice penale per l'esercito e penale militare marittimo, secondo il testo ufficiale, corredato di richiami e coordinato da L. FRANCHI. 2ª ed. di pag. 179   1 50

Codice del perito misuratore. Paccolta di norme e dati pratici per la misuraz. e valutaz. d'ogni lavoro edile, prontuario per preventivi, liquidazioni, collaudi, perizie, arbitramenti, degli ingegn. L. MAZZOCCHI e E. MARZORATI, di pag. xiii-498, con 116 illustraz. . 5 50

Codice di procedura civile, accuratamente riscontrato sul testo ufficiale, corredato di richiami e coordinato dal Prof. Avv. L. FRANCHI, 2ª ediz., di pag. 167   1 50

Codice del teatro (Il). Vade-mecum legale per artisti lirici e drammatici, impresari, capicomici, direttori d'orchestra, direzioni teatrali, agenti teatrali, gli avvocati e per il pubblico, dell'avv. N. TABANELLI, di pag. xvi-328   3 —

Codici e leggi usuali d'Italia, riscontrati sul testo ufficiale coordinati e annotati dal Prof. Avv. L. FRANCHI, raccolti in 3 grossi vol. legati in pelle flessibile.

Vol. I. Codice civile — di procedura civile — di commercio — penale — procedura penale — della marina mercantile — penale per l'esercito — penale militare marittimo (*otto codici*), 2ª edizione, di pag. viii-1261. 8 50

Vol. II. Parte I. Leggi usuali d'Italia. Raccolta coordinata di tutte le leggi speciali più importanti e di più ricorrente ed estesa applicazione in Italia; con annessi decreti e regolamenti e disposte secondo l'ordine alfabetico delle materie. Dalla voce " Abbordi in mare „ alla voce " Istruzione pubblica (Legge Casati), „ di pag. viii-1364 a 2 colonne. . . . . 9 —

Vol. II. Parte II dalla voce· *Laghi pubblici* alla voce: *Volture catastali* con appendice, pag. viii-1369-2982 a 2 colonne. . . . . 12 —

L'opera in tre volumi (legati in tutta pelle flessibile) 29 50

Leggi, trattati e convenzioni sui Diritti d'autore. (In lavoro).

Cognac (Fabbricazione del) **e dello spirito di vino e distillazione delle fecce e delle vinacce,** di DAL PIAZ, corredato di annotazioni del Cav. G. PRATO, di pag. x-168, con 37 incisioni . . . . . 2 —
— *vedi anche* Alcool — Densità dei mosti — Liquorista — Distilleria.

Coleotteri italiani, del Dott. A. GRIFFINI, (Entomologia I) di pag. xvi-334 con 215 inc. . . . . . 3 —
— *vedi anche* Animali parassiti — Ditteri — Imenotteri — Insetti nocivi — Insetti utili — Lepidotteri

Collezioni. — *vedi* Amatore di oggetti d'arte — Amatore di maioliche — Armi antiche — Autografi — Dizionario filatelico.

L. c.

Colombi domestici e colombicoltura, del Prof.
   P. BONIZZI, di pagine VI-210, con 29 incisioni . . . 2 —
— *vedi anche* Animali da cortile — Pollicoltura.
Colorazione dei metalli. — *vedi* Metallocromia.
Colori e la pittura (La scienza dei), del Prof. L.
   GUAITA, di pag. 248 . . . . 2 —
— *vedi anche* Dilettante di pittura — Pittura — Ristauratore di dipinti.
Colori e vernici, di G. GORINI, 3ª ediz. totalmente
   rifatta, per l'Ing. G. APPIANI, di pag. X-282, con 13 inc. 2 —
— *vedi anche* Luce e colori. — Vernici.
Coltivazione ed industrie delle piante tessili,
   propriamente dette e di quelle che danno materia per
   legacci, lavori d'intreccio, sparteria, spazzole, scope,
   carta, ecc., coll'aggiunta di un dizionario delle piante
   ed industrie tessili, di oltre 3000 voci, del Prof. M.
   A. SAVORGNAN D'OSOPPO, di pag. XII-476, con 72 inc. 5 —
— *vedi anche* Filatura — Tessitore
Coltivazione delle Miniere, di S. BERTOLIO (in lav.).
Commedie. — *vedi* Letteratura drammatica.
Commercio. — *vedi* Codice — Corrispondenza commer-
   ciale — Computisteria — Geografia commerciale —
   Industria zucchero, II — Mandato — Merciologia —
   Produzione e commercio del vino — Ragioneria —
   Scritture d'affari — Trasporti e tariffe.
**Compensazione degli errori con speciale ap-
   plicazione ai rilievi geodetici,** di F. CROTTI,
   di pag. IV-160 . . . . 2 —
Compositore-Tipografo (Manuale dell'allievo), di S. LANDI.
— *vedi* Tipografia, vol. II.
Computisteria, del Prof. V. GITTI :
   Vol. I. Computisteria commerciale, 5ª ed., (9 e 10° mi-
   gliaio) di pag. IV-184. . . . . 1 50
   Vol. II. Computisteria finanziaria, 3ª ed., di p. VIII-156. 1 50
— *vedi anche* Contabilità — Interesse e sconto — Logismografia — Ragioneria.
Computisteria agraria, del Prof. L. PETRI, seconda
   edizione rifatta di pag. VIII-210 . . . . 1 50
Concia delle pelli ed arti affini, di G. GORINI,
   3ª edizione interamente rifatta dai Dott. G. B. FRAN-
   CESCHI e G. VENTUROLI, di pag. IX-210. . . . . . 2 —
Conciliatore (Manuale del), dell'Avv. G. PATTACINI.
   Guida teorico-pratica con formulario completo pel Conciliatore, Cancelliere, Usciere e Patrocinatore di cause.
   3ª edizione ampliata dall'autore e messa in armonia
   con l'ultima legge 28 luglio 1895, di pag. X-465 . . 3 —
Concimi, del Prof. A. FUNARO, 2ª ediz. rinnovata e
   accresciuta, di pag. XII-266 . . . . 2 —

L. c.

— *vedi anche* Chimica agraria — Humus.

Confezione d'abiti per signora e l'arte del taglio, compilato da EMILIA COVA. di pag. VIII-91, con 40 tav. *3 —*
— *vedi* Disegno, taglio e confezione di biancheria — Macchine per cucire

Coniglicoltura pratica, di G. LICCIARDELLI, di pagine VIII-173. con 141 incisioni e 9 tavole in sincromia. 2 50

Conservazione delle sostanze alimentari, di G. GORINI, 3ª ediz. interamente rifatta dai Dott. G. B. FRANCESCHI e G. VENTUROLI, di pag. VIII-256 . . . 2 —

Consigli pratici. — *vedi* Ricettario domestico — Ricettario industriale — Soccorsi d'urgenza.

Contabilità comunale, secondo le nuove disposizioni legislative e regolamentari (Testo unico 10 febb. 1889 e R. Decr. 6 lug. 1890). del Prof. A. DE BRUN. di p. VIII-244. 1 50
— *vedi anche* Diritto amministrativo — Legge comunale.

Contabilità domestica, Nozioni amministrativo-contabili ad uso delle famiglie e delle scuole femminili. del rag. O. BERGAMASCHI. di pag. XVI-186. . . 1 50
— *vedi anche* Ricettario domestico.

Contabilità generale dello Stato, dell'Avv. E. BRUNI, 2ª ediz. rifatta, pag. XVI-420 . . . . . 3 —

Contabilità delle istituzioni di p.b eneficenza. — *vedi* Beneficènza.
— *vedi anche* Computisteria

Conti e calcoli fatti dell'Ing. I. GHERSI, 93 tabelle e istruzioni pratiche sul modo di usarle. (Misure, Pesi, Monete, Termometro, Gas e Vapori, Areometri. Alcoolometri. Soluz. zuccherine. Pesi specifici, Legnami, Carbone, Metalli. Divisione del tempo, Paga giornaliera, Interessi e Annualità, Rendita, Potenze e Radici, Poligoni e Poliedri regolari, Sfera, Circolo. Divisione della circonferenza. Pendenza, di pag. 204 . . . 2 50

Contratti agrari. — *vedi* Mezzeria.
Convenzioni per la proprietà letteraria — *vedi* Leggi.

Conversazione italiana e tedesca (Manuale di), ossia guida completa per chiunque voglia esprimersi con proprietà e speditezza in ambe le lingue, e per servire di *vade mecum* ai viaggiatori, di A. FIORI, 8ª edizione rifatta da G. CATTANEO, di pag. XIV-40C. 3 50

Conversaz. italiana-francese — V. *Fraseologia.*

Cooperative rurali, di credito. di lavoro, di produzione, di assicurazione, di mutuo soccorso, di consumo, di acquisto di materie prime. di vendita di prodotti agrari. Scopo, costituzione. norme giuridiche, tecniche, amministr., computistiche. di V. NICCOLI, p. VIII-362 3 50
— *vedi anche* Ragioneria delle cooperative.

Cooperazione nella sociologia e nella legislazione, di F. VIRGILII, di pag. XII-228 . . . . . 1 50

L. c.

Corrispondenza commerciale poliglotta di G.
FRISONI, compilata su di un piano speciale nelle lingue
italiana, francese, tedesca, inglese e spagnuola, di cui
ciascuna forma in se stessa l'originale e le altre ne
sono la traduzione o la chiave:

I. — PARTE ITALIANA: **Manuale di Corrispondenza
Commerciale Italiana**, corredato di facsimili dei vari
documenti di pratica giornaliera, seguito da un GLOS-
SARIO delle principali voci ed espressioni attinenti al
Commercio, agli Affari marittimi, alle Operazioni
bancarie ed alla Borsa, ad uso delle Scuole, dei Ban-
chieri, Negozianti ed Industriali di qualunque nazione,
che desiderano abilitarsi nella moderna terminologia e
nella corretta fraseologia mercantile italiana, pag. XX-444 4 —

Corrispondenza in cifre. — *vedi* Crittografia.

Corse. — *v.* Dizion. dei termini delle — Cavallo — Proverbi.

Cosmografia. *Uno sguardo all' Universo*, di B. M.
LA LETA, di pag. XII-197, con 11 incisioni e 3 tavole. 1 50

Costituzione degli Stati. — *vedi* Diritti e doveri — Ordinam.

Costruttore di macchine a vapore (Manuale del),
di H. HAEDER. Ediz. ital. compilata sulla 5ª ediz. tedesca,
con notev. aggiunte dell'Ing. E. WEBBER, di p. XVI-452,
con 1444 inc. e 244 tab., leg. in bulgaro rosso. . . . 7 —
— *vedi anche* Disegno industr. — Ingegnere navale —
Meccanico (Il) — Meccanismi (500) — Modellatore
meccanico — Montatore di macchine.

Costruttore navale (Manuale del), di G. ROSSI, di
pag. XVI-517, con 231 figure interc. nel testo e 65 tabelle. 6 —
— *vedi anche* Attrezzatura — Canott. — Disegno e Costr.
navale — Dov. del macch. navale — Ingeg. nav. — Macchin. nav. — Marine da guerra — Montatore di macch.

Costruzioni. — *vedi* Calci e cementi — Fabbricati civili
— Fognatura cittadina e domestica — Ingegnere ci-
vile e legale — Lavori in terra — Momenti resistenti
— Peso metalli — Resistenza dei materiali.

**Costruzioni in calcestruzzo ed in cementi
armati,** di G. VACCHELLI, di p. XVI-312, con 210 inc. 4 —

Cotone. — *vedi* Prodotti agricoli.

Cremore di tartaro. — *vedi* Distillazione.

Cristallo. — *vedi* Fabbricazione degli specchi.

Cristallografia geometrica, fisica e chimica,
applicata ai minerali, del Prof. E. SANSONI, di pagine XVI-368, con 284 incisioni nel testo . . . . . 3 —
— *vedi anche* Fisica cristallografica — Mineralogia.

Cristo. — *vedi* Imitazione di Cristo.

Cristoforo Colombo, di V. BELLIO, p. IV-136 e 10 inc. 1 50

Crittogame. — *vedi* Funghi — Malattie crittog. — Tartufi.

Crittografia (La) diplomatica, militare e commerciale,
ossia l'arte di cifrare o decifrare le corrispondenze

L. c

segrete. Saggio del conte L. GIOPPI, di pag. 177 . . 3 50
Cronologia. — *vedi* Storia e cronologia
Cubatura dei legnami (Prontuario per la), di G.
BELLUOMINI, 4ª ediz. corretta ed accresciuta, pag. 22). 2 50
Cuoio. — *vedi* Concia delle pelli.
Curiosità. — *vedi* Amatore di oggetti d'arte — Amatore di
Maioliche e Porcellane — Armi ant — Autografi.
Curve. Manuale pel tracciamento delle curve delle
Ferrovie e Strade carrettiere di G. H. KROHNKE, tra-
duzione di L. LORIA, È in preparazione la 3ª ediz.
Dantologia, del Dott. G. A. SCARTAZZINI, 2ª edizione.
Vita ed Opere di Dante Alighieri, di pagine VI-408. 3 —
Danza. — *vedi* Ballo.
Datteri. — *vedi* Prodotti agricoli
Debito (Il) pubblico italiano e le regole e i modi
per le operazioni sui titoli che lo rappresentano, di
F. AZZONI, di pag. VIII-376 . . , ... 3 —
— *vedi anche* Valori pubblici.
Decorazione dei metalli. — *vedi* Metallocromia.
Decorazione del vetro. — *vedi* Fabbricaz. degli specchi —
Fotosmaltografia.
Decorazione e industrie artistiche, dell'Archi-
tetto A. MELANI, 2 vol., di pag. XX-460, con 118 inc. . 6 —
— *vedi anche* L'Amatore di oggetti d'arte — Amatore
di Maioliche e Porcellane -- Armi antiche — Piccole
Industrie — Pittura.
**Densita (La) dei mosti, dei vini e degli spiriti
ed i problemi che ne dipendono** — ad uso degli
enochimici, degli enotecnici e dei distillat., di E. DE CIL-
LIS, di pag. XVI-230, con 11 figure e 46 tavole . . . 2 —
— *vedi anche* Cognac — Enologia — Liquorista — Vini.
Denti — *vedi* Igiene della bocca.
Determinanti e applicazioni, del Prof. E. PASCAL,
di pag. VIII-330 . . . . 3 —
Diagnostica. — *vedi* Semeiotica.
Dialetti italici. Grammatica, iscrizioni, versione e
lessico, di O. NAZARI, di pag. XVI-364 . . . . . 3 —
Dialetti letterari greci (epico, neo-ionico, dorico,
eolico), del Prof. G. B. BONINO, di pag. XXXII-214. . 1 50
Didattica per gli alunni delle scuole normali e pei
maestri elementari del Prof. G. SOLI, di pag. VIII-214. 1 50
Digesto (Il), del Prof. C. FERRINI, di pag. IV-134 . . 1 50
Dilettanti di pittura. — Vedi *Pittura.*
Dinamica elementare, del Dott. C. CATTANEO, di
pag. VIII-146, con 25 figure 1 50
— *vedi anche* Termodinamica.
Dinamite. — *vedi* Esplodenti.
Diritti e doveri dei cittadini, secondo le Istitu-
zioni dello Stato, per uso delle pubbliche scuole, del

L. c.

Prof. D. MAFFIOLI. 10ª edizione (dal 26 al 30ᶜ migliaio) con un'appendice sul Codice penale, di pag. XVI-229 . 1 50

Diritto amministrativo giusta i programmi governativi, ad uso degli Istituti tecnici, del Prof. G. LORIS, 4ª edizione, di pag. XX-521 . . . . 3 —

Diritto civile (Compendio) del Prof. G. LORIS, giusta i programmi governativi ad uso degli Istituti tecnici, 2ª edizione riveduta, corretta ed ampliata, di pag. XVI-386. 3 —

Diritto civile italiano, di C. ALBICINI, p. VIII-128 1 50
— *vedi anche* Codice civile — Codice di proced. civile.

Diritto commerciale italiano, del Prof. E. VIDARI, 2ª edizione diligentemente riveduta, di pag. X-448. 3 —
— *vedi anche* Codice commerciale — Mandato.

Diritto comunale e provinciale. — *vedi* Contabilità comunale — Diritto amministrativo — Legge comunale

Diritto costituzionale, dell'Avv. Prof. F. P. CONTUZZI, 2ª edizione, di pag. XVI-370 . . . . 3 —

Diritto ecclesiastico, di C. OLMO. di pagine XII-472. 3 —

Diritto internazionale privato, dell'Avv. Prof. F. P. CONTUZZI, di pag, XVI-392. . . . . 3 —

Diritto internazionale pubblico, dell'Avv. Prof. F. P. CONTUZZI. di pag. XII-320. . . . . 3 —

Diritto penale, dell'avv. A. STOPPATO. 2ª ed.. (in lav.).
— *vedi anche* Codice penale e di procedura penale — Codice penale militare e penale militare marittimo.

Diritto penale romano, del Prof. C. FERRINI. di pag. VIII-360 . . . . 3 —

Diritto romano, di C. FERRINI, 2ª ed. rif.. pag. XVI-178 1 50

Disegnatore meccanico e nozioni tecniche generali di Aritmetica, Geometria, Algebra, Prospettiva, Resistenza dei materiali, Apparecchi idraulici, Macchine semplici ed a vapore, Propulsori, per V. GOFFI, 2ª edizione riveduta, di pag. XXI-435, con 363 figure . . 5 —
— *vedi anche* Disegno industriale — Meccanica — Meccanico — Meccanismi (500) — Modellatore meccanico — Montatore di macchine.

Disegno. I principii del Disegno, del Prof. C. BOITO, 4ª edizione, di pag. IV-206, con 61 silografie . . . . 2 —
— *vedi anche* Ornatista.

Disegno assonometrico, del Prof. P. PAOLONI, di pag. IV-122 con 21 tavole e 23 figure nel testo . . . 2 —

Disegno geometrico, del Prof. A. ANTILLI, 2ª ediz., di pag. VIII-88, con 6 figure nel testo e 27 tav. litogr. 2 —

Disegno, Teoria e Costruzione delle Navi, ad uso dei Progettisti e Costruttori di Navi - Capi tecnici, Assistenti e Disegnatori navali - Capi operai carpentieri - Alunni d'Istituti Nautici, di E. GIORLI di pag. VIII-238 con 310 incisioni 2 50

L. c.

Disegno industriale, di E. GIOBLI. Corso regolare
di disegno geometrico e delle proiezioni. Degli sviluppi
delle superfici dei solidi. Della costruzione dei principali organi delle macchine. Macchine utensili. 3ª ediz.
di pag. VIII-291, con 300 problemi risolti e 348 figure 2 50

Disegno di proiezioni ortogonali, del Prof. D.
LANDI, di pag. VIII-152, con 132 incisioni . . . . . 2 —
— *vedi anche* Prospettiva.

Disegno topografico, del Capitano G. BERTELLI,
2ª edizione, di pag. VI-137, con 12 tavole e 10 incis. 2 —
— *vedi* Cartografia — Celerimensur. — Prospettiva —
Regolo calcolatore — Telemetria — Triangolazioni.

Disegno, taglio e confezione di biancheria
(Manuale teorico pratico di), di E. BONETTI, con un
Dizionario di nomenclatura. 2ª ediz. riveduta e aumentata, di pag. XVI-202 con 50 tav. illustrative e 6 prospetti. 3 —
— *vedi anche* Confezione d'abiti — Ricettario domestico.

Disinfezione. — *vedi* Infezione — Medicatura antisettica.

**Distillazione delle Vinacce, e delle frutta fer-
mentate. Fabbricazione razionale del Cognac. Estrazione del Cremore di Tartaro ed
utilizzazione di tutti i residui della distillazione,** di M. DA PONTE. 2ª edizione rifatta, contenente le leggi italiane sugli spiriti e la legge Austro-
Ungarica, di pag. XII-375, con 68 incisioni 3 50

Distillazione. — *vedi* Alcool — Analisi del vino — Analisi
volumetrica — Chimica agraria — Chimico — Cognac
— Densità dei mosti — Enologia — Farmacista —
Liquorista — Vini bianchi.

Ditteri italiani, di PAOLO LIOY (*Entomologia III*),
di pag. VII-356, con 227 incisioni . . . . 3 —
— *vedi anche* Animali parassiti — Coleotteri — Imenotteri — Insetti nocivi — Insetti utili — Lepidotteri.

Dizionario alpino italiano. Parte 1ª. *Vette e
valichi italiani,* dell'Ing. E. BIGNAMI-SORMANI. —
Parte 2ª: *Valli lombarde e limitrofe alla Lombardia,*
dell'Ing. C. SCOLARI, di pag. XXII-310 . . . . . . 3 50
— *vedi anche* Alpi — Alpinismo — Prealpi.

**Dizionario di abbreviature latine ed italiane
usate nelle carte e codici specialmente del
Medio Evo,** riprodotte con oltre 13000 segni incisi.
aggiuntovi un prontuario di Sigle Epigrafiche. I monogrammi, la numerazione romana ed arabica e i segni
indicanti monete, pesi, misure, ecc., per cura di
ADRIANO CAPPELLI Archivista-Paleografo presso il
R. Archivio di Stato in Milano, di pag. LXII-433, con
elegante legatura in cromo 7 50

Dizionario bibliografico, di C. ARLIA, di pag. 100. 1 50
— *vedi anche* Bibliografia — Bibliotecario.

              L. c.

Dizionario Biografico Universale, del professor Dott. G. GAROLLO. (In lavoro).

Dizionario dei Comuni del Regno d'Italia, di B. SANTI. (In lavoro).

Dizionario Eritreo (Piccolo) **Italiano-arabo-amarico,** raccolta dei vocaboli più usuali nelle principali lingue parlate nella colonia eritrea, di A. AL-LORI, di pagine XXXIII-203 . . . . 2 50
— *vedi anche* Arabo parlato — Grammatica galla — Lingue d'Africa — Tigré.

Dizionario filatelico, per il raccoglitore di francobolli con introduzione storica e bibliografia, del Comm. J. GELLI, 2ª edizione con Appendice 1898-99, di pag. LXIII-464. . . . . 4 50

Dizionario fotografico pei dilettanti e professionisti, con oltre 1500 voci in 4 lingue, 500 sinonimi, e 600 formule, di L. GIOPPI, di pag. VIII-600, 95 inc. e 10 tav. 7 50

Dizionario geografico universale, del Prof. Dottor G. GAROLLO, 4ª edizione del tutto rifatta e molto ampliata, di pag. XII-1451 . . . . 10 —

Dizionario gotico. — *vedi* Lingua gotica.

Dizionario milanese-italiano e repertorio italiano-milanese, di CLETTO ARRIGHI, di pag. 912, a due colonne. 2ª edizione 8 50

Dizionario Numismatico. — *vedi* Vocabolarietto.

Dizionario rumeno. — *vedi* Grammatica rumena.

Dizionario stenografico. Sigle e abbreviature del sist. Gabelsberger-Noe, di A. SCHIAVENATO, di p. XVI-156. 1 50

Dizionario tascabile (Nuovo) **italiano-tedesco e tedesco-italiano,** compilato sui migliori vocabolari moderni e provvisto d'un'accurata accentuazione per la pronuncia dell'italiano, di A. FIORI, 3ª ediz., di pag. 798, completamente rifatta dal Prof. G. CATTANEO 3 50

Dizionario tecnico in quattro lingue dell'Ing. E. WEBBER, 4 volumi di complessive pag. 1917
Separatamente:
 vol. I. Italiano-Tedesco-Francese-Inglese, di p. IV-336. (E in lavoro la 2ª edizione).
 vol. II. Deutsch-Italienisch-Französisch-Englisch, p. 409. 4 —
 vol. III. Français-Italien-Allemand-Anglais. di p. 509. 4 —
 vol. IV. English-Italian-German-French, di pag. 659. 6 —

Dizionario (Piccolo) **dei termini delle corse,** di G. VOLPINI di pag. 47 . . . . 1 —

Dizionario turco. — *vedi* Grammatica turca.

Dizionario universale delle lingue italiana, tedesca, inglese e francese, disposte in un unico alfabeto, 1 vol. di pag. 1200 a 2 colonne . . . 8 —

L c.

Dizionario. — *vedi* Vocabolario.
Dizionario Volapük. — *vedi* Volapuk.
Dogane. — *vedi* Codice doganale — Trasporti e tariffe.
Doratura. — *vedi* Galvanostegia. — Metallocromia.
Dottrina popolare, in 4 lingue. (Italiana, Francese,
Inglese e Tedesca). Motti popolari, frasi commerciali
e proverbi, raccolti da G. Sessa. 2ª ed.. di pag. IV-212. 2 —
— *vedi anche* Conversazione italiana-tedesca — Con-
versazione Volapük — Fraseologia francese.
Doveri del macchinista navale e condotta della
macchina a vapore marina ad uso dei macchinisti navali
e degli Istituti nautici. di M. Lignarolo. di p. XVI-303. 2 50
— *vedi* Macchinista navale — Montatore di macchine.
Drammi. — *vedi* Letteratura drammatica.
Duellante(Man. del)in appendice al *Codice cavalleresco.*
di J. Gelli, 2ª ediz., di pag. VIII-256. con 27 tavole. 2 50
— *vedi anche* Codice cavaller. — Pugilato — Scherma.
Ebanista. — *vedi* Falegname — Modellatore meccanico
— Operaio.
Educaz. dei bambini. — *vedi* Ortofrenia — Sordomuti.
Economia dei fabbricati rurali, di V. Niccoli,
di pag. VI-192. . . . . 2 —
Economia matematica (Introd. alla). dei Professori
F. Virgilii e C. Garibaldi, di p. XII-210. con 19 inc. 1 50
Economia politica, del Prof. W. S. Jevons, traduz.
del Prof. L. Cossa. 4ª ediz. riveduta di pag. XVI-179. 1 50
Edilizia. — Fabbric. civili — Ingegn. civ. — Ingegn. legale.
Elettricita, del Prof. Fleeming Jenkin, trad. del Prof.
R. Ferrini 2ª ediz. riveduta. di p. XII-208. con 36 inc. 1 50
— *vedi anche* Cavi telegrafici sottomarini — Galvano-
plastica — Galvanostegia — Illuminazione elettrica —
— Magnetismo ed elettricità — Metallocromia — Rönt-
gen (Raggi di) — Telefono — Telegrafia — Unità assol
Elettrotecnica (Man. di), di Grawinkel-Strecker.
traduzione italiana dell'ing. Flavio Dessy. (In lav.).
Elettrochimica. (Prime nozioni elementari di) del
Prof. A. Cossa, di pag. VIII-104. con 10 incisioni . 1 50
Embriologia e morfologia generale, del Prof.
G. Cattaneo. di pag. X-242. con 71 incisioni . . . 1 50
Enciclopedia del giurista. — *vedi* Codici e leggi.
Enciclopedia Hoepli (Piccola), in 2 grossi volumi
di 3375 pagine di due colonne per ogni pagina, con
Appendice (146740 voci) . . . . 20 —
Energia fisica, del Prof. R. Ferrini. di pag. VIII-187,
con 47 incisioni. 2ª edizione interamente rifatta . . 1 50
Enimmistica. Guida per comporre e per spiegare Enimmi-
mi, Sciarade, Anagrammi. Logogrifi, Rebus, ecc.. di
D. Tolosani (Bajardo), di pag. XII-516, con 29 illustra-
zioni e molti esempi 6 50

L. c.

Enologia, precetti ad uso degli enologi italiani, del Prof. O. OTTAVI, 4ª edizione interamente rifatta da A. STRUCCHI, con una Appendice sul metodo della Botte unitaria pei calcoli relativi alle botti circolari, dell' Ing. Agr. R. BASSI, di pag. XVI-304, con 38 inc. 2 50

Enologia domestica, di R. SERNAGIOTTO, p. VIII-223. 2 —
— *vedi anche* Alcool — Analisi del vino — Cantiniere — Cognac — Densità dei mosti — Liquorista — Malattie ed alterazioni dei vini — Produzione e commercio dei vini — Uva da tavola — Vini bianchi e da pasto — Vino — Viticoltura.

Entomologia, di A. GRIFFINI e P. LIOY, 4 volumi (*vedi* Coleotteri — Ditteri — Lepidotteri — Imenotteri).
— *vedi anche* Animali parassiti — Apicoltura — Bachi da seta — Imbalsamatore — Insetti utili — Insetti nocivi — Naturalista viaggiatore — Zoonosi.

Epigrafia latina. Trattato elem. con esercizi pratici e facsimili, con 65 tav.. del Prof. S. RICCI, di p. XXXII-448. 6 50
— *vedi* Dizionario di abbreviature latine.

Eritrea. — *vedi* Arabo parlato — Dizionario eritreo, italiano-arabo-amarico — Grammatica galla — Lingue d'Africa — Prodotti agricoli del Tropico — Tigré-italiano.

Errori e pregiudizi volgari, confutati colla scorta della scienza e del raziocinio da G. STRAFFORELLO, 2ª edizione accresciuta, di pag. XII-196 . . . . . 1 50

Esame degli infermi — *vedi* Semeiotica

Esattore comunale. (Manuale dell'), ad uso anche dei Ricevitori provinciali, Messi esattoriali. Prefetti, Intendenti di finanza. Agenti imposte, Sindaci e Segretari dei Comuni. Avvocati, Ingegneri, Ragionieri, Notai e Contribuenti, del rag. G. MAINARDI, 2ª ediz. riveduta ed ampliata di pag. XVI-480 . . . . . 5 50
— *vedi anche* Catasto — Imposte dir. — Ricchezza mob.

Esercizi di algebra elementare, del Prof. S. PINCHERLE, di pag. VIII-135, con 2 incisioni 1 50
— *vedi anche* Algebra — Calcolo — Determinanti — Formulario di matematica — Funzioni ellittiche.

Esercizi di aritmetica razionale, del Prof. Dott. F. PANIZZA, di pag. VIII-150 . . . . 1 50
— *vedi anche* Aritmetica — Formulario di matematica.

Esercizi di calcolo infinitesimale (Calcolo differenziale e integrale), del Prof. E. PASCAL, di pagine XX-372 . . . . 3 —
— *vedi anche* Calcolo infinitesimale — Funzioni ellittiche — Repertorio di matematiche

L. c.

Esercizi geografici e quesiti, sull'Atlante geografico universale di R. Kiepert, di L. HUGUES, 3ª edizione rifatta, di pag. VIII-208. . . . . 1 50
— *vedi anche* — Atlante — Geografia.

Esercizi sulla geometria elementare, del Professore S. PINCHERLE, di pag. VIII-130. con 50 incis. 1 50
— *vedi* Geometria — Metodi per risolvere i problemi.

Esercizi greci per la 4ª classe ginnasiale in correlazione alle *Nozioni elem. di lingua greca.* del Prof. V. INAMA; del Prof. A. V. BISCONTI. (è in lav. la 2ª ediz.).
— *vedi anche* Grammatica greca — Letteratura greca.

Esercizi latini con regole (Morfologia generale), del Prof. P. E. CERETI, di pag. XII-332. . . . . . 1 50
— *vedi anche* Grammatica latina — Letterat. romana.
Esercizi di stenografia. — *vedi* Stenografia.

Esercizi di traduzione a complemento della gramm. francese, del Prof. G. PRAT. di p. VI-183. 1 50
— *vedi anche* Gramm. francese — Letterat. francese.

Esercizi di traduzione con vocabolario a complemento della Grammatica tedesca, del Prof. G. ADLER, 2ª ediz., di pag. VIII-244 . . . 1 50
— *vedi anche* Grammatica tedesca — Letter. tedesca.

Esercizi ed applicazioni di Trigonometria piana, con 400 esercizi e problemi proposti dal professore C. ALASIA di pag. XVI 292. con 30 incisioni . 1 50
Esercizi pratici della lingua danese. — *vedi* Gramm. Danese
Esercizi pratici della lingua portoghese — *vedi* Gramm. Portog.

Esplodenti e modo di fabbricarli, di R. MOLINA, di pa.. XX-300 . . . . 2 50
— *vedi anche* Pirotecnia.
Espropriazione. — *vedi* Ingegneria legale
Essenze. — *vedi* Liquorista.

Estetica, del Prof. M. PILO. di pag. XX-260 . . . . 1 50
Estimo di cose d'arte. — *vedi* Amatore di oggetti d'arte e di curiosità — Amatore di Maioliche e Porcellane.

Estimo dei terreni. Garanzia dei prestiti ipotecari e dell'equa ripartizione dell'imposta, dell' Ing. P. FILIPPINI. di pag. XVI-328. con 3 incisioni. . . . . . 3 —

Estimo rurale, del Prof. CAREGA DI MURICCE. p. VI-164. 2 —
— *vedi anche* Agronomia — Assicuraz e stima di danni
— Catasto — Celerimensura — Disegno topografico —
Economia dei fabbricati rurali — Geometria pratica
— Prontuario dell' agricoltore — Triangolazioni.

Etica, del Prof. G. VIDARI (in lavoro).

Etnografia, del Prof. B. MALFATTI, 2ª edizione interamente rifusa. di pag. VI-200 . . . . 1 50
— *vedi anche* Antropologia — Paleoetnologia.

Evoluzione. (Storia dell') del Prof. CARLO FENIZIA con breve saggio di Bibliogr. evoluzionistica di pag. XIV-389. 3 —

L. c.

Fabbricati civili di abitazione, dell'Ing. C. LEVI.
2ª ediz. rifatta, con 207 inc. e i Capitolati d'oneri ap-
provati dalle principali città d'Italia, di pag. XVI-412 4 50
— *vedi* Calci e cementi — Ingegnere civile — Ingegneria legale.

Fabbricati rurali. — *vedi* Abitazioni — Economia fabbricati

**Fabbricazione (La) degli specchi e la decora-
zione del vetro e cristallo,** del Prof. R. NAMIAS,
di pagine XII-156. con 14 incisioni. . . . . .2 —
— *vedi anche* Fotosmaltografia.

Fabbricazione dello zucchero. — *vedi* Industria.

Fabbro. — *vedi* Fonditore — Meccanico — Operaio —
Tornitore.

Fabbro-ferraio (Manuale del), di G. BELLUOMINI
(in lavoro).

Falegname ed ebanista. Natura dei legnami, ma-
niera di conservarli, prepararli. colorirli e verniciarli,
loro cubatura, di G. BELLUOMINI. di p. X-138, con 42 inc. 2 —
— *vedi anche* Cubatura — Modellat. meccan.— Operaio.

Fanciulli deficienti (idioti, imbecilli, tardivi, ecc.) v. Ortofr.

Farmacista (Manuale del), del Prof. P. E. ALESSANDRI,
2ª ediz. interamente rifatta e aumentata e corredata
di tutti i nuovi medicamenti in uso nella terapeutica,
loro proprietà, caratteri, alterazioni, falsificazioni, usi
dosi, ecc., di pag. XVI-731. con 142 tav. e 82 incisioni. 6 50
— *vedi anche* Analisi volumetrica — Chimico — Impiego
ipodermico — Infezione — Materia medica — Medicatura antisettica.

Farfalle. — *vedi* Lepidotteri.

Ferro. — *vedi* Fonditore — Galvanostegia — Ingegnere
civile — Ingegnere navale — Leghe metalliche — Meccanismi (500) — Metallo — Metallocromia — Montatore
di macchine — Operaio — Peso dei metalli — Resistenza materiali — Siderurgia — Tempera — Tornitore meccanico — Travi metall.

Ferrovie. — *vedi* Codice doganale — Curve — Ingegneria
legale — Macchin. e fuochista. — Trasporti e tariffe.

Filatelia. — *vedi* Dizionario filatelico.

Filatura. Manuale di filatura, tessitura e lavorazione
meccanica delle fibre tessili, di E. GROTHE, traduzione
sull'ultima edizione tedesca. di p. VIII-414 con 105 inc. 5 —
— *vedi anche* Coltivazione delle piante tessili — Piante
industriali — Tessitore.

Filatura della seta, di G. PASQUALIS. (In lavoro).

Filologia classica, greca e latina, del Prof. V.
INAMA. di pag. XII-195 . . . . .1 50

Filonauta. Quadro generale di navigazione da diporto
e consigli ai principianti, con un Vocabolario tecnico più
in uso nel panfiliamento. del Cap. G. OLIVARI, p. XVI-286. 2 50
— *vedi anche* Canottaggio

L. c.

Filosofia. — *vedi* Estetica — Filosofia morale — Logica — Psicologia — Psicologia fisiologica.

Filosofia morale, del Prof. L. FRISO, di pag. XVI-236. 3 —

Filossera. — *vedi* Malattia della vite.

Filugello. — *vedi* Bachi da seta.

Finanze. — *vedi* Computisteria finanziaria — Contabilitá di Stato — Debito pubblico — Esattore — Scienza delle finanze — Valori pubblici.

Fiori artificiali, Manuale del fiorista, di O. BALLE-RINI, di pag. XVI-278, con 144 incis. e 1 tav. a 36 colori. 3 50 — *vedi anche* Pomologia artificiale.

Fiori. — *vedi* Floricoltura — Orticoltura — Piante e fiori.

Fisica, del Prof. O. MURANI, con 243 incis. e 3 tavole. 6ª ediz. completamente rifatta del Manuale di Fisica di BALFOUR STEWART, di pag. XVI-411 . . . . . . 2 — — *vedi anche* Calore — Dinamica — Energia fisica — Fulmini e parafulmini — Igroscopi — Luce e colori — Luce e suono — Microscopio — Ottica — Röentgen — Spettroscopio — Termodinamica.

Fisica cristall., di W. VOIGT, trad. A. SELLA. (In lav.).

Fisiologia, di FOSTER, traduz. del Prof. G. ALBINI, 3ª ediz. di pag. XII-158, con 18 incisioni 1 50

Fisiologia comparata. — *vedi* Anatomia.

Fisiologia vegetale, del Dott. LUIGI MONTEMARTINI, di pagine XVI-230, con 68 incisioni . . . . 1 50 — *vedi anche* Anatomia vegetale.

Floricoltura (Manuale di), di C. M. Fratelli RODA, 2ª ediz. riveduta da G. RODA, di pag. VIII-256, con 87 inc. 2 — — *vedi anche* Botanica — Fiori artificiali — Orticoltura — Piante e fiori — Ricettario domestico.

Florilegio poetico greco, del Prof. V. INAMA (In lav.).

Flotte moderne (Le) 1896-1900, di E. BUCCI di SAN-TAFIORA. Complemento del Manuale del Marino, del C. DE AMEZAGA. di pag. IV-204 . . . . 5 — — *vedi* Nautica.

Fognatura cittadina, dell'Ing. D. SPATARO. di pagine X-684. con 220 figure e 1 tavola in litografia. . 7 —

Fognatura domestica, dell'ing. A. Cerutti. di pagine VIII-421, con 200 incisioni . . . . 4 —

Fonditore in tutti i metalli (Manuale del), di G. BELLUOMINI, 2ª ediz., di pag. VIII-150. con 41 incis. 2 — — *vedi anche* Leghe metalliche — Montatore di macchine. — Operaio — Siderurgia.

Fonologia italiana, di L. STOPPATO, pag. VIII-102 1 50

Fonologia latina, del Prof. S. CONSOLI. di pag. 208. 1 50

Foreste. — *vedi* Ingegneria legale — Selvicoltura.

Formaggio. — *vedi* Caseificio — Latte, burro e cacio.

Formulario scolastico di matematica elementare (aritmetica. algebra. geometria. trigonometria), di M. A. ROSSOTTI, di pag. XVI-192 . . . . 1 50

L. s.

Fotocalchi. — *vedi* Arti grafiche — Chimica fotografica — Fotografia industriale — Processi fotomeccanici.

Fotocollografia. — *vedi* Processi fotomeccanici.

Fotocromatografia (La), del Dott. L. SASSI, di pagine XXI-138, con 19 incisioni . . . . 2 —

Fotografia ed arti affini. — *vedi* Arti grafiche — Chimica fotografica — Dizionario fotografico — Fotocromatografia — Fotografia industriale — Fotografia ortocromatica — Fotografia pei dilettanti — Fotosmaltografia — Litografia — Proiezioni — Ricettario fotogr.

Fotografia industriale (La), fotocalchi economici per le riproduzioni di disegni, piani, carte, musica, negative fotografiche, ecc., del Dott. LUIGI GIOPPI, di pag. VIII-208, con 12 incisioni e 5 tavole fuori testo. 2 50

Fotografia ortocromatica, del Dott. C. BONACINI, di pag. XVI-277 con incisioni e 5 tavole 3 50

Fotografia pei dilettanti. (Come il sole dipinge), di G. MUFFONE, 4ª edizione rifatta ed ampliata di pagine XVIII-362, con 93 incisioni e 10 tavole . . . . 3 —

Fotogrammetria, Fototopografia praticata in Italia e applicazione della fotogrammetria all'idrografia, dell'ing. P. PAGANINI, di pag. XVI-288, con 56 fig. e 4 tavole. 3 50

Fotolitografia. — *vedi* Arti grafiche — Processi fotomecc.

Fotosmaltografia (La), applicata alla decorazione industriale delle ceramiche e dei vetri, di A. MONTAGNA, di p. VIII-200, 16 incisioni nel testo . . . . 2 —

Fototipografia. — *vedi* Arti grafiche — Processi fotomecc.

Fragole. — *vedi* Frutta minori.

Francobolli. — *vedi* Dizionario filatelico.

Fraseologia francese-italiana, di E. BAROSCHI SORESINI, di pag. VIII-262 . . . . 2 50

Fraseologia italiana-tedesca. — *vedi* Conversazione — Dottrina popolare

Frenastenia — *vedi* Ortofrenia.

Frumento e mais, del Prof. G. CANTONI, di pag. VI-168, con 13 incisioni . . . . 2 —

Frutta minori. Fragole, poponi, ribes, uva spina e lamponi, del Prof. A. PUCCI, di pag. VIII-192, 96 inc. 2 50

Frutta fermentate — *vedi* Distillazione.

Frutticoltura, del Prof. Dott. D. TAMARO, 3ª ediz., di pag. XVIII-219, con 81 incisioni . . . . 2 —
— *vedi anche* Agrumi — Olivo — Prodotti agricoli del tropico — Uve da tavola — Viticoltura.

Frutti artificiali. — *vedi* Pomologia artificiale

Fulmini e parafulmini, del Dott. Prof. E. CANESTRINI, di pag. VIII-166, con 6 incisioni . . . . . 2 —

Funghi mangerecci e funghi velenosi, del Dott. F. CAVARA, di pag. XVI-192, con 43 tav. e 11 incisioni. 4 50
— *vedi anche* Tartufi e funghi.

L. c.

Funzioni anal. (Teoria gen. delle) di G. VIVANTI (in lav.).

Funzioni ellittiche, del Prof. E. PASCAL, di pag. 240 1 50
— *vedi anche* Calcolo infinitesimale — Esercizi di calcolo — Repertorio di matematiche

Fuochista. — *vedi* Macchinista e fuochista.

Fuochi artificiali. — *vedi* Esplodenti — Pirotecnia.

Gallinacei. — *vedi* Animali da cortile — Pollicoltura

Galvanizzazione, pulitura e verniciatura dei
metalli e galvanoplastica in generale. Manuale pratico per l'industriale e l'operaio riguardante
la nichelatura, ramatura, ottonatura, doratura, argentatura, stagnatura, zincatura, acciaiatura, antimonia-
tura, cobaltatura, ossidatura, galvanoplastica in rame,
argento, oro, ecc., in tutte le varie applicazioni pratiche, di F. WERTH. Di p. XVI-324, con 153 incis. . . 3 50

Galvanoplastica, ed altre applicazioni dell'elettrolisi.
Galvanostegia, Elettrometallurgia, Affinatura dei metalli, Preparazione dell'alluminio, Sbianchimento della
carta e delle stoffe, Risanamento delle acque, Concia
elettrica delle pelli, ecc. del Prof. R. FERRINI, 3ª edizione, completamente riatta. di p. XII-417. con 45 inc. 4 —

Galvanostegia, dell'ing. I. GHERSI. Nichelatura, argentatura, doratura, ramatura, metallizzazione, ecc.,
di pag. XII-324, con 4 incisioni 3 50

Gaz illuminante (Industria del), di V. CALZAVARA,
di pag. XXXII-672, con 375 incisioni e 216 tabelle . . 7 50
— *vedi anche* Acetilene — Incandescenza.

Gelsicoltura, del Prof. D. TAMARO, di p. XVI-175 e 22 inc. 2 —
— *vedi anche* Bachi da seta.

Geodesia. — *vedi* Celerimensura — Compensazione degli
errori — Curve — Disegno topografico — Geometria prat. — Prospett. — Telemetria — Triangolaz.

Geografia, di G. GROVE, traduzione del Prof. G. GAL-
LETTI, 2ª ediz. riveduta di pag. XII-160, con 26 incis. 1 50

Geografia. — *vedi* Alpi — Antropologia — Atlante geografico storico d'Italia — Atlante geograf. universale
— Cartografia — Climatologia — Cosmografia — Dizionario alpino — Dizionario geografico — Esercizi
geografici — Etnografia — Mare — Naturalista viaggiatore — Prealpi bergamasche — Vulcanismo.

Geografia classica, di H. F. TOZER, traduzione e
note del Prof. I. GENTILE. 5ª ediz., di pag. IV-168 . 1 50

Geografia commerciale economica. *Europa*,
Asia, Ocean., Afr., Amer., di P. LANZONI, p. VIII-344 . 3 —

Geografia fisica, di A. GEIKIE, traduzione di A. STOP-
PANI, 3ª ediz., di pag. IV-132, con 20 incisioni . . . 1 50

Geologia, di A. GEIKIE, traduzione di A. STOPPANI,
quarta edizione. riveduta sull'ultima ediz. inglese da
G. MERCALLI, di pag. XII-176, con 47 incisioni . . 1 50

L. c.

— *vedi anche* Paleoetnologia.

Geometria analitica dello spazio, del Prof. F.
ASCHIERI, di pag. VI-196, con 11 incisioni 1 50

Geometria analitica del piano, del Prof. F.
ASCHIERI, di pag. VI-194, con 12 incisioni 1 50

Geometria descrittiva, del Prof. F. ASCHIERI, di
pag. VI-222, con 103 incisioni, 2ª edizione rifatta . . 1 50

Geometria elementare. — *vedi* Geometria pura — Problemi
di Geometria elementare.

Geometria e trigonometria della sfera, del
Prof. C. ALASIA, di pag. VIII-208, con 34 incisioni. . 1 50

Geometria metrica o trigonometrica, del Prof.
S. PINCHERLE, 5ª edizione, di pag. IV-158, con 47 inc. 1 50
— *vedi anche* Esercizio.

Geometria pratica, dell'Ing. Prof. G. EREDE, 3ª edizione riveduta ed aumentata di pag. XII-258, con 134 inc. 2 —
— *vedi anche* Celerimensura — Disegno assonometrico
— Disegno geometrico — Disegno topografico — Geodesia — Metodi facili per risolvere i problemi — Prospettiva — Regolo calcolatore — Statica — Stereometria — Triangolazioni.

Geometria projettiva del piano e della stella,
del Prof. F. ASCHIERI, 2ª ediz., di p. VI-228, con 86 inc. 1 50

Geometria projettiva dello spazio, del Prof. F.
ASCHIERI, 2ª ediz. rifatta, di pag. VI-264, con 16 incis. 1 50

Geometria pura elementare, del Prof. S. PIN-
CHERLE, 5ª ediz. con l'aggiunta delle figure sferiche,
di pag. VIII-176, con 121 incisioni 1 50
— *vedi anche* Esercizi di geometria — Formulario scolastico di matematica — Metodi facili ecc.

Giardino (Il) infantile, del Prof. P. CONTI, di pagine IV-214, con 27 tavole . . . . 3 —

Ginnastica (Storia della), di F. VALLETTI, di p. VIII-184. 1 50

Ginnastica femminile, di F. VALLETTI, di pagine
VI-112, con 67 illustrazioni . . . . 2 —

Ginnastica maschile (Manuale di), per cura del
Comm. J. GELLI, di pag. VIII-108, con 216 incisioni . 2 —
— *vedi anche* Giuochi ginnastici.

Gioielleria, oreficeria, oro, argento e platino,
di E. BOSELLI, di pag. 336, con 125 incisioni . . . 4 —
— *vedi anche* Metalli preziosi — Pietre preziose.

Giuochi. — *vedi* Biliardo — Enigmatica — Scacchi.

**Giuochi ginnastici per la gioventù delle
scuole e del popolo,** raccolti e descritti, di F.
GABRIELLI, di pag. XX-218, con 24 tavole illustrative. 2 50
— *vedi anche* Ballo — Giardino infantile — Ginnastica
— Lawn-Tennis — Pugilato — Scherma.

Glottologia, del Pr. G. DE GREGORIO, di pag. XXXII-318. 3 —
— *vedi anche* Letterature diverse — Lingua gotica —

L. c.

Lingue diverse — Lingue neolatine — Sanscrito.

Gnomonica ossia **l'arte di costruire orologi solari,** lezioni popolari di B. M. LA LETA, di p. VIII-160, con 19 figure . . . . 2 —
— *vedi anche* Orologeria.

Grafologia, di C. LOMBROSO, p. V-245 e 470 fac-simili 3 50

Grammatica albanese con le poesie rare di Variboba, del Prof. V. LIBRANDI, di pag. XVI-200. 3 —

Grammatica Arabo parlato in Egitto — *vedi* Arabo.

Grammatica araldica. — *vedi* Araldica — Vocabolario arald.

Grammatica ed esercizi pratici della lingua danese-norvegiana con un supplemento contenente le principali espressioni tecnico-nautiche ad uso degli ufficiali di marina che frequentano il mare del nord e gli stretti del Baltico, per cura del Prof. G. FRISONI, di pag. XX-488 . . . . 4 50
— *vedi anche* Letteratura Norvegiana.

Grammatica ed esercizi pratici della lingua ebraica, del Prof. I. LEVI fu ISACCO, di pag. 192 . 1 50

Grammatica francese, del Prof. G. PRAT, seconda edizione riveduta, di pag. XII-296 . . . . 1 50
— *vedi anche* Esercizi di traduz. — Fraseol. — Letterat.

Grammatica e dizionario della lingua dei Galla (oromonica), del Prof. E. VITERBO.
    Vol I.   Galla-Italiano, di pag. VIII-152 . . . . . 2 50
    Vol. II. Italiano-Galla, di pag. LXIV-106 . . . . . 2 50
— *vedi anche* Arabo parlato — Lingue d'Afr. — Tigrè.

Grammatica Gotica. — *vedi* Lingua gotica.

Grammatica greca. (Nozioni elementari di lingua greca), del Prof. INAMA. 2ª edizione di pag. XVI-208. 1 50
— *vedi anche* Dialetti lett. greci — Esercizi — Letteratura greca — Morfologia greca — Verbi greci.

Grammatica della lingua greca moderna, del Prof. R. LOVERA di pag. VI-154 . . . . 1 50

Grammatica inglese, del Prof. L. PAVIA, di p. XII-260. 1 50
— *vedi anche* Letteratura inglese.

Grammatica italiana, del Prof. T. CONCARI, 2ª edizione, riveduta, di pag. XVI-230 . . . . 1 50
— *vedi anche* Fonologia italiana — Rettorica — Ritmica — Stilistica.

Grammatica latina, del Prof. L. VALMAGGI. 2ª edizione di pag. VIII-256 . . . . 1 50
— *vedi anche* Esercizi latini — Fonologia latina — Letteratura romana — Verbi latini

Grammatica della lingua olandese, di M. MORGANA, di pag. VIII-224 . . . . 3 —

Grammatica ed esercizi pratici della lingua portoghese-brasiliana, del Prof. G. FRISONI, di pag. XII-276 . . . . 3 —

L. c.

— *vedi anche* Letteratura portoghese.

Grammatica e vocabolario della lingua rumena, del Prof. R. LOVERA, di pag. VIII-200 . . . 1 50

Grammatica russa, del Prof. VOINOVICH, di pag. X-272. 3 —

— *vedi anche* Vocabolario russo.

Grammatica sanscrita. — *vedi* Sanscrito.

Grammatica della lingua slovena. Esercizi e Vocabolario del Prof. BRUNO GUYON (in lavoro)

Grammatica spagnuola, del Prof. PAVIA, p. XII-194. 1 50

— *vedi anche* Letteratura spagnuola.

Grammatica della lingua svedese, del Prof. E. PÀROLI, di pag. XV-293 . . . . 3 —

Grammatica tedesca, del Prof. L. PAVIA, p. XVIII-254. 1 50

— *vedi anche* Dizionario tedesco — Esercizi di traduzione — Letteratura — Traduttore tedesco.

Grammatica Tigrè. — *vedi* Tigrè-Italiano.

Grammatica turca osmanli, con paradigmi, crestomazia e glossario, di L. BONELLI, pag. VIII-200, e 5 tav. 3 —

Grandine. — *vedi* Assicurazioni.

Granturco. — *vedi* Frum. e mais — Industria dei molini.

Gravitazione. Spiegazione elementare delle principali perturbazioni nel sistema solare di Sir G. B. AIRY, trad. di F. PORRO, con 50 incisioni, di pag. XXII-176. 1 50

— *vedi anche* Astronomia.

Grecia antica. — *vedi* Archeologia (*Parte I*) — Mitologia greca — Monete greche — Storia antica.

Greco. — *vedi* Lingua greca.

Humus (L'), la fertilità e l'igiene dei terreni culturali, del Prof. A. CASALI, di pag. XVI-220 . . 2 —

— *vedi anche* Chimica agraria — Concimi.

Idraulica, di F. PERDONI, pag. XXVIII-392, 301 fig., 3 tav. 6 50

Idrografia. — *vedi* Fotogrammetria.

Idroterapia di G. GIBELLI, di p. IV-238, con 30 inc. 2 —

— *vedi anche* Acque miner. e termali del Regno d'Italia.

Igiene. — *vedi* Chimica applicata — Fognatura cittadina — Fognatura domestica — Immunità — Infezione, disinfezione e disinfettanti — Ingegneria legale — Medicatura antisettica — Ricettario domest. — Terapia malattie infanzia — Tisici e sanatori — Zoonosi.

Igiene della Bocca e dei Denti, nozioni elementari di Odontologia, del Prof. Dott. L. COULLIAUX, di pagine XVI-300, con 23 incisioni 2 50

Igiene del lavoro, di TRAMBUSTI A. e SANARELLI, di pagine VIII-362, con 70 incisioni 2 50

Igiene della pelle, di A. BELLINI, p. XVI-240, 7 inci. 2 —

Igiene privata e medicina popolare ad uso delle famiglie, di C. BOCK, 2ª edizione italiana curata dal Dott. GIOV. GALLI, di pag. XVI-272 . . . . 2 50

Igiene rurale, di A. CARRAROLI, di pagine X-470. 3 —

L. c.

Igiene scolastica, di A. REPOSSI. 2ª ediz.. di p. IV-246. 2 —

Igiene veterinaria, del Dott. U. BARPI, di p. VIII-228. 2 —
— *vedi anche* Bestiame — Cane — Cavallo — Immunita
e resistenza — Majale — Zootecnia — Zoonosi.

Igiene della vista sotto il rispetto scolastico,
del Dott. A. LOMONACO. di pag. XII-272 . . . . . 2 50

Igiene della vita pubblica e privata, del Dott.
G. FARALLI, di pag. XII-250 . . . . 2 50

Igroscopi, igrometri, umidità atmosferica, del
Prof. P. CANTONI, di pag. XII-146. con 24 inc. e 7 tab. 1 50
— *vedi anche* Climatologia — Meteorologia.

Illuminazione. — *vedi* Acetilene — Gaz illum. — Incandesc.

Illuminazione elettrica (Impianti di), Manuale pratico dell'Ing. E. PIAZZOLI. 5ª ediz. interamente rifatta,
(9-10 migliaio) seguita da un'appendice contenente la legislazione Italiana relativa agli impianti elett. e le pre-
scrizioni di sicurezza, del Verband deutscher Elettro-
techniker di p. 606 con 264 inc. 90 tab. e 2 tav.. . 6 50
— *vedi anche* Elettricista — Elettricità.

Imbalsamatore. — *vedi* Naturalista preparatore — Naturalista viaggiatore — Zoologia

Imenotteri, Neurotteri, Pseudoneurotteri,
Ortotteri e Rincoti italiani, del Dott. A. GRIF-
FINI (Entomologia IV), p. XVI-687, con 243 inc. (vol. trip.). 4 50
— *v. anche* Coleotteri — Ditteri — Insetti — Lepidotteri.

Imitazione di Cristo (Della). Libri quattro di GIO.
GERSENIO; volgarizzamento di CESARE GUASTI. con
proemio e note di G. M. ZAMPINI di pag. LVI-396.. . 3 50

Immunità e resistenza alle malattie, di B.
GALLI VALERIO, di pag. VIII-218 . . . . 1 50
— *vedi anche* Igiene veterinaria — Zootecnia — Zoonosi.

Impiego ipodermico e la dosatura dei rimedi.
Man. di terapeutica del Dott. G. MALACRIDA, di p. 305. 3 —

Imposte dirette (Riscossione delle), dell'Avv. E.
BRUNI, di pag. VIII-158 . . . . 1 50
— *vedi anche* Esattore comunale — Catasto — Proprietario di case — Ipoteche — Ricchezza mobile.

Incandescenza a gaz. (Fabbricaz. delle reticelle) di
CASTELLANI L.. di pag. X-140. con 33 incisioni . . 2 —

Inchiostri. — *vedi* Ricettario industriale — Vernici, ecc

Incisioni. — *vedi* Amatore d'oggetti d'arte e di curiosita

Indaco. — *vedi* Prodotti agricoli.

Indovinelli. — *vedi* Enimmistica.

Industria della carta, dell'Ing. L. SARTORI, di
pag. VII-326, con 106 incisioni e 1 tavola 5 50

Industria (L') dei molini e la macinazione del
frumento, di C. SIBER-MILLOT di pag. XX-259, con
103 incisioni nel testo e 2 tavole. . . . . . . 5 —
— *vedi anche* Frumento — Panificazione.

L. c

Industria del gaz. — *vedi* Gaz illuminante — Incandesc.

Industria (L') saponiera, con alcuni cenni sull'industria della soda e della potassa. Materia prima e fabbricazione in generale. Guida pratica dell'Ingegnere E. MARAZZA. di pag. VII-410, con 111 fig. e molte tab. 6 —
— *vedi anche* Profumiere.

Industria della seta, del Prof. L. GABBA, 2ª edizione, di pag. IV-208 . . . . 2 —
— *v. anche* Bachi da seta — Gelsicolt. — Tintura d. seta.

Industria (L') stearica. Manuale pratico dell'Ing. E. MARAZZA, di p. XI-283. con 76 inc. e con molte tab. 5 —

Industria dello zucchero:
I. *Coltivazione della barbabietola da zucchero,* dell'Ing. B. R. DEBARBIERI, di pag. XVI-220, con 18 inc. 2 50
II. *Commercio, importanza economica e legislazione doganale,* di L. FONTANA-RUSSO, di pag. XII-244. 2 50
III. *Fabbricazione dello zucchero di barbabietola,* dell'Ing. A. TACCANI, di pag. XII-228 con 71 incisioni. 3 50

Industrie (Piccole). Scuole e Musei industriali — Industrie agricole e rurali — Industrie manifatturiere ed artistiche, dell'Ing. I. GHERSI, 2ª edizione completamente rifatta del Manuale delle *Piccole industrie* del Prof. A. ERRERA, di pag. XII-372 . . . . . . 3 50

Infermiere. — *vedi* Assistenza degli infermi — Soccorsi d'urgenza — Tisici e sanatorii.

Infanzia. — *vedi* Terapia delle malattie dell'. — Giardino infantile — Nutrizione— Ortofrenia — Sordomuto.

Infezione, disinfezione e disinfettanti, del Dott. Prof. P. E. ALESSANDRI, di pag. VIII-190, con 7 inc. 2 —

Infortunii sul lavoro. — Vedi *Legge sugli.*

Infortunii della montagna (Gli). Manuale pratico ad uso degli Alpinisti, delle Guide e dei portatori, del Dott. O. BERNHARD, traduz. con aggiunte del Dott. R. CURTI, di pag. XVIII-60, con 55 tav. e 175 fig. dimostr. 3 50

Ingegnere agronomo. — *v.* Agron. — Prontuario dell'agric.

Ingegnere civile. Manuale dell'Ingegnere civile e industriale, del Prof. G. COLOMBO, 18ª ediz. modificata e aument. (46°, 47° e 48° migl.) con 212 fig. pag. XIV-416 5 50
Il medesimo tradotto in francese da P. MARCILLAC. 5 50
— *vedi anche* Architettura — Calci e cementi — Costruzioni — Cubatura di legnami — Disegno — Fabbricati civili — Fognatura — Lavori in terra — Momenti resistenti — Peso dei metalli — Regolo calcolatore — Resistenza dei materiali.

Ingegnere navale. Prontuario di A. CIGNONI, di pag. XXXII-292. con 36 figure. Legato in pelle . . . 5 50
— *vedi anche* Attrezz. — Canott. — Costr. navale — Filonauta — Flotte moderne — Macch. navale — Marine da guerra — Marino — Montatore di macchine.

L. c.

Ingegneria legale per tecnici e giuristi (Manuale di), dell'Avv. A. LION. Commento ed illustraz. con la più recente giurisprudenza: Responsabilità - Perizia - Servitù - Piani regolatori e di ampliamento - Legge di sanità - Regolamenti d'igiene ed edilizii - Espropriazione - Miniere - Foreste - Catasto - Privativa industriale - Acque - Strade - Ferrovie - Tramvay - Bonifiche - Telefoni - Appalti - Riparazioni - Cimiteri - Derivazioni di acque pubbliche - Monumenti d'arte e d'antichità, ecc., di pag. VIII-552 . . . . . . 5 50

Insetti. — *vedi* Animali parassiti — Apicoltura — Bachi — Coleotteri — Ditteri — Imenotteri — Lepidotteri.

Insetti nocivi, del Prof. F. FRANCESCHINI, di pagine VIII-264, con 96 incisioni. . . . . 2 —

Insetti utili, del Prof. F. FRANCESCHINI, di pag. XII-160, con 43 incisioni e 1 tavola . . . . 2 —

Interesse e sconto, del Prof. E. GAGLIARDI, 2ª ediz. rifatta ed aumentata, di pagine VIII-198 . . . . . 2 —
— *vedi anche* Prontuario di valutazioni.

Inumazioni. — *vedi* Morte vera.

Invertebrati. — *vedi* Coleotteri — Ditteri — Insetti — Lepidotteri — Zoologia.

Ipnotismo. — *vedi* Magnetismo — Spiritismo — Telepatia.

Ipoteche (Man. per le), di A. RABBENO, di pag. XVI-247 1 50
— *vedi anche* Catasto — Imposte dirette — Proprietario di case — Ricchezza mobile.

Ittiologia Italiana, del Dott. A. GRIFFINI, con molte incisioni. (In lavoro).

Lacche. — *vedi* Vernici, ecc.

Latino. — *vedi* Lingua latina

Latte, burro e cacio. Chimica analitica applicata al caseificio, del Prof. SARTORI, di pag. X-162, con 24 inc. 2 —
— *vedi anche* Caseificio.

Lavori femminili. — *vedi* Confezione d'abiti per signora e l'arte del taglio — Disegno, taglio e confezioni di biancheria — Macchine da cucire e da ricamare — Monogrammi — Ornatista — Piccole industrie.

Lavori pubblici. — *vedi* Leggi sui lavori pubblici.

Lavori in terra (Manuale di), dell'Ing. B. LEONI, di pag. XI-305, con 38 incisioni . . . . 3 —

Lawn-Tennis, di V. BADDELEY. prima traduzione italiana con note e aggiunte del traduttore, di pagine XXX-206, con 13 illustrazioni 2 50
— *vedi anche* Ballo — Ginnastica — Giuochi ginnastici — Pugilato — Scherma.

Legge (La nuova) comunale e provinciale, annotata di E. MAZZOCCOLO, 4ª ediz., interam. rifatta con l'aggiunta del regolamento e di 2 indici di pag. XII-820. 7 50

L. c.

Legge sui lavori pubblici e regolamenti, di
L. FRANCHI, di pag. IV-110-CXLVIII 1 50
Legge sull'ordinamento giudiziario, dell'avv.
L. FRANCHI, di pag. IV-92-CXXVI 1 50
Leggi per gli infortunii sul lavoro, dell'avvocato
A. SALVATORE, di pag. 312 . . . . 3 —
Leggi sulla proprietà letteraria, di L. FRANCHI.
(In lavoro).
Leggi sulla sanità e sicurezza pubblica, di
L. FRANCHI. di pag. IV-108-XCII 1 50
— *vedi anche* Ingegneria legale.
Leggi sulle Tasse di Registro e Bollo, con appendice, del Prof. L. FRANCHI, di pag. IV-124-CII . . . 1 50
Leggi usuali d'Italia. — *vedi* Codici e leggi
Leghe metalliche ed amalgame, alluminio, nichelio, metalli preziosi e imitazioni, bronzo, ottone,
monete e medaglie, saldature, dell'Ing. I. GHERSI,
di pag. XVI-431, con 15 incisioni . . . . 4 —
Legislazione mortuaria. — *vedi* Morte.
Legislazione rurale, secondo il progr. governativo
per gli Istituti Tecnici, dell'Avv. E. BRUNI, di pag. XI-423. 3 —
Legnami. — *vedi* Cubatura dei legnami — Falegname.
Lepidotteri italiani, del Dott. A. GRIFFINI (Entomologia II). di pag. XIII-248. con 149 incisioni . . , 1 50
— *vedi anche* Animali parassiti — Coleotteri — Ditteri
— Imenotteri — Insetti
Letteratura albanese (Manuale di), del Prof. A.
STRATICÒ. di pag. XXIV-280 . . . . 3 —
Letteratura americana, di G. STRAFFORELLO, p.158. 1 50
Letteratura assira, del Dott. B. TELONI. (In lav.).
Letteratura danese. — *vedi* Letteratura norvegiana.
Letteratura drammatica, di C. LEVI di pag. XII-339 3 —
Letteratura ebraica, di A. REVEL, 2 vol.. di p. 364. 3 —
Letteratura egiziana, di L. BRIGIUTI. (In lavoro).
Letteratura francese, del Prof. E. MARCILLAC,
traduzione di A. PAGANINI 3ª ediz., di pag. VIII-198. 1 50
— *vedi anche* Grammatica francese — Esercizi per la
grammatica francese
Letteratura greca, di V. INAMA. 13ª ediz.. riveduta
(dal 51° al 55° migliaio) di pag. VIII-236 e una tavola 1 50
— *vedi anche* Dialetti letterari greci — Esercizi greci
— Filologia classica - Florilegio greco — Glotto-
— logia — Grammatica greca — Morfologia greca
— Verbi greci.
Letteratura indiana, A. DE GUBERNATIS, p. VIII-159 1 50
Letteratura inglese, di E. SOLAZZI, 2ª ed., p VIII-194 1 50
— *vedi anche* Grammatica inglese
Letteratura italiana, del Prof. C. FENINI, dalle ori-

L. c.

gini al 1748. 5ª ediz., completamente rifatta dal Prof.
V. FERRARI, di p. xvi-292 . . . . 1 50
— cedi anche Fonologia italiana — Morfologia italiana.

Letteratura italiana moderna (1748-1870). Ag-
giunti 2 quadri sinottici della Letteratura contempo-
ranea (1870-1901). del Prof. V. FERRARI, di pag. 290. 1 50

**Letteratura italiana moderna e contempo-
ranea** del Prof. V. FERRARI di pag. viii-406 . . . 3 —

Letteratura latina. — cedi Esercizi latini — Filologia classica — Fonologia latina — Grammatica latina — Letteratura romana — Verbi latini.

Letteratura norvegiana, del Prof. S. CONSOLI, di
pag. xvi-272 . . . . 1 50
— vedi anche Grammatica Danese-Norvegiana.

Letteratura persiana, del Prof. I. PIZZI. pag. x-208. 1 50

Letteratura provenzale, del Prof. A. RESTORI, di
pag. x-220 . . . . 1 50

Letteratura romana, del Prof. F. RAMORINO, 5ª ediz.
riveduta (dal 17º al 22º migliaio), di pag. viii-344. . 1 50

Letteratura spagnuola e portoghese, del Prof.
L. CAPPELLETTI, 2ª ediz. rifatta dal Prof. E. GORRA.
(In lavoro).
— vedi anche Gramm spagnuola — Gramm. portoghese.

Letteratura tedesca, del Prof. O. LANGE, 3ª ediz.
rifatta dal Prof. MINUTTI, di pag. xvi-188 . . . . 1 50
— vedi anche Dizionario tedesco — Esercizi tedeschi —
Grammatica tedesca — Traduttore tedesco.

Letteratura ungherese, del Dott. ZIGANY ÁRPÁD,
di pag. xii-295 . . . . 1 50

Letterature slave, del Prof. D. CIAMPOLI, 2 volumi:
I. Bulgari, Serbo-Croati, Yugo-Russi. di pag. iv-144. 1 50
II. Russi Polacchi Boemi. di pag. iv-142 . . . 1 50

Lexicon Abbreviaturarum quae in lapidibus. co-
dicibus et chartis praesertim Medii Aevi occurrunt.
— vedi Dizionario di abbreviature.

Libri e biblioteconomia. — cedi Bibliografia — Bibliotecario
— Dizionario bibliografico — Dizionario di abbreviature latine — Epigrafia latina — Paleografia — Raccoglitore d'autografi — Tipografia.

Limoni. — vedi Agrumi.

Lingua araba. — cedi Arabo parlato — Dizionario eritreo
— Grammatica Galla — Lingue dell'Africa — Tigrè.

Lingua gotica, grammatica, esercizi, testi, vocabolario
comparato con ispecial riguardo al tedesco, inglese,
latino e greco, del Prof. S. FRIEDMANN, di pa . xvi-333. 3 —

Lingua greca. — vedi Esercizi — Filologia — Florilegio —
Grammat. — Letter. — Morfologia — Dialetti — Verbi.

Lingue dell'Africa, di R. CUST, versione italiana
del Prof. A. DE GUBERNATIS, di pag. iv-110. . . . 1 50

L. c.

Lingua latina. — *vedi* Dizionario di abbreviature latine
— Epigrafia — Esercizi — Filologia classica — Fo-
nolog. — Grammat. — Letterat. — Metrica — Verbi.

Lingue germaniche. — *vedi* Grammatica danese-norvegiana,
inglese, olandese, tedesca, svedese.

Lingua Turca Osmanli. — *vedi* Grammatica.

Lingue neo-latine, del Dott. E. GORRA, di pag. 147. 1 50
— *vedi anche* Filologia classica — Glottologia — Gram.
portoghese, spagnuola, rumena, italiana, francese.

Lingue straniere (Studio delle), di C. MARCEL, ossia
l'Arte di pensare in una lingua straniera, traduzione
del Prof. DAMIANI, di pag. XVI-136 . . . . 1 50

Liquorista, di A. ROSSI, con 1270 ricette pratiche.
Materiale, Materie prime, Manipolazioni, Tinture, Essenze naturali ed artificiali, Fabbricazione dei liquori
per macerazione, digestione, distillazione, con essenze,
tinture, ecc., Liquori speciali, Vini aromatizzati, di
pag. XXXII-560, con 19 incisioni nel testo . . . . . 5 —
— *vedi anche* Alcool — Cognac.

Litografia, di C. DOYEN, di pag. VIII-261, con 8 tavole
e 40 figure di attrezzi, ecc., occorrenti al litografo. . 4 —
— *vedi anche* Arti grafiche — Fotografia — Processi
fotomeccanici.

Liuto. — *vedi* Chitarra — Mandolinista — Str. ad arco.

Logaritmi (Tavole di), con 5 decimali, di O. MÜLLER,
6ª ediz., aumentata delle tavole dei logaritmi d'addizione
e sottrazione per cura di M. RAINA, di pag. XXXVI-191.
(11, 12 e 13º migliaio) 1 50

Logica, di W. STANLEY JEVONS, traduz. del Prof. C.
CANTONI, 5ª ediz., di pag. VIII-166, con 15 incisioni . 1 50

Logica matematica, del Prof. C. BURALI-FORTI, di
pag. VI-158. . . . . 1 50

Logismografia, di C. CHIESA. 3ª ediz., di pag. XIV-172. 1 50
— *vedi anche* Computisteria — Contabilità — Ragioneria.

Logografi. — *vedi* Enimmistica.

Lotta. — *vedi* Pugilato.

Luce e colori, del Prof. G. BELLOTTI, di pag. X-157,
con 24 incision e 1 tavola 1 50
— *vedi anche* Colori e la pittura.

Luce e suono, di E. JONES, traduzione di U. FORNARI,
di pag. VIII-336, con 121 incisioni . . . . 3 —

Macchine. — *vedi* Costruttore macchine a vapore — Disegnatore meccanico — Disegno industr. — Doveri
del macchinista — Il meccanico — Ingegnere civile
— Ingegnere navale — Leghe metalliche — Macchinista e fuochista — Macchinista navale — Meccanica
— Meccanismi (500) — Modellatore meccan. — Montatore (Il) di macchine — Operaio — Tornitore mecc.

L. c.

Macchine agricole, del conte A. CENCELLI-PERTI, di pag. VIII-216, con 68 incisioni . . . . . . 2 —

Macchine per cucire e ricamare, dell'Ing. ALFREDO GALASSINI, di pag. VII-230, con 100 incisioni . 2 50

Macchinista e fuochista, del Prof. G. GAUTERO, 8ª ediz. con Appendice sulle Locomobili e le Locomotive dell'Ing. Prof. L. LORIA, e col Regolamento sulle Caldaie a vapore, di pag. xx-194, con 34 incis. . . . 2 —

Macchinista navale (Manuale del), di M. LIGNAROLO, 2ª edizione rifatta, di pag. XXIV-602, con 314 incisioni. 7 50
— *vedi anche* Costruttore navale — Doveri del macchin. nav. — Ingegn. nav. — Montatore di macchine.
Macinazione. — *vedi* Industria dei molini — Panificazione.

Magnetismo ed elettricità, del Dott. G. POLONI, 3ª ediz. curata dal Prof. F. GRASSI, (in lavoro).

Magnetismo ed ipnotismo, del Prof. G. BELFIORE, di pag. VIII-378 . . . . 3 50
— *vedi anche* Spiritismo — Telepatia.

Maiale (Il). Razze, metodi di riproduzione, di allevamento, ingrassamento, commercio, salumeria, patologia suina e terapeutica, tecnica operatoria, tossicologia, dizionario suino-tecnico, del Prof. E. MARCHI, 2ª ediz., di pag. xx-736, con 190 incisioni e una Carta . . . 6 50
Majoliche. — *vedi* Amatore — Ricettario domestico.
Mais. — *vedi* Frumento e mais — Indus. molini — Panif.
Malattie. — *vedi* Animali parassiti — Assistenza infermi — Igiene — Immunità — Zoonosi

Malattie crittogamiche delle piante erbacee coltivate, del Dott. R. WOLF, traduz. con note ed aggiunte del Dott. P. BACCARINI. di pag. x-268, con 50 inc. 2 —
Malattie dell'Infanzia. — *vedi* Terapia.
Malattie della pelle. — *vedi* Igiene.

Malattie ed alterazioni dei vini, del Prof. S. CETTOLINI, di pag. XI-138, con 13 incisioni . . . . . . 2 —
Malattie mentali. — *vedi* Assist. dei pazzi — Psichiatria.

Malattie della vite con speciale riguardo alla fillossera ed alla peronospora, del D.r V. PEGLIONI (in lav.).
Mammiferi. — *vedi* Zoologia.
Mandarini. — *vedi* Agrumi.

Mandato commerciale, di E. VIDARI, di pag. VI-160. 1 50

Mandolinista (Manuale del), di A. PISANI, di pagine xx-140, con 13 figure, 3 tavole e 39 esempi . 2 —
— *vedi* anche Chitarra.
Manicomio. — *vedi* Psichiatria.

Manzoni Alessandro. Cenni biografici, di L. BELTRAMI, di pag. 196, con 9 autografi e 68 incisioni . 1 50
Marche di Fabbrica — *vedi* Leggi sulla proprietà.

Mare (Il), V. BELLIO, p. IV-140. con 6 tav. litogr. a col. 1 50
— *vedi anche* Atlante — Geografia.

L. c.

Marina. — *vedi* Attrezzatura — Canottaggio — Codice —
— Costruttore navale — Doveri del macchinista —
— Filonauta — Flotte moderne — Ingegnere navale
— Macchin. navale — Marine da guerra — Marino.

Marine (Le) **da guerra del mondo al 1897,** di
L. D'Adda, di pag. xvi-320, con 77 illustrazioni . . 4 50

Marino (Manuale del) **militare e mercantile,** del
Contr'ammiraglio De Amezaga, con 18 xilografie, 2ª
edizione, con appendice di Bucci di Santafiora. 5 —
— *vedi* Nautica.

Marmista (Manuale del), di A. Ricci, 2ª edizione, di
pag. xii-154, con 47 incisioni . . . . 2 —

Massaggio del Dott. R. Majnoni, di pag. xii-179 con
51 incisioni . . . . 2 —

Mastici. — *vedi* Ricettario industriale — Vernici, ecc.

Matematica elementare — *vedi* Economia matematica —
Formulario di matematica elementare.

Matematiche superiori. — *vedi* Calcolo — Economia matematica — Funzioni ellittiche — Repertorio di matematiche superiori.

Materia medica moderna (Manuale di), del Dott.
G. Malacrida, di pag. xi-761 . . . . 7 50
— *vedi anche* Farmacista — Impiego ipodermico.

Meccanica, del Prof. R. Stawell Ball, traduz. del
Prof. J. Benetti, 4ª ediz., di pag. xvi-214, con 89 inc.
(In lavoro).
— *vedi anche* Automobilista — Costruttore — Dina-
mica — Disegnatore meccanico — Disegno industriale
— Macchinista e fuochista — Macchinista navale —
Macchine agricole — Macchine da cucire e ricamare
— Meccanismi (500) — Modellatore meccanico —
Montatore (Il) di macchine — Operaio — Orologeria
— Tornitore meccanico.

Meccanico (Il), ad uso dei macchinisti, capi tecnici,
elettricisti, disegnatori, assistenti, capi operai, con-
duttori di caldaie a vapore, alunni di scuole industriali, di E. Giorli, 3ª edizione ampliata di p. vii-370,
con 205 incisioni . . . . 3 —

Meccanismi (500), scelti tra i più importanti e recenti
riferentisi alla dinamica, idraulica, idrostatica, pneu-
matica, macchine a vapore, molini, torchi, orologerie
ed altre diverse macchine, da H. T. Brown, traduzione dall'Ing. F. Cerruti, 3ª edizione italiana, di
pag. vi-176, con 500 incisioni nel testo 2 50

Medaglie. — *vedi* Leghe metalliche — Monete greche —
Monete romane — Numismatica — Vocabolarietto
dei numismatici.

L. c.

Medicatura antisettica, del Dott. A. ZAMBLER, con
preraz. del Prof. E. Triconi, di pag. XVI-124, con 6 inc. 1 50
— *vedi anche* Farmacista — Impiego ipodermico —
Materia medica.

Medicina operativa, *vedi* Chirurgia.

Medicina popolare. — *vedi* Assistenza infermi — Igiene —
Infortuni della montagna — Ricettario domestico —
Soccorsi urgenza — Terapia malattie infanzia.

Medio evo. — *vedi* Storia.

Memoria (L'arte della). — *vedi* Arte.

Mercedi. — *vedi* Paga giornaliera.

Merciologia, ad uso delle scuole e degli agenti di
commercio, di O. LUXARDO, di pag. XII-452 . . . . . 4 —
— *vedi anche* Industrie (diverse) — Olii — Piante industriali — Piante tessili.

Meridiane. — *vedi* Gnomonica.

Metalli preziosi (oro, argento, platino, estrazione,
fusione, assaggi, usi), di G. GORINI, 2ª edizione di pagine II-196, con 9 incisioni. . . . . 2 —
— *vedi anche* Leghe metalliche — Oreficeria — Saggiatore

Metallizzazione. — *vedi* Galvanoplastica — Galvanostegia.

Metallocromia. Colorazione e decorazione chimica
ed elettrica dei metalli, bronzatura, ossidazione, pre-
servazione e pulitura, dell'Ing. I. GHERSI, di p. VIII-192. 2 50

Metallurgia. — *vedi* Alluminio — Fonditore — Galvanoplastica — Gioielleria — Leghe metalliche — Saggiatore — Siderurgia — Tempera e cementazione — Tornitore.

Meteorologia generale, del Dott. L. DE MARCHI,
di pag. VI-156. con 8 tavole colorate 1 50
— *vedi anche* Climatologia — Fulmini e parafulmini —
Geografia fisica — Igroscopi e igrometri.

**Metodi facili per risolvere i problemi di geo-
metria elementare,** dell'Ing J GHERSI, con
circa 200 problemi risolti e 126 incis., di pag· XII-190. 1 50

Metrica dei greci e dei romani, di L. MÜLLER,
2ª edizione italiana confrontata colla 2ª tedesca ed annotata dal Dott. Giuseppe Clerico, di pag. XVI-176. 1 50

Metrica italiana. — *vedi* Ritmica e metrica italiana.

Metrologia Universale ed il **Codice Metrico
Internazionale,** coll'indice alfabetico di tutti i
pesi misure, monete, ecc. dell'Ing. A. TACCHINI. p. XX-482. 6 50
— *vedi anche* Codice del perito misuratore — Monete —
Statica degli strumenti metrici — Tecnologia monet.

L. c.

Mezzeria (Manuale pratico della) e dei varî sistemi della colonia parziaria in Italia, del Prof. Avv. A. RABBENO, di pag. VIII-196 . . . . 1 50

Micologia. — *vedi* Funghi mangerecci — Malattie critto-

Microbiologia. Perchè e come dobbiamo difenderci dai microbi. Malattie infettive, Disinfezioni, Profilassi, del Dott. L. PIZZINI di pag. VIII-142. . . . . . . 2 —
gamiche — Tartufi e funghi.

Microscopia. — *vedi* Anatomia microscopica — Animali parassiti — Bacologia — Batteriologia — Protistologia — Tecnica protistologica.

Microscopio (Il), Guida elementare alle osservazioni di Microscopia, del Prof. CAMILLO ACQUA, di pagine XII-226. con 81 incisioni. 1 50

Militaria. — *vedi* Armi antiche — Codice cavalleresco — Duellante — Esplodenti — Marine da guerra — Marino — Scherma — Storia arte militare — Telemetria — Ufficiale (Manuale dell').

Mineralogia. — *vedi* Arte mineraria — Cristallografia — Marmista — Metalli preziosi — Oreficeria — Pietre preziose — Siderurgia.

Mineralogia generale, del Prof. L. BOMBICCI, 2ª ediz. riveduta, di pag. XVI-190, con 183 inc. e 3 tav. cromolitografiche 1 50

Mineralogia descrittiva, del Prof. L. BOMBICCI, 2ª ediz. di pag. IV-300. con 119 incis. . . . . . . 3 —

Miniere. — *vedi* Arte mineraria — Ingegneria legale.

Misura delle botti. — *vedi* Enologia.

Misure. — *vedi* Codice del Perito Misuratore — Metrologi — Monete — Strumenti metrici.

Mitilicoltura. — *vedi* Ostricoltura — Piscicoltura.

Mitologia comparata, del Prof. A. DE GUBERNATIS, 2ª ediz. di pag. VIII-150. (Esaurito).

Mitologia greca, di A. FORESTI:
    Volume I. *Divinità*, di pag. VIII-264. . . . . . . 1 50
    Volume II. *Eroi*, di pag. 188. . . . . 1 50

Mitologie orientali, di D. BASSI:
    Volume I. *Mitologia babilonese-assira*. di p. XVI-219. 1 50
    Volume II. *Mitologia egiziana e fenicia*. (In lavoro).

Mnemotecnia. — *vedi* Arte della memoria.

Mobili artistici. — *vedi* Amatore di oggetti d'arte e di curiosità.

Moda. — *vedi* Confezioni d'abiti — Disegno, taglio e confezione biancheria — Fiori artificiali.

Modellatore meccanico, falegname ed ebanista, del Prof. G. MINA. di p. XVII-428, 293 inc. e 1 tav. 5 50

Molini. — *vedi* Industria dei.

Momenti resistenti e pesi di travi metalliche composte. Prontuario ad uso degli ingegneri, archi-

L. c.

tetti e costruttori, con 10 figure ed una tabella per la chiodatura, dell'Ing. E. SCHENCK, di pag. XI-188 . 3 50

Monete greche, di S. AMBROSOLI, di pag. XIV-286, con 200 fotoincisioni e 2 carte geografiche. . . . . 3 —

Monete (Prontuario delle), **pesi e misure inglesi,** ragguagliate a quelli del sistema dec., dell'Ing. GHERSI, di pag. XII-196, con 47 tabelle di conti fatti e 40 facsimili delle monete inglesi in corso. 3 50

Monete romane. Manuale elementare compilato da F. GNECCHI, 2ª ediz. riveduta, corretta e ampliata di pag. XXVII-370 con 25 tavole e 90 figure nel testo . 3 —
— *vedi anche* Archeologia — Metrologia — Numismatica — Tecnologia monetaria — Vocabolarietto pei numismatici.

Monogrammi, del Prof. A. SEVERI, 73 tavole divise in tre serie, le prime due di 462 in due cifre e la terza di 116 in tre cifre. 3 50
— *vedi anche* Calligrafia — Ornatista.

Montagne. — *vedi* Alpi — Alpinismo — Arte mineraria — Dizionario alpino — Geografia — Geologia — Infortuni (della) — Prealpi — Siderurgia.

Montatore (Il) **di macchine.** Opera arricchita da oltre 250 esempi pratici e problemi risolti, di S. DINARO, di pag. XII-468. . . . . 4 —

Morale. — *vedi* — Filosofia morale.

Morfologia generale. — *vedi* Embriologia.

Morfologia greca, del Prof. V. BETTEI, di pag. XX-376. 3 —

Morfologia italiana, del Prof. E. GORRA, di p. VI-142. 1 50

Morte (La) **vera e la morte apparente,** con Appendice " *La legislazione mortuaria,* „ del Dott. F. DELL'ACQUA, di pag. VIII-136 . . . . 2 —

Mosti. — *vedi* Densità dei.

Muriatico. — *vedi* Acido.

Musei. — *vedi* Amatore oggetti d'arte e curiosità — Amatore maioliche e porcellane — Armi antiche — Pittura — Scoltura.

Musei industriali. — *vedi* Industrie (Piccole).

Musica. — *vedi* Armonia — Cantante — Chitarra — Mandolinista — Pianista — Storia della musica — Strumentaz. — Strumenti ad arco e musica da camera.

Mutuo soccorso. — *vedi* Società di mutuo soccorso.

Napoleone I°, di L. CAPPELLETTI, con 23 fotoincisioni di pag. XX-272 . . . . 2 50
— *vedi anche* Rivoluz. francese — Storia di Francia.

Naturalista preparatore (Il), del Dott. R. GESTRO, 3ª edizione riveduta ed aumentata del *Manuale dell'Imbalsamatore,* di pag. XVI-168, con 42 incisioni. . 2 —

L. c.

Naturalista viaggiatore, dei Proff. A. ISSEL e R. GE-
STRO (Zoologia), di pag. VIII-144, con 38 incisioni . . **2 —**

Nautica. — *vedi* Astronomia — Attrezzatura navale —
Canottaggio — Codici — Costruttore navale — Dò-
veri del macch. navale — Filonauta — Flotte mod. —
Ing. navale — Macch. navale — Marine da guerra —
Marino — Nuotatore.

Neurotteri. — *vedi* Imenotteri, ecc.

Nichelatura. — *vedi* Galvanostegia — Leghe metalliche.

Nitrico. — *vedi* Acido.

Notaio (Man. del), aggiunte le Tasse di registro, di bollo
ed ipotecarie, norme e moduli pel Debito pubblico, di
A. GARETTI, 4ª ediz. riveduta ampliata, di pag. VIII-380. 3 50
— *vedi anche* Esattore — Testamenti.

Numeri. — *vedi* Teoria dei numeri.

Numismatica, del Dott. S. AMBROSOLI, 2ª ediz. accresciuta, di pag. XV-250, con 120 fotoincisioni e 4 tavole. 1 50
— *vedi anche* Archeologia — Metrologia — Monete
greche — Monete romane — Tecnologia monetaria
— Vocabolarietto pei numismatici.

Nuotatore (Manuale del), del Prof. P. ABBO, di pagine XII-148, con 97 incisioni 2 50

Nutrizione del bambino. Allattamento naturale
ed artificiale del dott. L. COLOMBO, di pag. XX-228,
con 12 incisioni 2 50

Occultismo. — *vedi* Magnetismo e ipnotismo — Spiritismo
— Telepatia.

Oculistica. — *vedi* Igiene dell vista — Ottica.

Odontologia. — *vedi* Igiene della Bocca.

Olii vegetali, animali e minerali, loro applicazioni, di G. GORINI, 2ª edizione, completamente rifatta
dal Dott. G. FABRIS, di pag. VIII-214, con 7 incisioni, 2 —

Olivo ed olio. Coltivaz. dell'olivo, estrazione, purifica-
zione e coservaz. dell'olio, del Prof. A. ALOI, 4ª ediz.,
di pag. XVI-361, con 45 incisioni 3

Omero, di W. GLADSTONE, traduz. di R. PALUMBO e
C. FIORILLI, di pag. XII-196 . . . . 1 50

Operaio (Manuale dell'). Raccolta di cognizioni utili
ed indispensabili agli operai tornitori, fabbri, calderai,
fonditori di metalli, bronzisti aggiustatori e meccanici
di G. BELLUOMINI, 5ª ediz. aumentata, di pag. XVI-262, 2 —

Operazioni doganali. — *vedi* Codice doganale — Trasporti
e tariffe.

Oratoria. — *vedi* Arte del dire — Rettorica — Stilistica.

Ordinamento degli Stati liberi d'Europa, del
Dott. F. RACIOPPI, di pag. VIII-310   3 —

L. c.

Ordinamento degli Stati liberi fuori d'Europa, del Dott. F. RACIOPPI, di pag. VIII-376. . . . . 3 —

Ordinamento giudiziario. — Vedi *Leggi sull'*.

Oreficeria. — *vedi* Giojelleria — Leghe metalliche — Metalli preziosi — Saggiatore.

Organoterapia, di E. REBUSCHINI, di pag. VIII-432. 3 50

Oriente antico. — *vedi* Storia antica.

Ornatista (Manuale dell'), dell'Arch. A. MELANI. Raccolta di iniziali miniate e incise, d'inquadrature di pagina, di fregi e finalini, esistenti in opere antiche di biblioteche, musei e collezioni private. XXIV tav. in colori per miniatori, calligrafi, pittori di insegne, ricamatori, incisori, disegnatori di caratteri, ecc., Iª serie. 4 —
— *vedi anche* — Decorazioni.

Orologeria moderna, dell'Ing. GARUFFA, di pagine VIII-302, con 276 incisioni . . . . 5 —
— *vedi anche* Gnomonica.

Orologi artistici. — *vedi* Amatore di oggetti d'arte.

Orologi solari. — *vedi* Gnomonica.

Orticoltura, del Prof. D. TAMARO. 2ª edizione rifatta, di pagine XVI 576, con 110 incisioni 4 50

Ortocromatismo. — *vedi* Fotografia.

Ortofrenia (Manuale di) per l'educazione dei fanciulli frenastenici o deficienti (idioti, imbecilli, tardivi, ecc.), del Prof. P. PARISE, di pag. XII-231 . . . . 2 —
— *vedi anche* Sordomuto.

Ortotteri. — *vedi* Imenotteri, ecc.

Ossidazione. — *vedi* Metallocromia.

Ostricoltura e mitilicoltura, del Dott. D. CARAZZI, con 13 fototipie, di pag. VIII-202 . . . . 2 50
— *vedi anche* Piscicoltura.

Ottica, di E. GELCICH, di p. XVI-576, con 216 inc. e 1 tav. 6 —

Ottone. — *vedi* Leghe metalliche.

Paga giornaliera (Prontuario della), **da cinquanta centesimi a lire cinque,** di C. NEGRIN, di pag. 222. 2 50

Paleoetnologia, del Prof. J. REGAZZONI, di pag. XI-252, con 10 incisioni 1 50
— *vedi anche* Geologia.

Paleografia, di E. M. THOMPSON, traduz. dall'inglese, con aggiunte e note del Prof. G. FUMAGALLI, 2ª edizione rifatta, di pag. XII-178, con 30 inc. e 6 tav. 2 —
— *vedi anche* Dizionario di abbreviature — Epigra a latina.

Paleontologia, del Prof. P. VINASSA De Regny, (in lavoro).

Panificazione razionale, di POMPILIO, di pag. IV-126. 2 —
— *vedi anche* Frumento — Industria dei molini.

L. c.

Parafulmini. — *vedi* Elettricità — Fulmini.
Parassiti. — *vedi* Animali parassiti.
Pascoli. — *vedi* Prato.
Pazzia. — *vedi* Psichiatra — Grafologia.
Pedagogia. — *vedi* Didattica — Estetica — Giardino infantile — Ginnastica femminile e maschile — Giuochi ginnast. — Igiene scolastica — Ortofrenia — Sordomuto.
Pediatria. — *vedi* Nutrizione del bambino — Ortopedia — Terapia malattie infanzia.
Perizie d'arte. — *vedi* Amatore di oggetti d'arte.
Pelle — *vedi* Igiene della.
Pelli. — *vedi* Concia delle pelli.
Pensioni. — *vedi* Società di mutuo soccorso.
Pepe. — *vedi* Prodotti agricoli.
Perito misuratore. — *vedi* Codice del perito misuratore.
Perizie. — *vedi* Ingegneria legale.
Peronospora. — *vedi* Malattie della vite.
Pesci — *vedi* Ittiologia — Piscicoltura.
Pesi e misure. — *vedi* Metrologia universale — Misure e pesi inglesi — Monete — Strumenti metrici — Tecnologia e terminologia monetaria.
Peso dei metalli, ferri quadrati, rettangolari, cilindrici, a squadra, a U, a Y, a Z, a T e a doppio T, e delle lamiere e tubi di tutti i metalli, di G. BELLUOMINI. di pag. XXIV-248 . . . 3 50
Pianeti. — *vedi* Astronomia — Cosmografia — Gravitazione — Spettroscopio.
Pianista (Manuale del), di L. MASTRIGLI, di pag. XVI-112. 2 —
Piante e fiori sulle finestre, sulle terrazze e nei cortili. Coltura e descrizione delle principali specie di varietà, di A. PUCCI. 2ª ediz., di pag. VIII-214, con 117 inc. 2 50
— *vedi anche* Botanica — Floricoltura — Frutta minori — Frutticolt. — Orticoltura — Ricettario domestico.
Piante industriali, coltivazione, raccolta e preparazione, di G. GORINI, nuova edizione. di pag. II-144 . 2 —
Piante tessili. — *vedi* Coltivazione e industrie delle piante tessili.
Piccole industrie. — *vedi* Industrie.
Pietre preziose, classificazione, valore, arte del gioielliere, di G. GORINI, 2ª ed.. di pag. 138, con 12 inc. 2 —
— *vedi anche* Giojelleria — Metalli preziosi.
Pirotecnia moderna, di F. DI MAIO, con 111 incisioni, di pag. VIII-150. . . . . 2 50
— *vedi anche* Esplodenti — Ricettario industriale — Ricettario domestico.
Piscicoltura (d'acqua dolce), del Dott. E. BETTONI, di pag. VIII-318, con 85 incisioni . . . . . . 3 —
— *vedi anche* Ittiologia — Ostricoltura — Piccole industrie — Zoologia.

L. c.

Pittura ad olio, acquarello e miniatura (Manuale per dilettante di), paesaggio, figura e fiori, di G. RONCHETTI, di pag. XVI-230, con 29 incisioni e 24 Tavole in zincotipia e cromotitografia 3 50

Pittura italiana antica e moderna, dell'Arch. A. MELANI, 2ª edizione completamente rifatta, di pag. XXX-430 con 23 incisioni intercalate e 137 tavole. 7 50
— *vedi anche* Amatore di oggetti d'arte e di curiosita
— Anatomia pittorica — Colori (Scienza dei) — Colori e vernici — Decorazione — Disegno — Luce e colori — Ornatista — Ricettario domestico — Ristauratore dei dipinti.

Poesia. — *vedi* Arte del dire — Dantologia — Florilegio poetico — Letteratura — Omero — Rettorica — Ritmica — Shakespeare — Stilistica.

Pollicoltura, del March. G. TREVISANI, 4ª edizione, di pag. XVI-216, con 82 incisioni 2 50
— *v. anche* Abitaz. anim. — Anim. da cortile — Colombi.

Polveri piriche. — *vedi* Esplodenti — Pirotecnia.

Pomologia, descrizione delle migliori varietà di Albicocchi, Ciliegi, Meli, Peri, Peschi, del dott. G. MOLON con 86 incis. e 12 tavole colorate, di pag. XXXII-717 . 8 50

Pomologia artificiale, secondo il sistema Garnier-Valletti, del Prof. M. DEL LUPO, pag. VI-132, e 44 inc. 2 —

Poponi. — *vedi* Frutta minori.

Porcellane. — *vedi* Amatore — Ricettario domestico.

Porco (Allevamento del). — *vedi* Maiale.

Posologia. — *vedi* Impiego ipodermico e dosatura.

Posta. Manuale Postale di A. PALOMBI (in lavoro)

Prato (Il), del Prof. G. CANTONI, di pag. 146, con 13 inc. 2 —

Prealpi bergamasche (Guida-itinerario alle), compresa la Valsassina ed i passi alla Valtellina ed alla Valcamonica, colla prefazione di A. STOPPANI, e cenni geologici di A. TARAMELLI 3ª ediz. rifatta per cura della Sezione di Bergamo del C. A. I., con 15 tavole, due carte topograf., ed una carta e profilo geologico, Un vol. di p. 290 e un vol. colle carte topograf... 6 50
— *vedi anche* Alpi — Alpinismo — Dizionario alpino — Infortuni della montagna

Pregiudizi. — *vedi* Errori e pregiudizi.

Previdenza. — *v.* Assicuraz. — Cooperaz. — Societa di M. S.

Privative. — *vedi* Ingegneria legale.

Problemi di Geometria elementare dell'ing. I. GHERSI, (Metodi facili per risolverli), con circa 200 problemi risolti, e 129 incisioni, di pag. XII-190. . . L. 1 50

Procedura civile e procedura penale. — *vedi* Codice.

Procedura privileglata fiscale per la riscossione delle imposte dirette. — *vedi* Esattore.

Processi fotomeccanici (I moderni). Fotocollografia, fototipografia, fotolitografia, fotocalcografia,

L. c.

fotomodellatura, tricromia, del Prof. R. NAMIAS, di
pag. VIII-316, con 53 figure, 41 illustrazioni e 9 tavole. 3 50
Prodotti chimici. — *vedi* Acido solforico.

Prodotti agricoli del Tropico (Manuale pratico
del piantatore), del cav. A. GASLINI. (Il caffè, la canna
da zucchero, il pepe, il tabacco, il cacao, il tè, il dattero,
il cotone, il cocco, la coca, il baniano, il banano, l'aloè,
l'indaco, il tamarindo, l'ananas, l'albero del chinino,
la juta, il baobab, il papaia, l'albero del caoutchouc,
le guttaperca, l'arancio, le perle). Di pag. XVI-270 . . 2 —

Produzione e commercio del vino in Italia,
di S. MONDINI, di pag. VII-304 . . . . 2 50

Profumiere (Manuale del), di A. ROSSI. (In lavoro).
— *vedi anche* Industria saponiera — Ricettario domestico — Ricettario industriale.

Proiezioni (Le). Materiale, Accessori, Vedute a movimento, Positive sul vetro, Proiezioni speciali poli-
crome, stereoscopiche, panoramiche, didattiche, ecc.,
del Dott. L. SASSI, di pag. XVI-447, con 141 incisioni. 5 —
Proiezioni ortogonali. — *vedi* Disegno.

Prontuario dell'agricoltore (Manuale di agricoltura, economia, estimo e costruzioni rurali), del Prof.
V. NICCOLI. 2ª ediz. riveduta ed ampliata, p. XXVIII-464. 5 50
— *vedi anche* Agronomia — Agricoltura moderna.

Prontuario del ragioniere (Manuale di calcola-
zioni mercantili e bancarie), del Rag. E. GAGLIARDI,
di pag. XII-603 . . . . 6 50
— *vedi anche* Contabil. — Interes. e sconto — Ragion.

Prontuario di geografia e statistica, del Prof.
G. GAROLLO, pag. 62 . . . . 1 —
Prontuario per le paghe. — *vedi* Paghe.
Proprietà letteraria, artistica e industriale — *vedi* Leggi.

Proprietario di case e di opifici. Imposta sui
fabbricati dell'Avv. G. GIORDANI, di pag. XX-264 . . 1 50
— *vedi anche* Ipoteche — Imposte dirette.
Prosodia — *vedi* Metrica dei greci e dei romani — Ritmica e metrica razionale italiana.

Prospettiva (Manuale di), dell'Ing. C. CLAUDI, di pagine 64, con 28 tavole . . . . 2 —

Protistologia, del Prof. L. MAGGI, 2ª edizione, di
pag. XVI-278, con 93 incis. nel testo . . . . . 3 —
— *vedi anche* Anatomia microscopica — Animali parassiti — Batteriologia — Microscopio — Tecnica
protistologica.
Prototipi (I) internazionali del metro e del kilogramma
ed il codice metrico internazionale. — *vedi* Metrologia.
Proverbi in 4 lingue. — *vedi* Dottrina popolare.

Proverbi (516) sul cavallo, raccolti ed annotati
dal Colonnello VOLPINI, di pag. XIX-172 . . . . 2 50

L. c.

— *vedi anche* Cavallo — Dizionario termini delle corse

Pseudoneurotteri. — *vedi* Imenotteri, ecc.

Psichiatria. Confini, cause e fenomeni della pazzia. Concetto, classificazione, forme cliniche e diagnosi delle malattie mentali. Il manicomio, di J. FINZI, di p. VIII-222. 2 50
— *vedi anche* Assistenza dei pazzi.

Psicologia, del Prof. O. CANTONI, di p. VIII-168, 2ª ediz. 1 50
— *vedi anche* Estetica — Filosofia — Logica.

Psicologia fisiologica, del Dott. G. MANTOVANI, di pag. VIII-165, con 16 incisioni 1 50

Pugilato e lotta per la difesa personale, Box inglese e francese, di A. COUGNET, di pag. XXIV-198, con 104 incisioni 2 50

Raccoglitore d'autografi. — Vedi *Amatore.*

Raccoglitore di francobolli. — *vedi* Dizionario filatelico.

Raccoglitore di oggetti d'arte — *vedi* Amatore di oggetti d'arte — Amatore di maioliche e porcellane — Armi.

Raccolte e raccoglitori di autografi in Italia. — *vedi* Autografi

Radiografia. — *vedi* Raggi Röntgen.

Ragioneria, del Prof. V. GITTI, 3ª edizione riveduta, di pag. VIII-137, con 2 tavole. 1 50
— *vedi anche* Contabilità — Interesse e sconto — Paga giornaliera — Prontuario del ragioniere.

Ragioneria delle Cooperative di consumo (Manuale di), del Rag. G. ROTA, di pag. XV-408 . . . . . 3 —

Ragioneria industriale, del Prof. Rag. ORESTE BERGAMASCHI, di p. VII-280 e molti moduli . . . . . 3 —

Ragioniere. — *vedi* Prontuario del.

Ramatura. — *vedi* Galvanostegia.

Razze umane. — *vedi* Antropologia.

Rebus. — *vedi* Enimmistica.

Reclami ferroviari. — *vedi* Trasporti e tariffe.

Registro e Bollo. — *vedi* Leggi sulle tasse di.

Regolo calcolatore e sue applicazioni nelle operazioni topografiche, dell'Ing. G. POZZI, di pag. XV-238 con 182 incisioni e 1 tavola 2 50

Religione. — *vedi* Bibbia — Buddismo — Diritto ecclesiastico — Mitologia.

Religioni e lingue dell'India inglese, di R. CUST, tradotte dal Prof. A. DE GUBERNATIS, di p. IV-124. 1 50
— *vedi anche* Buddismo.

Repertorio di matematiche superiori. Definizioni, formole, teoremi, cenni bibliografici, del Prot. E. PASCAL. Vol. I. *Analisi,* di pag. XVI-642 . . . . 6 —
Vol. II. *Geometria,* e indice generale per i 2 volumi di pag. 950 . . . . 9 50

L. c.

**Resistenza dei materiali e stabilità delle co-
struzioni,** di P. GALLIZIA, p. X-336, con 236 inc. e 2 tav. 5 50
— *vedi anche* Momenti resistenti.

Responsabilità. — *vedi* Ingegneria legale.

Rettili. — *vedi* Zoologia.

Rettorica, ad uso delle scuole, di F. CAPELLO. p. VI-122. 1 50
— *vedi anche* Arte del dire — Stilistica.

Ribes. — *vedi* Frutta minori.

Ricamo. — *vedi* Disegno e taglio di biancheria — Macchine da cucire — Monogrammi — Ornatista — Piccole industrie — Ricettario domestico.

Ricchezza mobile, dell'Avv. E. BRUNI, p. VIII-218. 1 50
— *vedi anche* Esattore — Imposte dirette — Prontuario
di valutazione.

Ricettario domestico, dell'ing. I. GHERSI. Adorna-
mento della casa. Arti del disegno. Giardinaggio. Conservazione di animali, frutti, ortaggi, piante. Animali
domestici e nocivi. Bevande. Sostanze alimentari. Com-
bustibili e illuminazione. Detersione e lavatura. Smacchiatura. Vestiario. Profumeria e toeletta. Igiene e medicina. Mastici e plastica. Colle e gomme. Vernici
ed encaustici. Metalli. Vetrerie. di pag. 550 con 2340
consigli pratici e ricette accuratamente scelte . . . 5 50

Ricettario industriale, dell'Ing. I. GHERSI. Pro-
cedimenti utili nelle arti, industrie e mestieri. Caratteri, saggio e conservazione delle sostanze naturali
ed artificiali d'uso comune. Colori, vernici, mastici,
colle, inchiostri, gomma elastica, materie tessili, carta,
legno, fiammiferi, fuochi d'artificio, vetro. Metalli:
bronzatura, nichelatura, argentatura, doratura, galvanoplastica, incisione, tempera, leghe. Filtrazione. Materiali impermeabili, incombustibili, artificiali. Cascami.
Olii, saponi, profumeria, tintoria, smacchiatura, im-
bianchimento. Agricoltura. Elettricità, 2ª ediz. rifatta
e aumentata, di pag. VII-704, con 27 inc. e 2886 ricette 6 50

Ricettario fotografico, del Dott. L. SASSI, p. VI-150. 2 —
— *vedi anche* Arti grafiche — Fotocromatografia — Fotografia industriale — Fotografia pei dilettanti — Fotografia ortocromatica.

Rilievi. — *vedi* Cartografia — Compensazione degli errori.

Rincoti. — *vedi* Imenotteri, ecc.

**Riscaldamento e ventilazione degli ambienti
abitati.** — Vedi *Scaldamento.*

L. c.

Risorgimento italiano (Storia del) **1814-1870**, con l'aggiunta di un sommario degli eventi posteriori, del Prof. F. BERTOLINI, 2ª ediz., di pag. VIII-208 . . 1 50
— *vedi anche* Storia (Breve) d'Italia — Storia e cronologia — Storia italiana.

Ristauratore dei dipinti, del Conte G. SECCO-SUARDO, 2 volumi, di pag. XVI-269, XII-362, con 47 inc. 6 —
— *vedi anche* Amatore d'oggetti d'arte e di curiosità.

Ritmica e metrica razionale italiana, del Prof. Rocco MURARI, di pag. XVI-216 . . . . 1 50
— *vedi anche* Arte del dire — Rettorica — Stilistica.

Rivoluzione francese (La) (1789-1799), del Prof. Dott. GIAN PAOLO SOLERIO. di pag. IV-176 . . . . 1 50
— *vedi anche* Napoleone — Risorgimento — Storia di Francia.

Roma antica. — *vedi* Mitologia — Monete — Topografia.

Röntgen (I raggi di) **e le loro pratiche applicazioni,** di ITALO TONTA, p. VIII-160, con 65 inc. e 14 tav. 2 50

Rhum. — *vedi* Liquorista.

Saggiatore (Man. del), di F. BUTTARI, di pag. VIII-245, con 28 incisioni 2 50
— *vedi anche* Leghe metall. — Tav. per l'alligazione.

Sale (Il) **e le Saline,** di A. DE GASPARIS. (Processi industriali. usi del sale, prodotti chimici, industria manifatturiera. industria agraria, il sale nell'economia pubblica e nella legislaz.), di pag. VIII-358, con 24 inc. . 3 50

Salumiere. — *vedi* Majale.

Sanatorii. — *vedi* Tisici e sanatorii.

Sanità e sicurezza pubblica. — Vedi *Leggi sulla.*

Sanscrito (Avviamento allo studio del), del Prof. F. G. FUMI, 2ª edizione rifatta, di pag. XII-254 . . . . . 3 —

Saponeria. — *vedi* Industria saponiera — Profumiere.

Sarta da donna. — *vedi* Confezione di abiti — Biancheria.

Scacchi (Manuale del giuoco degli). di A. SEGHIERI, 2ª ediz. ampliata da E. ORSINI. con una append. alla sezione delle partite giuocate e una nuova raccolta di 52 problemi di autori ital. di pag. VI-310, con 191 incisioni 3 —

Scaldamento e ventilazione degli ambienti abitati, di R. FERRINI. 2ª ediz., di pag. VIII-300, con 98 inc. 3 —

Scherma italiana del Comm. J. GELLI, 2ª ediz. di pagine VI-251. con 108 figure 2 50
— *vedi anche* Duello — Codice cavalleresco — Pugilato

Sciarade. — *vedi* Enimmistica.

Scienza delle finanze, di T. CARNEVALI, pag. IV-140. 1 50

Scienze. — *vedi* Classificazione delle scienze.

Scritture d'affari (Precetti ed esempi di), per uso delle scuole tecniche, popolari e commerciali, del Prof. D. MAFFIOLI, 2ª ediz., di pag. VIII-203 . . . . . . 1 50

L. c.

Sconti. — *vedi* Interesse e sconto.

Scultura italiana anticha e moderna (Manuale di), dell'Arch. Prof. A. MELANI, 2.ª edizione rifatta con 24 incis. nel Testo e 100 Tavole. di pag. XVII-248 . . 5 —

Scuole industriali. — *vedi* Industrie (Piccole).

Segretario comunale. — *vedi* Esattore.

Selvicoltura, di A. SANTILLI. di pag. VIII-220. e 46 inc. 2 —

Semeiotica. Breve compendio dei metodi fisici di esame degli infermi. di U. GABBI. di pag. XVI-216. con 11 inc. 2 50

Sericoltura. — *vedi* Bachi da seta — Filatura — Gelsicoltura — Industria della seta — Tintura della seta.

Servitù. — *vedi* Ingegneria legale.

Shakespeare, di DOWDEN, traduzione di A. BALZANI. di pag. XII-242 . . . . 1 50

Sicurezza pubblica. — *vedi* Sanità.

Siderurgia (Manuale di), dell'Ing. V. ZOPPETTI, pubblicato e completato per cura dell'Ing. E. GARUFFA. di pag. IV-368. con 220 incisioni 5 50

— *vedi anche* Fonditore — Operaio.

Sieroterapia, del Dott. E. REBUSCHINI. di pag. VIII-424. 3 —

— *vedi anche* Impiego ipodermico.

Sigle epigrafiche. — *vedi* Dizionario di abbreviature.

Sismologia, del Capitano L. GATTA, di pag. VIII-175. con 16 incisioni e 1 carta 1 50

— *vedi anche* Vulcanismo.

Smacchiatura. — *vedi* Ricettario domestico.

Smalti. — *vedi* Amatore di oggetti d'arte e di curiosità.

Soccorsi d'urgenza. del Dott. C. CALLIANO. 4ª ediz. riveduta e ampliata, di pag. XLVI-352. con 6 tav. lito r. 3 —

— *vedi anche* Assistenza infermi — Igiene — Infortunii.

Socialismo, di G. BIRAGHI, di pag. XV-285 . . . . 3 —

Società di mutuo soccorso. Norme per l'assicurazione delle pensioni e dei sussidi per malattia e per morte, del Dott. G. GARDENGHI. di pag. VI-152. 1 50

Sociologia generale (Elementi di). del Dott. EMILIO MORSELLI, di pag. XII-172 . . . . 1 50

— *vedi* anche Cooperazione.

Sordomuto (Il) e la sua istruzione. Manuale per gli allievi e le allieve delle R. Scuole normali, maestri e genitori. del Prof. P. FORNARI, di p. VIII-232, con 11 inc. 2 —

— *vedi anche* Ortofrenia.

Sostanze alimentari. — *vedi* Adulterazione — Analisi delle — Conservazione delle.

Specchi. — *vedi* Fabbricazione degli specchi.

Spettroscopio (Lo) e le sue applicazioni, di R. A. PROCTOR. trad. con note ed aggiunte di F. PORRO, di pag. VI-178. con 71 inc. e una carta di spettri. . 1 50

L. c.

Spiritismo, di A. PAPPALARDO. Seconda edizione, con
9 tavole, di pag. XVI-216 . . . . **2 —**
— *vedi anche* Magnetismo — Telepatia.

Spirito di vino — *vedi* Alcool — Cognac — Distillazione
Liquorista.

Sport. — *vedi* Ballo — Biliardo — Cacciatore — Canot-
taggio — Cavallo — Dizionario di termini delle corse
— Duellante — Filonauta — Ginnastica — Giuochi —
Lawn-Tennis — Nuotatore — Pugilato — Scacchi —
Scherma.

Stagno (Vasellame di). — *vedi* Amatore di oggetti d'arte
e di curiosità — Leghe metalliche

Statica — *vedi* Metrologia — Strumenti metrici

Statistica, del Prof. F. VIRGILII. 2ª ediz., di p. VIII-176. **1 50**

Stelle. — *vedi* Astronomia — Cosmografia — Gravitazione — Spettroscopio.

Stemmi. — *vedi* Araldica — Numismatica — Vocab. arald.

Stenografia, di G. GIORGETTI (secondo il sistema Gabelsberger-Noe), 2ª edizione, di pag. IV-241. . . . **3 —**

Stenografia (Guida per lo studio della) sistema Gabelsberger-Noe, compilata in 35 lezioni da A. NICO-
LETTI, 2ª ediz. riveduta, di pag. XVI-160 . . . . . **1 50**

Stenografia. Esercizi graduali di lettura e di scrittura stenografica (sistema Gabelsberger-Noe), con tre
novelle, del Prof. A. NICOLETTI, di pag. VIII-160 . . **1 50**
— *vedi anche* Dizionario stenografico.

**Stereometria applicata allo sviluppo dei so-
lidi e alla loro costruzione in carta,** del
Prof. A. RIVELLI, di pag. 90, con 92 incis. e 41 tav. **2 —**

Stilistica, dei Prof. F. CAPELLO di pag. XII-164 . . **1 50**
— *vedi anche* Arte del dire — Rettorica.

Stimatore d'arte. — *vedi* Amatore di oggetti d'arte e di
curiosità — Amatore di maioliche e porcellane —
Armi antiche.

Storia antica. Vol. I. *L'Oriente Antico,* del Prof.
I. GENTILE, di pag. XII-232 . . . . **1 50**
Vol. II. *La Grecia,* di G. TONIAZZO, di pag. VI-216. **1 50**

Storia dell'Arte del Dott. G. CAROTTI (in lavoro).
— *vedi anche* Archeologia

Storia dell'arte militare antica e moderna,
del Cap. V. ROSSETTO con 17 tav. illustr., di p. VIII-504. **5 50**
— *vedi anche* Armi antiche.

Storia e cronologia medioevale e moderna.
in CC tavole sinottiche, del Prof. V. CASAGRANDI. 3ª
ediz. con nuove correzioni ed aggiunte, di pag. VIII-254 **1 50**

Storia della ginnastica. — Vedi *Ginnastica.*

Storia d'Italia (Breve), del Prof. P. ORSI, 2ª ediz. riveduta, di p. XII-276 . . . . **1 50**

Storia di Francia, dai tempi più remoti ai giorni

L. c.

nostri, di G. BRAGAGNOLO, di pag. XVI-424, con tabelle
cronologiche e genealogiche . . . . 3 —
— *vedi anche* Napoleone 1 — Rivoluzione francese.
Storia italiana (Manuale di), C. CANTÙ, di pag. IV-160
(esaurita).
— *vedi anche* Risorgimento.
Storia della musica, del Dott. A. UNTERSTEINER,
di pag. 300. 2ª ediz. (In lavoro).
Storia naturale dell'uomo e suoi costumi. — *vedi* Antropologia
— Etnografia — Fisiologia — Grafologia — Paleografia.
Strade. — *vedi* Ingegneria legale.
Strumentazione, per E. PROUT versione italiana con
note di V. RICCI, 2ª ediz. rived. di p. XVI-224, 95 incis. 2 50
Strumenti ad arco (Gli) **e la musica da camera,**
del Duca di CAFFARELLI F., di pag. X-235 . . . . 2 50
— *vedi anche* Armonia — Cantante — Chitarra — Man-
dolinista — Pianista.
Strumenti metrici (Principi di statica e loro appli-
cazione alla teoria e costruzione degli) dell'Ing. E. BA-
GNOLI, pag. VIII-252 con 192 inc. 3 50
— *vedi anche* Metrologia.
Stufe. — *vedi* Scaldamento.
Suono. — *vedi* Luce e suono.
Sussidi. — *vedi* Società di mutuo soccorso.
Tabacco, del Prof. G. CANTONI, di p. IV-176, con 6 inc. 2 —
Tabacchiere artistiche. — *vedi* Amatore di oggetti d'arte
e di curiosità.
Tacheometria. — *vedi* Celerimensura — Telemetria — To-
pografia — Triangolazioni.
Taglio e confezione biancheria. — *vedi* Confezione — Disegno.
Tamarindo. — *vedi* Prodotti agricoli.
Tappezzerie. — *vedi* Amatore di oggetti d'arte e curiosità.
Tariffe ferroviarie. — *v.* Codice dog. — Trasporti e tariffe.
Tartufi (I) **ed i funghi,** loro natura, storia, coltura, con-
servazione e cucinatura, di FOLCO BRUNI, di p. VIII-184. 2 —
— *vedi anche* Funghi.
Tasse di registro, bollo, ecc. — *vedi* Codice del bollo — Leggi
sulle Tasse Registro e Bollo. — Notaro. — Registro
e bollo.
Tasse. — *vedi* Esattore — Imposte — Ricchezza mobile.
Tassidermista. — *vedi* Imbalsamatore — Naturalista viagg.
Tavole logaritmiche. — *vedi* Logaritmi.
Tè. — *vedi* Prodotti agricoli.
Teatro. — *vedi* Letteratura drammat. — Codice del teatro.
Tecnica microscopica. — *vedi* Anatomia microscopica.
Tavole d'alligazione per l'oro e per l'argento
con numerosi esempi pratici per il loro uso, di F. BUT-
TARI, di pag. XII-220 . . . . 2 50
— *vedi anche* Leghe metalliche — Saggiatore.
Tecnica protistologica, del Prof. L. MAGGI, di
pag. XVI-318   . . . . . 3 —

L. c.

— *vedi anche* Protistologia.

Tecnologia. — *vedi* Dizionario tecnico.

Tecnologia meccanica. — *vedi* Modellatore meccanico.

Tecnologia e terminologia monetaria, di G. SACCHETTI, di pag. XVI-191 . . . . **2 —**

Telefono, di D. V. PICCOLI, di pag. IV-120, con 38 inc. **2 —**

Telefoni. — *vedi* Ingegneria legale.

Telegrafia, del Prof. R. FERRINI, 2ª edizione corretta ed accresciuta, di pag. VIII-315, con 104 incisioni . . **2 —**
— *vedi anche* Cavi e telegrafia sottomarina.

Telegrafia senza fili, (in lavoro).

Telemetria, misura delle distanze in guerra, del Cap. G. BERTELLI, di pa . XIII-145, con 12 zincotipie. **2 —**

Telepatia (Trasmissione del pensiero), di A. PAPPALARDO. di pag. XVI-329 . . . . **2 50**
— *vedi anche* Magnetismo e ipnotismo — Spiritismo.

Tempera e cementazione, dell'Ing. FADDA, di pagine VIII-108, con 20 incisioni . . . . **2 —**

Teoria dei numeri (Primi elementi della), per il Prof. U. SCARPIS. di pag. VIII-152 . . . . **1 50**

Teoria delle ombre, con un cenno sul Chiaroscuro e sul colore dei corpi, del Prof. E. BONCI, di pag. VIII-164, con 26 tavole e 62 figure . . . . **2 —**

Terapeutica. — *vedi* Impiego ipodermico e la dosatura dei rimedi.
— *vedi anche* Farmacista — Materia medica — Medicature antisettica — Semeiotica.

Terapia delle malattie dell'infanzia, del dottor C. CATTANEO. di pag. XII-506 . . . . **4 —**

Termodinamica, del Prof. C. CATTANEO, di p. X-196, con 4 figure **1 50**

Terremoti. — *vedi* Sismologia — Vulcanismo.

Terreni. — *vedi* Chimica agraria e concimi — Humus.

Tessitore (Manuale del). del Prof. P. PINCHETTI, 2ª edizione riveduta. di pag. XVI-312, con illustrazioni. **3 50**
— *vedi anche* Filatura — Piante tessili — Tessitura, ecc.

Testamenti (Manuali dei), per cura del Dott. G. SERINA, di pag. VI-238 . . . . **2 50**
— *vedi anche* Notaio.

Tigrè-italiano (Manuale), con due dizionarietti italiano-tigrè e tigrè-italiano ed una cartina dimostrativa degli idiomi parlati in Eritrea, del Cap. MANFREDO CAMPERIO, di pag. 180 . . . . **2 50**
— *vedi anche* Arabo parlato — Grammatica galla — Lingue dell'Africa.

Tintore (Manuale del), di R. LEPETIT, 3ª ediz., di pagine X-279, con 14 incisioni . . . . **4 —**

L. c.

Tintura della seta, studio chimico tecnico, di T. PASCAL, di pag. XVI-432 . . . . 5 —
— *vedi anche* Industria della seta.

Tipografia (Vol. I). Guida per chi stampa e fa stampare. — Compositori, e Correttori, Revisori, Autori ed Editori, di S. LANDI, di pag. 280 . . . . 2 50

Tipografia (Vol. II). Lezioni di composizione ad uso degli allievi e di quanti fanno stampare, di S. LANDI, di pag. VIII-271, corredato di figure e di modelli . . 2 50
— *vedi anche* Vocabolario tipografico.

Tisici e i sanatorii (La cura razionale dei), del Dott. A. ZUBIANI, prefazione del Prof. B. SILVA, di pag. XVI-240, con 4 incisioni . . . . 2 —

Titoli di rendita. — *vedi* Debito pubblico — Valori pubbl.

Topografia e rilievi. — *vedi* Cartografia — Catasto italiano — Celerimensura — Compensazione degli errori — Curve — Disegno topografico — Estimo dei terreni — Estimo rurale — Fotogrammetria — Geometria pratica — Prospettiva — Regolo calcolatore — Telemetria — Triangolazioni topografiche e triangol. catastali.

Topografia di Roma antica, di L. BORSARI, di pagine VIII-436, con 7 tavole 4 50

Tornitore meccanico (Guida pratica del), ovvero sistema unico per calcoli in generale sulla costruzione di viti e ruote dentate, arricchita di oltre 100 problemi risolti di S. DINARO, 2ª ediz. di pag. XII-175 . 2 —
— *vedi anche* Meccanico — Montatore di macchine — Operaio.

Traduttore tedesco (Il), compendio delle principali difficoltà grammaticale della Lingua Tedesca, del Prof. R. MINUTTI, di pag. XVI-224 . . . . 1 50

Trasporti, tariffe, reclami ferroviari ed operazioni doganali. Manuale pratico ad uso dei commercianti e privati. colle norme per l'interpretazione delle tariffe e disposizioni vigenti 2ª ediz. rifatta di pag. XVI-208 . . . . 2 —
— *vedi anche* Codice doganale.

Travi metallici composti — V. *Momenti resistenti*.

Triangolazioni topografiche e triangolazioni catastali, dell'Ing. O. JACOANGELI. Modo di fondarle sulla rete geodetica, di rilevarle e calcolarle, di p. XIV-240, con 32 inc., 4 quadri degli elementi geodetici, 32 modelli pei calcoli trigonometrici e tav. ausiliarie. 7 50
— *vedi anche* Cartografia — Celerimensura — Disegno topografico — Geometria pratica — Geografia metrica — Prospettiva — Regolo calcolatore — Telemetria.

L. c.

Trigonometria. — *vedi* Celerimensura — Esercizi Geometria metrica — Logáritmi

Trigonometria della sfera. — *vedi* Geometria e trigon della.

Tubercolosi. — *vedi* Tisici.

Uccelli. — *vedi* Zoologia.

Ufficiale (Manuale per l') del Regio Esercito italiano, di U. Morini, di pag. xx-388 . . . . 3 50
— *vedi anche* Codice cavalleresco — Duellante — Scherma.

Unità assolute. Definizione. Dimensioni, Rappresentazione, Problemi. dell'Ing. G. Bertolini. pag. x-124. 2 50

Usciere. — *vedi* Conciliatore.

Utili. — *vedi* Interessi e sconto — Prontuario del ragioniere.

Uva spina. — *vedi* Frutta minori.

Uve da tavola. Varietà, coltivazione e commercio, del Dott. D. Tamaro, terza edizione, di pag. xvi-278, con 8 tavole colorate. 7 fototipie e 57 incisioni. . . 4 --
— *vedi anche* Densità dei mosti — Enologia — Viticoltura.

Valli lombarde. — *vedi* Dizionario alpino — Prealpi Bergamasche.

Valori pubblici (Manuale per l'apprezzamento dei) e per le operazioni di Borsa, del Dott. F. Piccinelli, 2ª edizione completamente rifatta e accresciuta, di pagine xxiv-902. . . . . 7 50
— *vedi anche* Debito pubblico.

Valutazioni. — *vedi* Prontuario del ragioniere.

Vasellame antico. — *vedi* Amatore di oggetti d'arte e curiosità.

Veleni ed avvelenamenti, del Dott. C. Ferraris, di pag. xvi-208. con 20 incisioni 2 50

Velocipedi — *vedi* Ciclista.

Ventagli artistici. — *vedi* Amatore di oggetti d'arte e di curiosità.

Ventilazione. — *vedi* Scaldamento.

Verbi greci anomali (I), del Prof. P. Spagnotti, secondo le Gramm. di Curtius e Inama. di p. xxiv-107. 1 50
— *vedi anche* — Esercizi greci — Grammatica greca — Letteratura greca — Morfologia greca.

Verbi latini di forma particolare nel perfetto e nel supino, di A. F. Pavanello, con indice alfabetico di dette forme. di pag. vi-215 . . . . . . 1 50
— *vedi anche* — Esercizi latini — Fonologia latina — Grammatica latina — Letteratura romana.

Vermouth. — *vedi* Liquorista.

L. c.

Vernici, lacche, mastici, inchiostri da stampa, ceralacche e prodotti affini (Fabbricazione delle), dell'Ing. Ugo Fornari, di pag. VIII-262 . . . . . . 2 —
— *vedi anche* Colori e vernici — Ricettario domestico — Ricettario industriale.

Veterinaria. — *vedi* Alimentazione del bestiame — Bestiame — Cane — Cavallo — Coniglicoltura — Igiene veter. — Immunita — Maiale — Zoonosi — Zootecnia.

Vetri artistici. — *vedi* Amatore di oggetti d'arte — Fabbricazione degli specchi, ecc. — Fotosmaltografia.

Vinacce — *vedi* Distillazione — Cognac.

Vini bianchi da pasto e Vini mezzocolore (Guida pratica per la fabbric., l'affinamento e la conservaz. dei), del Barone G. a Prato, di pag. XII-276, con 40 incisioni . . . . 2 —

Vino (Il), di G. Grazzi-Soncini, di pag. XVI-152. . . 2 —
— *vedi anche* Densita dei mosti — Enologia — Malattie — Produzione dei vini. — Distillazione.

Vino aromatizzato. — *vedi* Cognac — Liquorista

Viticoltura. Precetti ad uso dei Viticoltori italiani, del Prof. O. Ottavi, rived. ed ampliata da A. Strucchi, 4ª ediz., di pag. XVI-200, con 22 incisioni . . . . . 2 —
— **ed enologia.** — *vedi* Alcool — Analisi del vino — Cantiniere — Cognac — Densità dei mosti — Enologia — Enologia domestica — Liquorista — Malattie ed alterazioni dei vini — Produzione e commercio del vino — Uve da tavola — Vini bianchi — Vino.

Vocabolarietto pei numismatici (in 7 lingue), del Dott. S. Ambrosoli, di pag. VIII-134 . . . . . . 1 50
— *vedi anche* Monete — Numismatica.

Vocabolario araldico ad uso degli italiani, del Conte G. Guelfi, di pag. VIII-294, con 356 incis. 3 50
— *vedi anche* Grammatica araldica.

Vocabolario compendioso della lingua russa, del Prof. Voinovich, di pag. XVI-238 . . . . . . 3 —
— *vedi anche* Grammatica russa.

Vocabolario tipografico, di S. Landi. (In lavoro).

Volapük (Dizionario italiano-volapük), preceduto dalle Nozioni compendiose di grammatica della lingua, del Prof. C. Mattei, secondo i principii dell'inventore M. Schleyer, ed a norma del *Dizionario Volapük* ad uso dei francesi, del Prof. A. Kerckhoffs, p. XXX-198. 2 50

Volapük (Dizion. volapük-italiano), del Prof. C. Mattei, di pag. XX-204 . . . . 2 50

L. c.

Volapük, Manuale di conversazione e raccolta di vocaboli e dialoghi italiani-volapük, per cura di M. Rosa
Tommasi e A. Zambelli, di pag. 152 . . . . 2 50

Vulcanismo, del Cap. L. Gatta, di p. VIII-268 e 28 inc. 1 50
— *vedi anche* Sismologia — Termodinamica.

Zecche. — *vedi* Terminologia monetaria.

Zoologia, dei Proff. E. H. Giglioli e G. Cavanna,
    I. Invertebrati, di pag. 200, con 45 figure . . . 1 50
    II. Vertebrati. Parte I, Generalità, Ittiopsidi (Pesci
        ed Anfibi), di pag. XVI-156, con 33 incisioni. 1 50
    III. Vertebrati. Parte II, Sauropsidi, Teriopsidi
        (Rettili, Uccelli e Mammiferi), di pag. XVI-200,
        con 22 incisioni 1 50

— *vedi anche* Anatomia e fisiologia comparate — Animali parassiti dell'uomo — Animali da cortile — Apicoltura — Bachi da seta — Batteriologia — Bestiame
— Biologia — Cane — Cavallo — Coleotteri — Colombi
— Coniglicoltura — Ditteri — Embriologia e morfologia
generale — Imbalsamatore — Imenotteri — Insetti nocivi — Insetti utili — Lepidotteri — Maiale — Naturalista viaggiatore — Ostricoltura e miticoltura —
Piscicoltura — Pollicoltura — Protistologia — Tecnica
protistologica — Zootecnia.

Zoonosi, del Dott. B. Galli Valerio, di pag. XV-227. 1 50

Zootecnia, del Prof. G. Tampelini, di pag. VIII-297,
    con 52 incisioni 2 50
— *vedi anche* Alimentazione del bestiame — Bestiame
    — Cane — Cavallo — Maiale.

Zucchero. — *vedi* Industria dello zucchero.

INDICE ALFABETICO DEGLI AUTORI

Ab-Ber

Tip. Lombardi di M. Bellinzaghi
Milano - Fiori Oscuri, 7 - Milano

Lightning Source UK Ltd.
Milton Keynes UK
UKHW051022210922
409198UK00006BC/572

9 781178 823172